U0509311

上海文化发展系列蓝皮书

THE BLUE BOOK SERIES ON
SHANGHAI CULTURAL DEVELOPMENT

上海公共文化服务发展报告（2022）

Report on the Development of Shanghai Public Cultural Service (2022)

建设公共文化服务高质量发展先行区

主编/徐锦江

执行主编/冯佳

上海人民出版社

上海远东出版社

摘　要

2021年初，上海市公共文化建设工作会议提出，"深化公共文化服务高质量发展先行区建设，打造上海样本"。同年12月，中共上海市委宣传部、上海市文化和旅游局、上海市发展和改革委员会、上海市财政局联合发布《上海市关于推进公共文化服务高质量发展的意见》，为上海公共文化服务未来的高质量发展指明了方向。在此基础上，《上海公共文化服务发展报告（2022）》，以"建设公共文化服务高质量发展先行区"为主题，聚焦近年来公共文化领域的创新实践，凸显上海公共文化领域深耕厚植的年度特色，并从理论与实践两个层面给予生动诠释，为上海公共文化服务高质量发展先行区深化建设提供借鉴。

全书分为总报告、十年巡礼、创新实践、经验借鉴和特别策划等几个板块。"总报告"较为全面地梳理了高质量发展新征程阶段上海公共文化馆发展的举措和成就。"十年巡礼"板块专注国家公共文化服务体系示范区十年的上海成果、上海市群众艺术馆新馆开放十周年的成就、上海玻璃博物馆公共文化服务的十年实践。"创新实践"板块展现戏曲普及助推公共文化的高质量发展，以及上海公共文化数字化平台的创新实践、上海美术展馆在场教育的多级协同工作体系、浦东图书馆主题分馆服务体系等创新做法。"经验借鉴"板块既有基于战略分析方法对中美艺术慕课的比较研究，还关注日本大地艺术节在品牌打造方面的经验，并对国内公共文化机构的融合发展、广东的文化志愿服务、宁海的"一人一艺"乡村艺术普及等当前热议的话题给予关照。"特别策划"板块则是对上海市民文化节的前世今生进行了系统梳理、多维呈现。

ABSTRACT

At the beginning of 2021, the Shanghai Public Culture Construction Work Conference proposed "promoting the construction of the high-quality development leading of public cultural services, creating the Shanghai sample". In December of the same year, Publicity Department of the Shanghai Municipal CPC Committee, Shanghai Municipal Administration of Culture and Tourism, Shanghai Municipal Development & Reform Commission as well as Shanghai Municipal Finance Bureau jointly released *Opinions on the Promotion of High-quality Development of Public Cultural Service in Shanghai*, which offers a guide to the future development of public culture service. Depending on this and with the theme of "building the pilot areas for the high-quality development of public cultural service", *Report on the Development of Shanghai Public Cultural Service (2022)* focuses on the innovation practice in terms of public culture in recent years, displays its long-lasting annual characteristics and interprets them theoretically and practically, providing reference for the further construction of the pilot areas.

The report is divided into several parts, including "the General Report", "Review of the Past Decade", "Innovation and Practice", "Experience for Reference" and "Special Schemes". "The General Report" fully presents the measures and achievements of Public Cultural Museums in Shanghai in the new journey toward high-quality development. The section of "Review of the Past Ten Years" focuses on the gains achieved by the demonstration regions of national public cultural service system, the achievements secured by Shanghai Mass Art Center and the practice of public cultural service of Shanghai Museum of Glass. The section of "Innovation and Practice" presents the popularity of traditional opera and boosts the high-quality development of public culture. Besides, it also shows the innovative practice of Shanghai public culture digital platform, the multi－level collaboration work system of on-site education in the fine arts exhibition halls in Shanghai, the theme branch library service system of Pudong Library and other innovations. The section of "Experience for Reference" includes the comparative study of Chinese and American MOOCs on arts based on strategic analysis methodology, and experience in the branding of Echigo-Tsumari Art Field. In addition, it also introduces hot topics such as integrated development of national public cultural in stitutions, cultural volunteer services in Guangdong and the popularity of "Art Popularization" country art in Ninghai. The section of "Special Schemes" systematically presents the history and today's development of Shanghai Citizens Art Festival in multi-dimensional aspects.

目　录

经 验 借 鉴

特 别 策 划

CONTENTS

General Report

Review of the Past Decade

Innovation and Practice

Experience for Reference

Special Schemes

总 报 告

前行在高质量发展的征途上

陈起众①

摘　要　近年来,在上海一系列政策思想与发展目标的指引下,上海文化馆行业坚持贯彻以人民为中心的发展理念,以增强市民群众的文化获得感、满意度为准则,以全面提升服务品质与效能为抓手,在高质量发展的征途上奋力前行,形成了几方面成效:基本阵地服务与数字化服务并举,提高场馆设施利用率;艺术普及活动与提高工作结合,提升公共文化服务品质;文化服务与旅游互融,扩大公共文化服务辐射面与影响力;群众文艺创作与群众文化活动齐驱,适应群众精神文化生活的新需求;文化馆总馆与各分馆联动,发挥网络体系的整体效应。

关键词　公共文化　高质量发展　文化馆　上海

---

① 陈起众,上海图书馆学会原高级专家咨询委员会秘书长,长期从事公共文化事业的调研、考核评估与政策规章制定工作。

2019 年，上海率先基本建成现代公共文化服务体系，开启了高质量发展的新征程。2020 年"十三五"收官之年，施行《上海市公共文化服务保障与促进条例》，这是本市公共文化服务首部综合性、基础性的地方法规，旨在完善公共文化服务体系，保障人民群众基本文化权益；同年，召开了上海市公共文化建设工作会议，提出要深化公共文化服务高质量发展先行区建设，打造高品质、高效能的公共文化服务。2021 年，市委、市政府制定并颁布了《全力打响"上海文化"品牌 深化建设社会主义国际文化大都市三年行动计划（2021—2023 年）》和《上海市社会主义国际文化大都市建设"十四五"规划》，要求深化上海文化发展改革，全力打响"上海文化"品牌，全面提升城市软实力，全面增强市民幸福感，建设更有世界影响力的社会主义国际文化大都市。在这一系列政策思想与发展目标的指引下，上海文化馆行业坚持贯彻以人民为中心的发展理念，以增强市民群众的文化获得感、满意度为准则，以全面提升服务品质与效能为抓手，在高质量发展的征途上奋力前行，并在以下几方面取得了初步成效。

一、基本阵地服务与数字化服务并举，
提高场馆设施利用率

提高文化馆设施利用效率，是文化馆工作的基本职责，也是推进公共文化服务高质量发展的首要任务；发展数字化建设，是文化馆适应社会进步、实现文化惠民的客观需要，也是文化馆本身提档升级、转型发展、提高效率、跟上时代发展步伐的必然要求。近年来上海市、区文化馆以促进公共文化服务提质增效为目标，一手抓设施改善，提高基本阵地服务水平，一手抓数字化服务升级，两轮驱动，相互融合，并举发展，提高文化馆的利用效率。

（一）更新设施，科技赋能

文化馆设施设备，也要根据发展需要不断更新，升级迭代，与时俱进。如长宁区文化艺术中心，在长宁区被评为国家第四批公共文化服务体系示范区后,进行了新一轮改造,将馆内原来设立的当代艺术馆升级为造型艺术展览馆,将长宁书苑、版画长廊等服务场馆打造一新,并以数字化新技术赋能场所提档升级。走进馆内,长宁"AR随行小猫""猫宁""奶特"导航系统,就可引领你按需在线参观馆内的各个场馆,了解设施概貌与当下的活动内容;该系统也可让观众在家里点击"线上地图",便可通过短视频和文字云游长宁文化艺术中心;走向三楼,新开设的数字影音资料体验馆"Hi"空间,在长达26.3米的弧型屏幕上,9台投影仪同步运行,实现4K高清晰度的视频播放,观众可沉浸式地体验获得群星奖乐曲《和鸣》的心灵震撼,观赏"非遗"匠人精妙的制作技艺,浏览祖国山水风光的奇异神韵。高质量的文艺作品经数字化光影展现,使观众可享受艺术的乐趣,体验数字化的魅力。该馆还应用网络平台,将线下活动与线上直播联动,2020年直播"上海合唱新作品演唱会",访问人数超12万;直播上海市民文化节,观看人数达17万余。2021年推出"线上长宁星期音乐会",将2006年以来在剧场举办至今的"星期音乐会"热门曲目,经精选后供市民欣赏;推出直播节目上海市民文化节市民舞蹈大赛《民星舞申城 活力耀长宁》,四史故事连载《百年峥嵘 初心如磐》,庆祝中国共产党成立一百周年暨上海合唱作品红色主题展演《百年辉煌 艺心向党》等;推出长宁区美术家协会年度美术作品等展览《春耕秋收》,市民在家即可享受文化之乐。今年秋季市民文化节的150场精彩活动,也已安排上线,市民可在长宁文化艺术中心公众号查询预约。文化馆设施更新,现代科技手段的应用,增强了场馆的吸引力,提高了群众参与率。

(二)拓展功能,创新服务内容和方式

场馆使用效率与设施条件、功能设置、开放程度、服务质量等都有着密切关系,尤其在服务内容与方式上,需要与时俱进、不断创新。黄浦区文化馆坚持天天免费开放,每周开放84小时;常设的8个服务项目,涵盖了现阶段基本公共文化服务的要求。为适应新形势,该馆传统的基本活动阵地和项目,拓展新功能、融入新内容、创建新特色,主动适应社会和群众的新需求。例如他们将舞台剧场与排练场地打造为舞台艺术排练中心,主动告知社会公众,愿

为包括民间文艺团体在内的各界开放，没有体制内外的限制，从而帮助不少民间社团，解决他们因缺少经费租用场地排练和演出的困难，使得剧场等设施提高了使用率；将对外提供大众参观的展览厅，除广泛吸纳文艺社团办展外，也让有一定艺术水准的个人办展，并为高质量的展会植入导赏功能、体验功能，使展览办得生动活泼、充满生气活力。该馆在设施开放的内容和形式上，有所创新、有所发展，既关注老年人等弱势群体的文化需求，也兼顾中青年白领群体的精神生活。在老年人居多的评弹书场里，除请名家登台演唱外，还在夜场融入了相声表演，专设评弹艺术陈列室，另外还培育了一支白领评弹沙龙队伍，使这一传统文化项目增添了新内容，有了新受众，扩大了传播面；在常态化的大众讲座和读书活动中，依托社会力量参与，融入"咖啡＋阅读＋艺术"的海派文化内涵，采用互动的、体验的、沉浸式的多样化方式，得到各种人群的喜爱。该馆还举办"日欣阅艺游黄浦"打卡活动，将文化馆里体验"非遗"国风的技艺传承活动与"建筑可阅读"的馆外游黄浦结合在一起，活动沿途可瞻仰红色历史景观、欣赏欧式建筑、游玩演艺大世界，还能在豫园参观老城厢艺术联展，让参与的市民沉浸在老上海的生活记忆中，见证沧桑巨变。该馆在提升场馆服务的同时，又将文化活动从线下转到线上，如将雅庐书场的热门节目《三凤争龙》送到线上转播；2020年举办"艺术空间公益文化讲座"，线下注重体验，共举办了87场，吸引1 489人次参与，线上播出25场，参与者达5 624人次；推出"艺美黄浦"云课堂，有4个视频被国家文化云"U课"录用；"云展厅"里，可欣赏馆藏精品"汪亚尘书画艺术作品展"；在"云直播"里，可聆听江南曲艺新韵、观赏市民舞蹈大赛、水岸联动的全新黄浦江旅游宣传片等。该馆推出的一系列措施，在社会力量的支持下，使传统的文化馆场所功能变得多元化、特色化，服务更有温度与厚度，给群众带来优质的体验，促进了场所利用效率的提高，文化馆里呈现出生机勃勃的新景象。

（三）加强数字资源建设，推进互联网＋文化活动

全市文化馆努力优化数字文化建设，在"文化上海云"平台健全运行的基础上，加大数字文化资源建设力度，推进在线服务。市群艺馆成立了数字资

源与信息部,加强了与全市文化馆数字化建设的联络协调;设立"上海数字文化馆",建有文化咨询、文化活动、文化赛事、非物质文化遗产、征集令、文化直录播、云课堂、市民艺术夜校等 12 个板块,集聚与转化了实体服务中的优质文化资源 294 GB,分别在文化活动直录播、艺课 e 堂、传嘉 e 课堂、"非遗"微课堂、戏曲秒懂、海派百工、上海故事等数字服务栏目上传播。在市群艺馆引领下,各区文化馆也加大数字化平台建设和运行的力度,与"文化上海云""上海数字文化馆"加强连接,在 2020 年上海市民文化节、市级赛事、美育推送服务上,全市文化馆实现"云上启动",线上线下互连。在 2021 年 3 月市民文化节的开幕式上,"文化上海云 5.0"升级上线,市、区文化馆联手推出"域精彩""云秀场""云讲堂""云剧院""云展荟""云市集""云书房""长三角"等线上活动;市文化资源供给平台与文化上海云、数字文化馆同步上线配送产品,据统计,市民可选择参与的活动有千余场,浏览量近 17 万次,播放的文化产品得到点赞近 9 万条。全市各文化馆还在微信公众号、抖音、喜马拉雅、小红书等多个新媒体平台注册账号,多渠道提供数字文化服务。如普陀区文化馆,将阵地服务中的优质内容转为数字资源:2020 年设立的"微慕课",有音乐、美术、手工等 32 堂新课,被推向"云上文化服务";开展"艺超前行"抖音短视频征集活动、"我的小康我做主"短视频挑战赛,发布在抖音上的活动视频有 36 个,点击量超 2 万,取得了良好的社会效应。

公共文化馆基本阵地的设施更新、功能拓展、内容迭代,与数字文化服务融合联动、并举发展,给群众带来全新的体验,增强了文化馆的吸引力、与群众的黏合度,提升了文化馆设施的服务水平与利用效率,这是公共文化服务高质量发展首先要实现的任务。

二、艺术普及活动与提高工作结合,
提升公共文化服务品质

艺术普及活动是全面提升人民群众个体素质、提高人民群众生活品质的重要途径,也是公共文化馆提升服务质量、打造服务品牌、实现高质量发展的

重要任务。文化和旅游部将全民艺术普及活动纳入《"十四五"文化和旅游发展规划》,要求开展全民艺术普及活动,推动城乡公共文化服务融入居民日常生活。在市群艺馆统领下,全民艺术普及活动正如火如荼地在全市文化馆内外开展。活动开展呈现出三个显著特点。

(一)艺术普及活动覆盖各类人群,适应不同年龄、不同层次、不同艺术兴趣群众的需求

公共文化服务以实现均等化为目标,要求推动服务均衡化发展,艺术教育活动也是如此。市群艺馆开设有面向全体民众的"市民艺术大课堂",使市民能参与、感知和体验各类艺术;开办"老年大学",以文化艺术教授为特色,为老年朋友的晚年生活铺设了一条五彩斑斓的艺术大道;面向商厦楼宇的白领青年,举办"午间一小时",使他们在休闲的时间里,便捷地徜徉在文化艺术天地里,获取精神营养;以青少年为对象的"周末美育课堂"和中华梨园经典"赏戏团"进校园,为中小学生提供艺术启蒙和中华传统文化的熏陶。2020年,市群艺馆为全面推动艺术普及活动,拓展了"市民艺术夜校"(下称艺术夜校)规模,构建"1+16+X"的艺术夜校总分校体系,目前已分布至10个区的文化馆及3个社区文化活动中心,还开启了艺术夜校进商厦、进园区、进街道的试点工作;设立了涵盖八大艺术门类的86门课程,有布艺、扎染、"描金彩绘"、戏剧表演等传承民族文化技艺的课程,让学友们感受民族文化的审美理念,也有现代国际的、时尚流行的文化艺术,如非洲鼓、恰恰舞、尤克里里、阿卡贝拉、形体修身、光影美术、短视频制作等课程,特别受到喜爱艺术的年轻人的热捧,也填补了中青年艺术教育的空白。闵行区文化馆关注农民工的文化生活,为莘庄工业区的进城务工人员输送文艺老师,为他们开设了舞蹈、合唱等艺术课程,2020年参与的人次达1500多。

(二)全民艺术普及活动常态化、多样化,向更广人群传播

艺术普及活动不囿于课程教学这一种形式,其蕴含的美育思想理念可渗透到文化馆的各项业务活动中,让群众广受美育精神滋养。如举办展览,配

合作品介绍,开展艺术导览、评论,提高群众观赏水平;开设讲座,请名家谈艺论道,拓宽群众艺术视野;向基层配送文化资源,加入艺术导赏活动,使群众获得直观的、互动的艺术体验;开办文化培训班,进行比较系统的、循序渐进的艺术知识与技能的传授等。据悉,2020 年市公共文化资源配送的产品中,属于艺术导赏的配送项目有 96 个,配送到基层达 198 场次;2021 年上半年就有 171 个项目,配送到基层的有 1 206 场次。导赏的活动内容有京、昆、越、沪等戏剧流派导赏、经典交响音乐曲目导赏、古典芭蕾舞剧导赏、"一带一路"民族民间文化特色介绍、世界奇珍异宝鉴赏等,使市民获得美的享受与艺术赏析知识。嘉定区文化馆在 2020 年建立艺术普及资源库,推出线上文化数字资源"大礼包",由文化 E 家、文化乐听、文化讲堂、文化育童四个板块组成;3 月又推出"嘉文慕课",涵盖中国舞、现代舞、亲子舞、国画、摄影、少儿写生等,线上线下并进,使之常态化、规模化,向更广人群传播。

(三)艺术普及活动与提高品质工作结合,不断深化发展

面向大众的艺术普及活动,需要不断深入与提高,注入新的活力,才能持续发展,提高人的美育素养。各文化馆从加大群众文艺团队和文艺骨干的培养力度入手,发挥示范与引领作用,以点带面,促进艺术活动品质的提升和普及活动的不断深入。据市群艺馆培训部的信息,为提高群众文艺水平,2020 年举办文艺创作、声乐表演、数字文化专业培训班 6 期,参与培训的学员包括文艺爱好者及文艺团队骨干近千人。为提高群众文艺水平,市群艺馆成立了一支群众文化指导员队伍,吸纳有志于从事社区群众文化指导员工作的专业人才 473 人参与,他们中有来自国营专业院团的、也有来自于民营文艺院团的,有文艺专业院校的毕业生、也有从群众文化艺术专业人员队伍中退下来的老同志,组成了文艺指导员人才库,按需向基层公共文化机构配送,为街镇文艺团队和群众文化活动提供专业化的艺术指导。据统计,2021 年上半年,文化指导员下基层辅导各类文艺团队 18 364 课时,受众人数达 247 924 人,有效地提升了群众文艺团队的艺术水平。市、区文化馆还通过举办各类群众文艺赛事,促进群众文化活动品质提升。赛事通过普遍发动,层层选拔,

在群众广泛参与的基础上，抓好质量的提高。如 2020 年市民文化节举办家庭戏剧大赛、校园中华戏曲大赛、"侬好，小康"创意设计大赛、市民舞蹈大赛等，参赛者都是在各区文化馆、社区文化活动中心遴选的基础上产生的，在不断角逐中提高升华。如由静安区文化馆承办的上海市民文化节"中外家庭戏剧大赛"，活动形式"一家人一台戏"，有 623 组家庭用视频方式参赛，有小品、情景剧、音乐剧等。赛前，文化馆为参赛家庭开办讲座、辅导、专访等活动近百场，在剧本创作、戏剧表演等方面进行面对面指导，助力赛事质量的提高。闵行区建立"训赛秀"机制，规定每年用 3 000 余课时为参赛团队作赛前专题培训，赛中邀请专业评委进行点评，赛后在大舞台展演交流，既让参赛的团队"秀"出自信与水平，也在群众中起到示范引领作用。在全民普及艺术活动的基础上，同时兼顾提高，使艺术普及活动增添动力与活力，保障普及活动在不断深化中持续发展。

全市文化馆开展艺术普及活动，面向全体市民，以提高艺术素养为目标，以艺术课程为依托，把美育思想贯穿到各项业务工作中，坚持线上线下、普及与提高相结合，取得了一定成效。但全民艺术普及工作是一项长期的建设工程，不是一朝一夕能完成的，还要逐渐制度化、常态化、系统化、规范化，使群众文化活动品质不断提升，全民艺术素养稳步提高。

三、文化服务与旅游互融，扩大公共文化服务辐射面与影响力

文化是旅游的灵魂，旅游也是文化的一种载体；文化使旅游服务的品质得到提升，旅游也使文化得以广泛传播，影响力得到扩大。文化与旅游融合，是公共文化服务高质量发展的内在要求。近年来，全市各级文化馆在文化与旅游服务融合方面，进行了积极的实践探索，主要表现在以下几点上。

（一）设立旅游咨询服务平台，宣传旅游景点与服务

文化馆是文化的宣传阵地，宣传旅游也是应有之责，全市各文化馆设立旅游服务宣传阵地，采取多种方式介绍本地区的旅游景观特色，提供旅游服

务信息。如松江区文化馆,在馆内专门开辟旅游咨询服务空间,设立旅游宣传电子显示屏、旅游咨询资料阅取专栏、旅游咨询点吧台、旅游服务自助终端一体机等,让市民和游客在文化馆就可以方便地了解区域的旅游概况,便捷地获取旅游信息。

(二) 将丰富多彩的文化服务送进景点场所,增强旅游点的文化内涵,扩大公共文化服务面

松江文化馆把举办的群众文化活动主动转化为旅游的新内容,成为旅游活动的新亮点。2020 年,该馆在"素园琴馆""泰晤士小镇""松江布展示馆""醉白池公园"等旅游点,举办"在江南、听松江"诗来诗往朗诵活动,实现景观空间与大美诗意的巧妙融合;在中山、叶榭八十亩田等游览地,举办"阅读擦亮生活"分享会,让游客认识松江的优秀文化传统、深厚文化底蕴。青浦区文化馆依托青浦淀山湖文化艺术节暨旅游购物节,与嘉善、吴江地区及本市崇明、浦东、长宁、奉贤等区联动,合力在古镇举办"非遗嘉年华",让来往游客体验吴越地区江南文化的魅力。宝山区文化馆在 2021 年上海樱花节上,围绕"樱花陌上红"主题,在顾村公园樱花林举行上海市民文化节宝山专场系列活动,有"趣"宝山四季微游线路发布,有"樱花树下数春秋"诗书画印学者专家说时令与自然,有"樱画书艺"名人书画沙龙,有"樱香雅韵"艺术导赏活动等,深化了樱花节的内涵,拓宽了樱花节的外延,也扩大了文化馆服务的知名度与服务的影响力。2021 年国庆节,金山区在花开海上生态园举办"上海金山乡村艺术节",金山文化馆组织金山民间民俗文化游园会,秧歌舞、花篮舞、戏曲联唱、舞龙表演等进入生态园,尽显当地民俗文化风采,游客们赏花卉、品民俗、观演出,在美丽花海中享受文化大餐。

(三) 更新设施、拓展业务,成为旅游新的打卡点

文化馆挖掘自身的资源优势,进行充分的开发利用,通过改善设施环境,植入可观赏、可体验、可互动的地域文化特色,讲好中国故事,融入旅游线路。如长宁区民俗文化中心,依托馆内的资源,将馆内的"群乐剧场",升级改造为

"非遗"常态化展演地；古戏台周周有戏，打造"四季品剧"；沿街房舍设计为"非遗书房"，举办名为"雅集"的展览、讲座、沙龙。该馆还以皮影、昆曲、八仙过海等"非遗"元素制成文化伴手礼，设计创作"年画话年"表情包，制作"长宁文旅地图"，将多条旅游线路与长宁民俗特色文化串联起来，让游客看看皮影、扯扯响铃、闻闻香道、听听评弹，形成观光、游览、体验、休闲于一体的深度游，从而成为长宁旅游线路的一个打卡点。该馆还将优质文化内容输出到酒店商圈，如与扬子酒店合作开设"非遗会客厅"，举办"玫瑰爱宁"月份牌年画体验活动；在新虹桥中心花园，建立虹桥"香事馆"，传播人文香事；在上海动物园，设置"蛋雕艺术馆"；在传统的节日里，将"非遗"展示活动、民俗行街表演等民族民间文化，送进东、中、西商圈街市，展现长宁区文旅相融的特色和价值，助力打响上海购物节品牌。

文化馆推进文化和旅游互融发展，使旅游行业增加了文化元素，深化了旅游活动的内涵和服务，增强了旅游景点的吸引力与凝聚力；也使文化馆的功能拓展、知名度提升，中华民族优秀的传统文化得以扩大传播。文化与旅游融合发展新格局的形成，为文化馆高质量发展增添新的活力动能。

四、群众文艺创作与群众文化活动齐驱，适应群众精神文化生活的新需求

群众文艺创作与群众文化活动二者不可分割。群众文化活动需要优秀的文艺作品引领，为群众文化活动提供丰富的高品质的内容支撑；群众文艺作品需要群众文化活动的舞台，展示与检验创作作品的成果与社会价值，二者相辅相成。随着社会的进步，人民群众对美好生活的向往日益高涨，要求有质优量多的群众文艺作品，提供丰富多元高质量的精神文化生活。在市文广局领导下，全市文化馆把群众文艺创作放在重要地位，以社会主义核心价值为指针，协力构建了市、区、街镇群众文艺创作三级对接机制、群文创作孵化机制、新人新作展评展演机制；打造了 22 个文艺创作基地或创作活动示范点，加大了对群众文艺创作队伍的培训力度，促进全市群众文艺创作的繁荣

发展。尽管近年来处在疫情期间,但在市群艺馆的策划与统领下,各区文化馆的群众文艺创作和群众文化活动仍然呈现一派繁荣景象。

(一) 线下创作 + 线上传播,引领社会风尚,温暖百姓心灵

在 2020 年疫情爆发这个特殊时期,群众文艺创作紧随形势,可用"快闪"的方式来形容,在短时间里就创作出一批宣传坚定信念、科学防疫的作品并上线播出,既对防控疫情进行了正面宣传,又为宅在家里的市民提供新的文化生活内容。如黄浦区文化馆与街道分馆一起,发挥群文创作短平快的特点,创作歌曲《同在》《守护》、广播剧《情人节之夜》、诗歌《出征》等以抗疫为主题的作品共 1 541 件,宣传疫情之中人间有大爱,赞扬奋战在一线的医护人员忘我的崇高情怀;新创快板《众志成城克时艰》,在"学习强国"市级平台上发布。这些原创作品在"线下"创作,在"云上发布",扩大了宣传的覆盖面与影响力。宝山区文化馆向全社会发动,征集抗疫的艺术作品,涵盖音乐、诗歌、文学、朗诵、摄影、相声、手工艺等近 500 件,其中的《听我说谢谢你》,作为抗疫作品在宝山抖音平台上发布,浏览量过万;创作的美术、书法、摄影等 47 件作品,在第八届上海市民艺术大展中展出;群舞《时光染流年》、弹词《送餐曲》、小组唱《春风习习》、阿卡贝拉《守护》等作品,在全市的新人新作展评展演;歌曲《非常阳光》,代表宝山登上了全国"学习强国"优秀战疫公益歌曲展播系列平台。据市群艺馆统计,全市 2020 年经各区、各系统及相关单位层层选拔后送新人新作展评的音乐、舞蹈、戏剧、曲艺和抗击疫情主题的原创作品 177 件,收到以"幸福小康 大美海上"为主题、唱响主旋律的美术、书法、摄影作品 26 000 件,共同用文化传递爱,用艺术战疫情。创作的优秀作品,在华东六省市戏剧小品大赛中获 1 个大奖、1 个金奖、2 个银奖;在首届长三角流行歌曲原创大赛中获 1 个大奖、1 个金奖、2 个银奖。

(二) 打磨成优品、精品,引领群众文化活动向高质量发展,适应人民群众对美好生活的新需求

全市文化馆推进文艺创作,既注意数量,亦重视质量,选择接地气的作

品,通过反复打磨,提升作品质量。将市群艺馆组织的群众文艺新人新作展评展演、市民文化节百强团队竞演、上海市民艺术大展等活动中涌现出来的原创新作,着力打造成有温度、有筋骨的优品、精品,唱响主旋律,传递正能量。如2021年全市举办上海市民舞蹈大赛,经过从街镇到区级的层层遴选,产生了115个参赛队伍,并开启品质提升之旅。通过开办编舞领队大师班,邀请8位专家进社区"上门"面对面授课培训等方式,精益求精后在线上决赛,使舞蹈的品质、技艺、原创力等方面显著提升,并于中秋日举行"云上舞蹈盛会",让市民欣赏50个优秀舞蹈团的精品舞蹈展演;在国庆期间举行的"虹桥之秋"文化旅游购物节开幕式上,以"舞动传神,舞韵凝心"为主题,市民优秀舞蹈团与长三角团队及新疆、云南、青海等地30支舞蹈团队相聚一起,在云端联动,与市民共庆国庆佳节。黄浦区文化馆与上海音乐学院音乐戏剧系合作,创作大型红色音乐情景诗剧《追寻》,以区域内的红色遗迹为线索,反映革命先驱在酝酿建党过程中英勇奋斗的历史片段,该剧经五年的反复修改打磨,还原红色历史的真实,还原革命先辈的坚定信念、崇高精神,成为传承红色基因、弘扬共产党人精神血脉的生动教材,到机关、社区、校园巡演,成为全区性主题党日活动的内容。2021年,该馆又新创音乐短剧《福兴布庄:白色恐怖下的红色中枢》、音乐剧《丹心绣》,致敬革命先驱,致敬伟大时代,成为党史学习活动的辅导课。奉贤区以"夺取双胜利 全面奔小康"为主题的2020年"相约滨海之夏"广场文化系列活动,由区文化馆和街镇文化活动中心精选出创作的文艺节目,如歌舞《走进新时代》、沪剧小戏《不平凡的年夜饭》、音乐小品《美丽司法人》等,纷纷登上舞台,开幕式通过"文化云"平台直播,有25万人参与;系列活动总共举办32场,辐射到村居社区,用复兴之歌唱响奉贤人构筑美丽梦想的精神力量。凡在全市各大赛事中涌现的优秀作品和获得全国"群星奖"的精品,都参与巡展巡演,覆盖全市16个区,足迹遍布社区、学校、企业和农村,讴歌新生活,礼赞新时代,发挥文艺创作引领群众文化活动的先导作用。据统计,2020年以"决胜小康 奋斗有我"为主线的、在线下开展的各类群众文化活动计4 936场,服务约326万人次;在线上举办的活动有3 166场,服务4 265万余人次。

群众文艺创作的繁荣和一场场的展演展评,引领群众文化活动的发展和品质的提升,让全市人民共享文化盛宴,获得丰富多彩的精神营养,是文化馆高质量发展的重要任务。

五、文化馆总馆与各分馆联动,发挥网络体系的整体效应

在推进高质量发展进程中,全市文化馆继续把体制机制改革放在重要位置。2019年,全市基本建成以区文化馆为总馆、街镇社区文化活动中心为分馆、居村综合文化活动室为服务点的总分馆体系,近年来,总分馆体系建设在下列三方面有进一步发展。

(一)汇聚多种文化资源,扩大总分馆网络体系

浦东新区打造"1+4+X"总分馆体系,除原有浦南等5个区域分馆外,发展了碧云美术馆、陆家嘴白领文化艺术中心等特色分馆及金海文化艺术中心、东方金融广场、上海中心大厦等由社会力量运营的分馆,加上36个街镇社区文化活动中心为分馆以及1 200个居村综合文化活动室和文化睦邻点为服务点,汇聚起多种资源,形成新的合作平台,组成了覆盖全域、主体多元、标准统一、上下联通的总分馆体系,产生新的效能。长宁区挂牌的文化馆分馆已有17家,其中有社区美术馆、艺术品博物馆等社会分馆6家,另有1家设在佳都大厦的直属分馆,实现人财物的直通运作,联手开展楼宇内的企业文化展示。总分馆体系由公共文化机构向社会扩大延伸,有利于拓宽文化服务空间,实现文化资源的合作共享。

(二)发挥总馆引领作用,加大人才队伍建设

总分馆体系中总馆是关键,具有统筹协调和带头引领作用,尤其在人才方面的优势作用更为突出与明显。浦东新区为发挥文化馆总馆的积极作用,使总馆人才资源有效下沉,由总馆向各街镇分馆委派文化专管员,为分馆提供专业服务,陆续帮助解决了分馆的近百个问题。嘉定区在深化总分馆体系

建设中,着力加强队伍建设。该馆采取"上挂下派"模式,由总馆选派业务人员,轮岗驻派到各分馆,担任分馆馆长助理等职务,把人力资源和专业服务送到各分馆;分馆则通过挂职制度,将分馆的群文工作骨干送到总馆的专业岗位上学习锻炼,推进总分馆间人才资源互动流通,实现区域人才队伍的共育共享。同时,为适应高质量发展的要求,该馆还通过新安装的艺术课堂远程教育系统,每月开展1~2期业务培训,加大对分馆业务干部的培训力度,推动了全区文化馆分馆服务的标准化建设、供给的均等化配置,提高了各分馆的办馆质量。

(三)推进特色文化建设,提升总分馆体系整体效应

在推进总分馆体系标准化、一体化建设的同时,在总馆的整体规划下,推动分馆的个性化建设,打造特色品牌,提高办馆质量。如虹口区文化馆作为总馆,深入分馆调研,制定了《虹口区"一街一品"的创建工作方案》,在全区因地制宜构建一街一品、一馆一特色的公共文化服务新格局。8个街道分馆在总馆指导下,建成各具特色的分馆,各分馆每月还举办特色展示周活动,曲阳街道分馆有朗诵艺术表演,广中街道分馆推出"收藏文化"展,江湾街道分馆组织"江南琴韵"丝竹线上展演,嘉兴路街道分馆展示舞蹈艺术,北外滩街道分馆举办"金秋雅韵"戏剧演出,四川北路街道分馆整合军之声、川之韵、雪绒花等多个合唱队,展示合唱艺术特色。徐汇区依托社会为量,助分馆构建一馆一品。如日晖分馆,依托上海戏曲艺术中心、上海市戏剧家协会,汇聚京、昆、沪、越、淮、评弹等专业院团力量,建成戏剧分馆,打造出"日晖有戏"文化节特色,举办精品剧种剧目表演,开展导赏活动,组织戏曲演出,活动进社区、进楼宇、到校园、入军营,满足市民群众对戏剧文化的需求;梅陇分馆,以微剧创作为特色,面向全国征集微剧本,创办凌云微剧节;田林分馆为区级"非遗"展示中心,展示"非遗"技艺特色。该区还通过建立远程"互联网+服务"模式,用"文化云盒"将数字文化资源共享到居委服务点。闵行区文化馆,充分发挥与分馆之间的联动作用,在2020年发动和组织总分馆员工,投身抗击疫情的文艺创作,据统计,以抗疫为主题的群文创作作品达27 561件,其中舞台

类作品有近百件。该馆还汇聚总分馆资源,举办"影像聚焦 非常疫情"闵行摄影展;依托闵行文化云、微信公众号、慕课、抖音等平台,加大数字资源向分馆推送,解决宅在家里的市民群众对文化艺术生活的需求。

总分馆间的人才流动、活动互动、培训联动以及各个个性化、特色化、品牌化的分馆建设,盘活了区域文化资源,提高了服务质量,深化了总分馆制度体系,文化馆服务网络的整体效应得到发挥,助力区域公共文化服务的高质量发展。

上海公共文化馆深化公共文化服务,以提升均等化、数字化、品质化、效能化水平为着力点,沿着高质量发展道路前行,取得了初步成效,冀望能持续、高效、优质发展,任重而道远。全市各级文化馆要认真贯彻执行好经市常委会、市政府常委会审议通过,并由市委宣传部、市文旅局、市发改委、市财政局联合颁发的《上海市关于推进公共文化服务高质量发展的意见》,突出以人民为中心的工作导向,努力创新,深化改革,不断完善"家门口的公共文化"服务体系,不断提升公共文化服务效能,彰显城市精神品格,以文化人、以艺育人,为人民群众享有更加充实丰富、更高质量的精神文化生活,为全面提升上海城市软实力做出更大贡献。

十 年 巡 礼

上海市公共文化示范区十年创建成效与经验：打造现代公共文化服务体系建设的"上海样板"

刘晓东①

摘　要　国家公共文化服务体系示范区（以下简称公共文化示范区）是原文化部和财政部于2011年启动的重大文化惠民项目，旨在创建一批结构合理、发展平衡、网络健全、运行有效、惠及全民的公共文化服务体系示范区。上海市的徐汇区、浦东新区、嘉定区和长宁区作为示范区创建城市（地区），在公共文化服务标准化、均等化、社会化、数字化和区域融合化建设等领域开展了创新实践和制度设计，其建设过程也反映了我国近十年公共文化服务领域的发展趋势，创建过程中形成的以人民为中心开展制度设计、注重提升效能、完善公共文化服务制度体系、打造国际文化品牌等创新经验对于国内、外城市

---

①　刘晓东，中国人民公安大学公安管理学院，讲师，主要研究领域：公共文化服务，图书馆信息服务。

的文化建设都具有积极的示范作用。

关键词 公共文化示范区 创新实践 制度成果 创新经验

一、上海市公共文化示范区建设概况

2011年,我国启动了国家公共文化服务体系示范区建设项目,旨在打造公共文化服务体系建设的先行区、公共文化体制机制改革的创新实践区,充分发挥典型引领作用,为全国公共文化服务体系建设探索道路、积累经验、提供示范。从2011年第一批公共文化示范区建设开始,到2020年第四批公共文化示范区创建结束,四批共计120个城市(地区)完成了创建并获得国家公共文化服务体系示范区称号。公共文化示范区创建工作推动了创建城市公共文化服务体系建设的跨越式发展,丰富了公共文化产品和服务供给,创新了服务方式和手段,完善了保障体系和制度体系,拓展了公共文化服务理论成果,成为过去10年间我国公共文化服务建设成果的集中展示。

上海市作为我国国际经济、贸易、科技创新中心及长三角区域一体化发展的中心区,承载着建设国际文化大都市和现代化国际大都市治理体系建设先行区的职能。公共文化示范区创建以来,上海市徐汇区、浦东新区、嘉定区和长宁区均以出色成绩和突出实效荣膺国家公共文化服务体系示范区称号,并在高质量达到验收标准、创新性打造特色亮点、科学性构建公共文化服务体系和制度体系方面形成了上海模式,打造了具有突出时代性、引领性、国际性的公共文化服务体系建设的上海样板,不仅为其他城市开展公共文化服务实践提供了引领和示范,也成为向全世界展现中国文化建设成果的重要窗口。

公共文化示范区创建工作贯穿我国"十二五"和"十三五"建设阶段,这一阶段我国出台了一系列法律法规和宏观政策,为我国公共文化服务体系提供了顶层设计和具体指导。上海市各示范区创建城市(地区)积极落实党和国家的决策部署,重点聚焦现阶段的核心问题和主要矛盾开展制度设计和创新实践,成为宏观政策在地方落地的"指南针"。如第一批公共文化示范区上海市徐汇区聚焦"以绩效评估提升公共文化服务效能",以指标体系和制度手段贯彻落实了《中共中央关于深化文化体制改革、推动社会主义文化大发展大繁荣若干重大问题的决定》中对"制定公共文化服务指标体系和绩效考核办法"的要求,强化了地方政府在公共文化服务体系建设中的主导地位。第二批上海市浦东新区聚焦本区"国际化"特点,较早地关注到文化名牌和世界品牌的打造。第三批公共文化示范区创建期间适逢《中华人民共和国公共文化服务保障法》和《中华人民共和国公共图书馆法》等一系列公共文化领域专门法律和政策的颁布,上海市嘉定区探索了以标准化手段推动公共文化服务体系全面建设的新路径。第四批上海市长宁区聚焦高质量和高效能发展,不仅创新性地设计了均衡发展指数,更是通过大数据、物联网等高新技术手段实现了公共文化服务体系的智慧化、现代化建设。

纵览上海市四批公共文化示范区创建成果可以发现,虽然各地区在创建中各有侧重,但均是在继承与发展中不断啃"硬骨头",解决共性"短板"问题,基本形成了内容全面、架构科学、实际有效的上海市公共文化服务体系和制度体系,为我国建设现代公共文化服务体系提供了示范区经验和上海样板。

二、上海市公共文化示范区建设的成效

上海市各公共文化示范区的创建经验引领了新方向,凸显了新进展。各创建城市（地区）从国家重点发展战略和核心问题入手,探索公共文化服务体系的建设路径,立足实际,创新手段,突破行业壁垒和层级限制,以更加符合文化发展规律的制度和实践方式推进现代公共文化服务体系建设,在标准化、社会化、数字化、融合化等领域取得了突出成效。

（一）标准化建设推动经济发达地区的公共文化服务均衡发展

将标准化引入公共文化服务领域,是推进公共文化服务体系科学发展的一个迫切任务,也是针对公共文化服务体系建设现存突出矛盾提出来的重要工作任务。上海市公共文化示范区普遍以标准化手段推动公共文化服务体系建设，通过制定适合本地区发展实际并适度拔高的指标体系和标准规范，推动公共文化示范区各项工作有标可依，有标可评。第一批徐汇区立足地方政府的主导责任，提出了公共文化服务绩效双元综合评估模型，设计了四套公共文化服务机构绩效考核模型，并制作了指标体系的操作说明和操作手册，构建了完整的绩效评估体系。浦东新区研究制定《上海市浦东新区基本公共文化服务实施标准（2015—2020 年）》，着力推进公共文化服务重心下移，缩小以至消除城乡之间、地区之间、人群之间公共文化服务的不均等现象；同时制定《浦东公共文化国际化测评指标体系》，在公共文化基础条件、活动交流、国际人群参与、国际化运行方式、国际技术水准、政策环境等方面设置核心指标，推动浦东新区的国际化建设。嘉定区进一步扩大了标准体系的覆盖范围和标准化手段的应用领域，制定并颁布了涵盖 264 项标准的《嘉定区公共文化服务标准》，对全区各层级近 400 个公共文化设施和机构的服务保障、服务提供、运行管理、质量控制、评价改进等方面进行了规范，通过标准化手段推动各项制度均等化、社会化、数字化等的完善。长宁区以标准化推动均等化，自主创建公共文化服务优质均衡测评指标体系，从公共文化投入、公共文化服务能力、公共文化参与、公共文化服务创新、公共文化提高效能、公共文化国际化和公共文化服务区域创新等方面进行全面科学赋值和数据分析，动态监测全区不同区域之间的公共文化服务效能，实现大数据支撑和引导下的全面均等化。

上海市四批示范区创建城市（地区）经历了从单个环节、单个领域的标准化到公共文化服务体系全面标准化的建设历程，公共文化示范区的标准化建设成果既解决了普遍问题又具有地方特色，既兼顾基本内容又涉及提升指标，既解决当下问题又具有较强的前瞻性和引领性。经济发达地区在推动公共文化服务体系建设中更应该注重公平和均衡发展，为城市快速扩张和发展带来的文化空位、精神空虚问题提供解决办法。上海市各公共文化示范区通过标准化推动现代公共文化服务体系全面建设，实现街镇、城乡、人群之间的均衡发展，确保公共文化产品和服务成果被全民共享，为大型城市增强文化软实力,提升城市文化氛围和文化影响力提供了经验。

(二) 社会力量参与引领规范化、制度化建设新趋势

上海市作为我国国际经济、贸易中心,企业、文化类社会组织和志愿者等各类社会力量发展相对完善,社会力量参与公共文化服务的积极性较高、范围较广,与国际接轨趋势较明显。上海市各公共文化示范区的社会化建设趋势一定程度上反映了我国公共文化服务社会化发展历程,第一批公共文化示范区徐汇区引入社会力量参与公共文化设施建设、公共文化产品和服务供给,并配合国家政策出台了一系列文件和措施推动公共文化机构的社会化管理运营机制,建立民主管理体制。第二批浦东新区在社会力量参与方式和机制方面进行了创新和规范,探索出了公共文化机构建立法人治理"要素式结构"的"浦东模式",健全了政府购买公共文化服务机制,建立文化类社会组织清单制,规范其管理机制、服务机制和激励机制,同时遵循国际普遍经验,探索建立了文化基金制度,规范社会资金在公共文化事业中的使用。第三批嘉定区以标准化手段规范社会力量参与的主要方面,具体包括优化政府购买公共文化服务、促进民办公益性文化实体蓬勃生长、推动全社会群众文化有序开展、规范社会力量参与公共文化服务的行为等方面,实现了社会力量参与公共文化服务的规范化、体系化、制度化建设。第四批长宁区在创建期间举办了"上海市及长三角地区公共文化和旅游产品与服务采购大会"(以下简称"文采会"),不仅将事业单位、专业院团、企业、社会组织、群众文艺团队等各类主体纳入同一平台进行直接交流,还将各类供应产品和服务通过展演、展示等多维方式呈现出来,直接促成合作意向;同时引入公众观察员机制,吸纳群众参与购买决策。跨区域举办的长宁区"文采会"不仅扩大了社会力量的供给主体、供给方式、参与范围,还实现了优质公共文化产品和服务的全国性流动,成为社会力量参与公共文化服务体系建设的创新机制。

上海市各公共文化示范区的社会化建设实践呈现出从产品供给到全面参与,从政府主导到政府搭台,从自主参与到规范化建设的建设特征。社会力量参与的主体不断丰富,参与范围不断扩大,参与方式持续创新,供给内容

也更加精准化、个性化和品质化。上海市各公共文化示范区的建设实践也证明，社会力量的广泛参与离不开制度体系的规范和保障，一方面需要通过制度手段保证社会力量在"公益性"基础上提供公共文化产品和服务，保证公共文化服务性质不变、阵地不丢；另一方面也需要通过制度保障为社会力量参与提供政策引导和激励，避免社会力量成为地方政府和公共文化机构"甩包袱"的对象。上海市探索了在社会力量基础较好的地区开展公共文化服务建设的广泛化、规范化、制度化建设路径，既有自由又有规范，既有平台又有措施，既有社会效益又有经济效益，打造了社会力量广泛参与公共文化服务的上海样板。

（三）"云平台"实现资源、服务、管理一站式聚合

上海市作为我国科技创新中心，在公共数字文化建设领域也承担着先试先行、引领示范的使命。上海市是国内较早开启公共数字文化平台建设的城市，各公共文化示范区也呈现出从信息化平台建设，到"一站式"管理和服务平台，再到大数据支撑下的智慧化、融合化"云平台"的建设路径，数字化手段也渗透到公共文化服务体系的各个方面和环节。徐汇区较早意识到"智慧文化"的重要性，以其为抓手打造公共文化服务与信息化平台，配套建设基层信息化终端设备，着力解决文化服务信息不对称、供需不对接的矛盾，并为国家政策制定提供了实践支撑。浦东新区在创建期间搭建了多个数字化服务平台，全面推进公共数字文化建设，其中公共文化"云服务"平台集合了多种公共文化机构的各类服务信息，公共文化传播运营平台全面展示公共文化机构各类资源，浦东公共数字文化统一管理平台和浦东群众公共文化需求信息征询与服务评价统一平台，实现服务、管理、群众需求对接和服务评价的数字化、技术化管理。

嘉定区早在示范区创建之前就率先建成基层公共文化数字服务平台"文化嘉定云"，不仅在纵向上打通区镇两级各类公共文化机构的服务信息，也横向联合了教育、工青妇等其他政府相关部门及文化类社会组织，实现了数字资源、公共文化产品和服务、管理运营等多种功能的一站式供给。创建期间，

"文化嘉定云"进一步提档升级，特别是针对不同人群的信息行为习惯，开展了末梢文化圈的群属精准服务、跨域自匹配服务、市民自主自助服务等功能，并建立了以数据支持决策的公共决策体制，以考核体系和用户需求反馈体系为支撑，指导政府和公共文化机构的未来发展和制度设计。第四批公共文化示范区创建期间疫情突发，对各示范区创建城市（地区）的公共数字文化服务能力提出了挑战，长宁区在原有"云平台"基础上升级服务、拓展内容、优化技术，以云资源、云展览、云采购、云集市等多形式，打造系统性、集成性的文化"云平台"2.0版本，并配合长三角国家公共文化服务体系示范区（项目）合作机制，建立公共文化和旅游服务一网通项目"长三角文旅云"，通过各级文化云的聚合效应和合作机制，实现"十万观众进剧场、百万观众在现场、千万观众在线上"。

高新技术企业和文化类社会组织聚集为上海市开展"云平台"建设提供了技术和人员支持，上海市各公共文化示范区的"云平台"建设普遍采用政府主导、多家企业和社会团体共同参与的方式，实现了政府部门、公共文化机构、社会力量等多元社会主体共同参与、公平竞争、共建共享模式。从建设历程上来看，各公共文化示范区的公共文化服务"云平台"也经历了从前期的公共文化资源数字化、服务信息化，到各类公共文化机构和社会主体的公共文化资源、产品和服务的一站式、聚合化提供，再到依托大数据、物联网等高新技术实现平台数据指导服务升级、机制改革和决策制定，智慧化、智能化趋势更加明显。各示范区创建城市（地区）也配合公共文化服务"云平台"建设开展了线下数字文化空间、公共文化智慧空间等硬件设施建设，同步进行了线上线下互动的公共文化服务和活动，进一步建立了聚合整个长三角地区的公共文化服务"云平台"，推动了长三角一体化建设进程，有效提升了群众的获得感和满足感。

（四）区域融合创新长三角一体化建设机制

2019年12月，中共中央、国务院印发《长江三角洲区域一体化发展规划纲要》，明确将"推动形成区域协调发展新格局"列为主要任务之一，并指出要

"强化区域联动发展，加强城市圈一体化发展，推进跨界区域共建共享"[3]，这就将长江三角洲区域一体化发展上升为国家战略。早在2019年8月，时值第四批公共文化示范区创建期间，在上海市长宁区的倡议下，上海市徐汇区、浦东新区、嘉定区、苏浙皖三省示范区文化（广）局、国家公共文化服务体系示范区创新研究中心、上海市群众艺术馆共同发起建立了长三角区域国家公共文化服务体系示范区（项目）合作机制，覆盖39个长三角区域公共文化示范区和示范项目所在城市（地区），开创了长三角区域公共文化服务体系区域融合和一体化建设模式，为宏观政策的制定提供了实践基础。该合作机制建立成员单位联席会议制度，制定并发布了《长三角地区国家公共文化服务体系示范区（项目）合作机制虹桥宣言》《长三角地区国家公共文化服务体系示范区（项目）城市合作机制章程》《长江经济带公共文化服务合作倡议书》等文件，着力建设了长三角区域公共文化服务发展论坛、公共文化数字平台、公共文化服务产品采购大会、示范区城市阅读一卡通、文化艺术联展、公共文化培训体系等重点项目。其中围绕促进文旅融合、乡村振兴、公共文化服务机制创新等重点问题举行了长三角区域公共文化发展论坛，为长三角公共文化发展一体化建设出谋划策；开展了长三角区域优秀原创群众文艺作品展演、长三角区域版画巡展、长三角阅读马拉松等特色服务；成功举办全国公共文化产品供给侧改革现场经验交流会和2019—2020年上海市及长三角区域公共文化与旅游产品采购大会，打造了优质的公共文化资源集聚平台和长三角区域一体化交流平台；建成了公共文化和旅游服务一网通项目"长三角文旅云"，形成"信息与资源汇聚、管理与服务融合、在场与在线联动、线上与线下互通"的公共文旅服务新模式。

　　长三角地区国家公共文化服务体系示范区（项目）合作机制是上海市发挥长三角一体化建设中心区职能的重要实践，也是公共文化示范区先试先行、引领示范的重要表现。该合作机制是顺应历史发展、时代要求和公共文化服务发展规律的创新尝试，通过机制设计、制度保障、服务联动、平台共建、资源共享等重要举措，实现了公共文化优质资源的跨区域、跨行业、跨机构共享，进一步放大了公共文化示范区的影响力和品牌效应，激活了长三角公共文化示范区的联动效应,创新了长三角一体化建设的合作机制,为其他经济区和城市圈一体化建设都提供了经验和借鉴。

三、上海市公共文化示范区创新经验

(一) 以人民为中心,全面保障人民群众基本文化权益

上海市作为我国经济发展中心、长三角一体化核心区域、自贸区先行区和中华文化展示区,在我国公共文化服务体系建设中承担着引领示范的职责。四批示范区创建城市(地区)从 2011 年开始,结合本市、区两级实际情况,从设施建设、公共文化产品和服务供给、制度建设、平台建设等方面出发开展制度设计,并以制度设计为指导开展创新实践,探索出绩效评估的徐汇模式,国际化、社会化建设的浦东模式,标准化、数字化建设的嘉定模式和均等化建设的长宁模式。上海市公共文化示范区的创新实践和制度设计基本涵盖了现代公共文化服务体系的方方面面,总结、提炼了上海市最突出、最先进的公共文化建设经验,不仅为国内其他地区开展公共文化服务建设提供了经验和借鉴,也在国际上打出了特色鲜明的中国文化品牌,成为中国特色公共文化服务体系的上海样板。

(二) 提升效能,实现公共文化服务的高质量发展

上海市作为我国高度发达的经济区,也是世界上特大城市的代表之一。其经济基础、制度基础和社会基础都为公共文化服务的开展提供了保障。在"十二五"和"十三五"建设阶段,上海市已经基本解决了公共文化设施和服务"有没有"的问题,并着力解决"好不好""优不优"的问题。各创建城市在提升地方政府、公共文化机构、社会企业和文化类社会组织等各类主体的服务效能、优化公共文化产品、服务、管理、运营等各环节的效能,完善组织体系、财政支撑、政策引导等方面的制度保障等都做出了积极探索。上海市各示范区创建城市(地区)在推动公共文化服务高质量发展的过程中,更加重视人民群众的获得感和满意度,更加重视公共文化产品和服务供给的覆盖面和适用

性,更加重视公共文化治理体系和制度体系的科学化、现代化建设。在激活各类公共文化设施活力、全面覆盖各类用户群体,以政府财政撬动社会资金,以标准、制度规范建设环节,以先进技术提升管理效率,以融合化建设实现区域共建共享与优势互补等方面实现了引领。

(三)完善制度,以长效机制稳步推进实践

开展制度设计是公共文化示范区验收的前置条件,制度设计的重要成果之一就是形成了系列制度成果,直接推动示范区创建城市(地区)的公共文化服务体系建设,确保各项工作有章可循,有规可依。上海市以各示范区的制度成果和创新实践为依托,制定、形成了适用于全市的公共文化服务制度成果,打通了自下而上和自上而下的政策体系,有效规避了"人在政行,人走政息"的管理问题,使上海市公共文化服务建设稳步、高速发展。2020 年 10 月份发布的《上海市公共文化服务保障与促进条例》从公共文化设施建设与管理、基本公共文化服务提供、群众性文化活动、"上海文化"品牌建设、社会力量参与、保障措施和法律责任等方面做出了全面指导。

(四)讲好故事,打造国际文化品牌

上海市作为我国对外交流的核心区,各示范区创建城市(地区)通过公共文化服务品牌"走出去"和"引进来",不仅展示了我国特色文化品牌,也为各国文化活动和品牌交流互通创造了机会,用多层次文化交流构建上海公共文化外交的坚实平台。在示范区创建期间,被誉为"中国第一社区交响乐团"的上海徐汇大众乐团赴韩国釜山演出,成为中韩建交 20 周年系列活动中的亮点。上海市浦东新区创建了国际文化交流基地,全面展示国内外文化品牌活动和项目,成为浦东新区对外交流的重要窗口;还设计制作了《浦东公共文化国际化指标体系》,将公共文化服务国际化、公共文化参与国际化、公共文化品牌国际化、公共文化组织国际化设置为基本指标,为打造浦东区的国际化品牌,实现国际国内融合协调发展提供具体指导。嘉定区和长宁区吸引国际顶尖艺术团队来沪开展高品质文化交流演出,通过文化交流服务上海民众,

展示上海公共文化建设成果,传播中华民族优秀文化。上海市在开放发展、互融互通的国际环境中,用持续、多层次的文化交流展示了中国特色公共文化服务体系建设成果,打造了大开放、深融合、民相亲的文化合作机制,成为讲好中国故事,打造中国品牌的上海样板。

四、结　　语

上海市公共文化设施网络基础较好、覆盖范围较广,公共文化服务供给质量较高、形式多样,公共文化服务制度体系也相对完善,这与上海市委、市政府,各区委、区政府对公共文化服务的一贯重视密不可分。上海市各公共文化示范区立足于优质的设施网络、服务体系和制度基础,探索开展了一系列具有突出时代性、创新性、开放性和国际性的公共文化建设实践和制度设计,在公共文化服务标准化、社会化、智慧化和融合化建设领域形成了引领全国公共文化服务体系建设的实践经验;其制度成果向上对接国家顶层设计和宏观战略方针,向下指导各区公共文化创新实践,有效推动了创建城市(地区)公共文化服务体系的跨越式发展;其后续建设有规章有计划,有成效有影响,使创建成果发挥长效作用。上海市公共文化示范区成为我国现代公共文化服务体系建设成果的高水平展示,对外打造了独具中国特色的公共文化品牌,成为我国公共文化建设的上海样板。

参考文献

[1] 李国新.创新发展　引领示范[J].图书馆论坛,2018,38(06):1.

[2] 国家公共文化服务保障标准启动　促公共文化科学发展[EB/OL].(2014-10-22). http://culture.people.com.cn/n/2014/1022/c172318-25884804.html.

[3] 中共中央 国务院印发《长江三角洲区域一体化发展规划纲要》[EB/OL].(2019-12-01).http://www.gov.cn/zhengce/2019-12-01/content_5457442.htm.

上海市群众艺术馆新馆开放十周年：
为市民创造文化艺术享受的空间和舞台

吴榕美①

摘　要　上海市群众艺术馆新馆开馆十年，通过对上海市民文化节的统筹和推进，对场馆活动新颖独特的设计和组织，使广大市民对于上海公共文化服务发展的认识和体验是生动的，可感知的。市群艺馆在行业的示范引领、文化影响力的扩大、年轻群体的回归、服务手段的提升等方面都取得了阶段性成果，也将为未来上海公共文化建设积累更多的经验，提供更多值得研究和探讨的内容。

关键词　上海市群众艺术馆　十周年　市民文化节

上海市群众艺术馆是由市政府设立的省(市)级全民所有制文化事业单位，是组织与指导全市群众文化艺术活动、开展文化艺术普及教育、培训群众文化在职干部、辅导基层群众文艺团队、研究群众文化理论的公益性文化服务机构，也是群众参与文化艺术活动的主要场所。由于历史原因，其办公场地在变动了近半个世纪后，第一次建造了一个花园中的新场馆，成为上海市民拥有的新的文化空间。新馆于2011年5月1日建成对公众开放，这意味着市群艺馆在承担全市群文工作策划与执行的同时，还要设计新颖独特的市级公共文化场馆阵地活动，365天日复一日为市民呈现文化艺术的产品和服务。市群艺馆新馆经过十年的努力与实践，赢得了市民群众的关注和追随，积累了经验，笔者将从机构职能的扩展、场馆空间的新建、系列创意的策划和活动

---

① 吴榕美，十三届上海市政协委员、研究馆员、上海市群众艺术馆副馆长。

方式的延伸等方面进行简述。

一、机构职能的扩展,提升了工作的示范性

上海市群众艺术馆新馆的建成开放,不仅在场馆阵地活动方面对满足市民不断变化的文化需求提出新的工作要求,还作为市级群文事业单位,在设计统筹全市群众文化活动、群文创作、艺术普及、社区文化配送、非遗保护等方面做出了示范引领。

上海市级群文活动大多由市群艺馆组织举办,如每年上半年"上海之春"国际音乐节群文活动,下半年中国上海国际艺术节群文活动的集中开展,其中的开、闭幕式和一些主体活动都是由市群艺馆主持策划和实施完成的。自2012年策划起草创办上海市民文化节的总体方案开始,上级主管部门就明确要将市群艺馆塑造成为上海群文的"司令部",创建行业的引领者,策划、引导全市群文活动。2013年,创立推出上海市民文化节,全面打造社会参与公共文化建设的平台、全面展示上海群文建设成果和市民风采的舞台,提出"政府主导、社会支持、各方参与、群众受益"的办节模式,让文化活动由政府主办向政府主导转变,让办节主体由体制内单位向社会力量共同参与转变,让市民成为文化活动的主角,为城市文化氛围的营造提供了有力支撑。同时,与各级政府部门、各类专业团体、行业协会、社会组织、艺术高校、美术馆、图书馆、博物馆等设施机构牵手,利用上海几乎所有的专业文化艺术资源参与市民文化节各类市民活动项目的策划、指导、评审、培训,共同帮助区县和社会主体组织活动、辅导团队,带领市民一起实现艺术梦想。市群艺馆由原来单一的公共文化机构开始逐步向上海群众文化"司令部"进行转型,由活动的承办方转变为机制设计、统筹集聚、资源协调、指导优化和服务各方的一个重要的枢纽。九年间,上海市民文化节举办了合唱、器乐、广场舞和流行舞、家庭戏剧、青少年戏曲和曲艺、美术、书法、传统知识、古诗词诵读、朗诵、手工艺、收藏、烹饪等各个类别的市级赛事和专项赛事共计80余项,每年参与赛事活动的市民和青少年十数万到数十万人,惠及千万市民。而每年上海市民文化节的总

体方案的制定,举手承办区县和社会主体的活动方案、规则、进程,市群艺馆都参与讨论和指导,每一个市民赛事的颁奖展演,特别是进入上海标志性文化设施的颁奖展演活动,市群艺馆的团队都参与策划和推进,保证市民走进艺术殿堂实现梦想的同时,完成活动的精彩呈现。上海市民文化节给民众带来的变化是非常显著的,市民心灵的愉悦、精神上的满足,参与过程得到的培训支持,专家评委的现场鼓励,成为区域社会治理创新有益和有效的形式。上海市民文化节被评为"2013 年上海十大新闻",2014 年被评为了第二批上海十大"社会治理创新项目""全国文化馆优秀品牌项目",成为上海群众文化与全国公共文化的"金名片"。

近年来,这些优秀群文作品的产生,与"上海市群文创作孵化机制"扶持计划息息相关,这一计划推动了区县和系统单位对群文创作的重视与支持,激发了群文创作爱好者的热情。特别是面对极其丰富的群文创作情况,2017 年,市群艺馆开创性地实施"上海市群文创作孵化机制"扶持计划,专门针对各区文化馆、各系统和有关单位在每年的上海市群文新人新作展评展演中获得"优秀群文新作"的作品和获得"新人奖"的青年人才给予资金扶持和专家跟踪指导,对其作品进行修改、提高,在倡导作品创新,杜绝剽窃抄袭,强弱项、补短板方面起到积极成效;建立通过汇报展演和展览等方式进行验收、开展交流推广活动等机制,在全市起到了示范指导作用。自 2011 年至2021 年的群文新人新作评选中,舞台表演的四个门类共选拔产生 358 个优秀新人新作。这些作品内容紧扣重要节庆和纪念日主题,从百姓的视角反映历史脉络与时代的变迁和发展,涉及市民和社会生活的方方面面,充满浓郁的生活气息和区域特色。尤其是 2020 年,市群艺馆遵照上级指示,联合相关单位,发起抗疫题材的作品征集,在短时间内,收到了数千个(幅)各类题材的原创抗疫作品,生动地记录和反映了特殊时期百姓身边的点点滴滴、方方面面,体现了市民抗疫的信心和群文人在不同岗位支持抗疫的担当。

在全民美育和艺术普及方面,市群艺馆利用上海市文联下属的十多个专业协会、市语言工作委员会和其他上海几乎所有的专业协会,特别是上海科研院所和大专院校的资源,组成"讲师团"、"赏戏团"、经典歌剧赏析、广场舞创编等师资队伍,为市民进行文化艺术普及工作。"讲师团"由上海市语言工作委员会为 2014 年举办的上海市民文化节市民传统知识大赛推选的 20 位专家组成,他们很多都是大学校园讲课"爆棚"的老师。还有与市教委、市剧协合办的"赏戏团"进校园活动,由当今活跃在上海舞台的京、昆、沪、越、淮、评弹、滑稽戏的中青年名家组成,包括严庆谷、赵群、蓝天、吴双、沈昳丽、罗晨雪、朱俭、钱思剑、樊婷婷、方亚芬,曲艺家协会副主席钱程、评弹团团长高博文等,他们生动的讲演,配合视频和现场示范表演,让学生们了解了中华戏曲的精妙,每一课现场都是一片欢乐。"赏戏团"活动持续举办多年,吸引越来越多的孩子参加传统戏曲和曲艺的学习和表演,每一年的青少年戏曲或曲艺大赛人数都在递增,每一年孩子们的舞台表现水平都在提高,这些孩子可能就是 20 年后的戏曲演员和观众,这个活动对传统戏曲的传播起到了积极作用,也是遵照国家四部委关于戏曲进校园指示的上海实践。还有联合上海音协、上海交响乐团、上海音乐学院等单位举办的音乐导赏系列讲座,与上海歌剧院、上海音乐学院联合举办的中外歌剧导赏活动,与上海市作协共同举办的诗歌赏析活动等,许多协会主席、专业院团负责人和名家、名师,参与市民文化艺术的普及中,不仅使名家走到市民中间,也使公共文化活动突破了传统模式,提升了群众文化培训的师资层级,使广大市民获得高品质的文化艺术享受。

公共文化内容供给工作是面向社区、基层(居村)开展公共文化服务的一项创新举措,为基层提供文艺演出、文艺指导、文化讲座、艺术教育活动等公共文化内容配送信息化应用服务平台。2004 年,上海市委宣传部牵头建立市级公共文化内容配送体系(六大东方系列)。自 2016 年配送机构改革,上海市群众艺术馆全面承担市级公共文化配送职责以后,努力创新配送工作的手段、途径和方法,五年内建立相关制度、标准、规范等近 21 项,实现 17 个"首次"。如首次推出全面反映本市公共文化三级配送工作的《上海公共文化配送手册》,首次组织 18 家国有专业院团在市民文化节启动日走基层做好服务,首次举行公共文化配送产品征集工作信息发布会,首次举办全市公共文化配送产品设计大赛,首次举行首届公共文化配送产品设计大赛"百强"发布暨优秀社会主体展示交流活动,首次举办长三角地区文化和旅游产品采购大会,首次统一采购平台,首次实施统一监管,等等。建立"需求对接、市区联动、举手申报、点单采购、绩效评估"五大工作机制。2019 年初,在文旅部指导下,举办 2019—2020 年"上海及长三角地区公共文化和旅游产品采购大会",吸引了全国各地和长三角地区各级政府及文旅部门的专业观众及市民体验团,超过 1 万人次参与观展,达成采购意向 371 个,在全市乃至长三角等地形成了示范效应。

上述在群众文化活动中社会参与和支持,群文创作孵化,市民美育中各类专业力量的加入,公共文化供给机制的创立和推进,扩展了上海市群众艺术馆传统的工作范畴和职能,发挥了其行业引领作用,使其成为群文活动的策划组织中心、群文创作的选拔孵化中心、公共文化内容供给的征集统筹中心,成为上海市群众文化的"司令部"。

二、场馆空间的新建,扩大了文化的影响力

上海市群众艺术馆走过半个多世纪,第一次建设了新场馆,从过去的群文机构到 365 天不闭馆的公益性文化场所,功能的扩展,使广大市民拥有了文化活动新空间的同时,也给市群艺馆工作团队提出挑战。新建场馆除了拥有一个标准剧场、一个容纳 100 人的小电影厅、一个室内净高 9 米的排练厅、两间狭长的教室,其他都是敞开的空间、走道和形状不规则的房间,没有传统概念上的展厅和多功能厅。于是,在一楼的空间中搭出展览的区域,并逐渐形成以石库门为门头的展厅布局和较为流畅的展呈动线,二楼"圆筒"搭出非遗展厅,走道搭出一个"白厢"展厅,三楼在"圆筒"中做了一个开放式的多功能报告厅,后续在三楼和四楼走廊中设立了"团团员照相馆"场景和"私人照相馆"展厅。

新馆剧场星舞台成为高架路行进的地理标识,也首先以丰富而高水平的演出及活动成为积聚人气的所在。仅开馆后的半年间,举办了 2011 年"文化遗产日"上海非物质文化遗产系列活动启动仪式,为人类非物质文化遗产代

表作名录项目"昆曲"和"剪纸"颁发了联合国授予的证书,启动了为期一年的"上海学子非遗展馆行"活动等。举办了上海舞蹈新人新作展演、庆祝建党90周年优秀小品展演、第七届"阳光·大地"全市党团员优秀歌曲展演、农民工欢乐节等许多市级大型活动或行业文化活动。特别是当年10月初在星舞台举办的被称作单项乐器"奥斯卡"的第64届世界杯手风琴锦标赛,是首次在亚洲国家举办,来自英国、美国、法国、意大利、俄罗斯、德国、巴西、越南、新西兰等北美、南美、欧洲、亚洲、大洋洲的25个国家和地区的170名选手参加决赛。期间,云集上海的世界各国的著名手风琴演奏家举行了九场不同风格的世界顶尖手风琴音乐会,为音乐爱好者和广大市民奉献了一周的饕餮艺术盛宴。比赛间隙,来自各地的29个手风琴团队、1 300多名手风琴演奏者在上海多个社区广场、公园举行丰富的群众文化活动。此后,星舞台成为全市及各地群文创作和活动展示交流的舞台,也成为很多专业艺术、区域文化、行业文化活动展示的场所。

展览则是从传统节庆和重要纪念日的策展与实施推广开始的。2011年为纪念辛亥革命一百周年举办"世纪留影——全球华人百年全家福照片展",联合市外事办公室,面向全球华人广泛征集蕴含家族历史与动人故事的全家福照片,以生动的历史瞬间,重现跨越一个世纪的普通百姓的生存状态,讲述照片背后的悲欢故事,展示百年历史岁月的沧桑巨变;2015年8月,在四行仓库举办纪念抗战胜利六十周年主题展览十年后,再次与市收藏协会联手,在市群艺馆举办同一主题的"抗战珍存"——纪念世界反法西斯战争和中国人民抗日战争胜利七十周年上海市民图文实物收藏展,重现了当年百姓自发地扶老携幼走进场馆参观的盛况;2016年纪念红军长征胜利八十周年举办图片中的故事——"红星照耀中国"展览,同时,第一次运用动漫形象和答题通关的手法尝试举办网上展厅;2017年庆祝建军九十周年举办军事模型展览;还有与市收藏协会联合主办的"海上年俗"风情展,依照过年的吃喝玩乐、衣食住行进行系列设计,每年设立一个主题,依次连续举办十多年……

新馆推出的公益讲座和免费电影逐渐形成系列和品牌,吸引了一批追随者。新馆开放之初,与一些专业协会合作,引进一批受到市民欢迎的讲座,如邀请上海市摄影家协会推荐摄影家进行系列摄影讲座；邀请一些成熟的社团将他们的活动带到市群艺馆的场馆，并鼓励他们的活动面向市民开放，如上海市收藏协会瓷器专委会的鉴赏和交流活动、上海新四军研究会"铁军讲堂"等；还主动去找寻、现场感受许多当时比较时尚和受追捧的讲座和课程，引进群艺馆。从第一位进馆听讲座的人登记联系方式开始，一个又一个参与活动的市民信息不断积累，到 5 000 人，用了近三年。现在，市群艺馆培育了很多系列讲座："光影之交"摄影系列公开课、"聆听上海"海派文化系列讲座、艺术绘生活——生活美学系列、中华优秀传统文化诗词赏析会、"剧说"表演艺术导赏等。其中，摄影系列公开课持续了十年。通过坚守与创造逐渐形成特色，赢得许多市民的喜爱。

此外，上海市群众艺术馆还陆续开办了免费电影放映、老年艺术大学、寒暑假"走进艺术之门"、节庆期间团团圆圆照相馆及各类手作互动、展示和市集活动等。尽管历经探索和波折，但市群艺馆坚守创新设计、开放办馆的理念，紧随时代的发展、运用艺术的手法，精心策划、运作，保持了 365 天为市民提供不断变化、丰富多样的文化活动和艺术展示，树立了不少受到不同年龄、不同群体的关注和参与，引起媒体广泛关注的品牌活动。每年、每季、每月的场馆活动都进行提前策划、排布，提前发布在网上和张贴在大厅里，周末和假期活动全部通过网上预约，很多活动都是满座或一座难求。越来越多的市民走进市群艺馆参加活动，提升了市级公共文化场馆的辨识度和影响力。

三、系列创意的策划，重塑了服务的受众面

随着社会经济的发展，生活方式的变化，文化样式的丰富，技术手段的进步，青年群体一度与群文活动和创作渐行渐远。要让年轻人重新走进公共文化场馆，享受公益性文化服务，成为上海市群众艺术馆新馆开馆后的课题和目标。从引进年轻人关注的文化样式和活动开始，市群艺馆年轻的策展人从网络上找寻特别受年轻人欢迎的社团，利用这些网络年轻人自发形成的群落，组织开展他们追捧的活动，联络沟通并邀请他们走进新馆举办展览和活

动,为打造年轻人向往的场馆这一目标,逐步展开了实践。最初从插画展和玩具展发端,进而不断举办产生轰动效应的展览和活动,逐渐让上海的年轻人知晓和关注上海市群众艺术馆。

第一个插画展吸引了很多粉丝走进新馆,开幕式结束后,等待作者签售的队伍排得很长,签售一直持续到夜幕降临。以此为契机,激发了很多青年社团主动找到市群艺馆,其中包括上海 ModelZ 模型俱乐部的一群模型爱好者。群艺馆除了在意识形态的导向上对参展团队提出严格要求外,还鼓励和指导他们通过展览的方式将团队介绍给市民,并通过提炼,反映在展板上、讲堂上和点评中。经过多年的运作,ModelZ 模型大赛现在已经发展成为亚洲最大的模型赛事之一,每年的新年伊始,市群艺馆都会迎来数千张年轻的面孔,来自全国各地的模型爱好者带着他们的模型来到市群艺馆参加模型大赛。市群艺馆的团队指导他们展览内容的组织提炼、比赛现场的展呈铺排、开幕颁奖的流程设计等等,而他们的志愿者招募和服务方式也给予群文从业者很大的启发。由此陆续扩展到了其他的展呈和市集,有橡皮章市集、人偶市集、手工羊毛毡市集等等。经过多年的打磨和运作,市群艺馆已经形成了一批受到年轻人喜爱的品牌,而每年市群艺馆场馆 80% 的活动正是由许多"素人"业余文艺团队和艺术达人来承接举办的,他们的到来,也吸引以往很多不了解市群众艺术馆的市民特别是年轻人走进场馆,参加形式多样的文化活动,享受新颖时尚的公共文化服务。

让青年群体回归公共文化活动的努力还体现在上海市民文化节的赛事项目的设计中,如专设针对青少年群体的活动。如 2013 年举办市民舞蹈大赛,分设广场舞和流行舞,吸引了 3 000 多支青少年街舞、踢踏舞、爵士舞团队报名参加流行舞比赛;2014 年首次举办的中华传统文化知识(阅读)大赛,7 万多位报名参赛的市民中 70% 以上是年轻人,而进入决赛的选手 85% 是青少年。此后连续多年举办青少年中华传统知识大赛,每届有 10 到 15 万青少年参加网上初赛答题,佼佼者进入决赛。此项目作为上海品牌项目,由上海市语言工作委员会办公室报送教育部,参评全国品牌项目。此外,每年还有青少年戏曲大赛、曲艺大赛等赛事和活动。

2016 年，市群艺馆创办市民艺术夜校，专门针对 18 岁至 55 岁的在职的中青年群体。从最初的 6 门课，到 40 多门课程，从工作日的每周一个晚上到后续的每周 4 到 5 个晚上，从市群艺馆总校推广到全市区级文化馆和社区文化中心的十多所分校，受到广大青年群体的追捧和欢迎。市群艺馆在自行设计课程的同时，联合社会专业培训机构参与公共艺术培训，如尤克里里、阿卡贝拉、非洲鼓、彩铅画、色彩画、手机摄影、汉服舞、街舞、配音、朗诵、香道、茶道、中西点心、皮具制作等课程，都是选用社会机构推荐并承担师资、课堂组织的课程，广受好评。由于课程新颖，公益性收费，三个月 12 节课收费 500 元，春、秋两季报名，90% 的课程都是秒杀额满，引起各类媒体的广泛关注，成为公共文化为市民办实事的典型，并不断冲上热搜。工作日的晚上，很多年轻人匆匆地走进灯火通明的市群艺馆，他们都是从全市各个区域各种职业岗位下班后，赶到艺术夜校上课的学员。新馆三楼走廊展示的每一季结业学员的摄影、彩铅、水墨画和皮具制作等优秀作品，令人感慨，这些大多是零基础的学员，12 节课后的作品就能达到优秀的展示水平，或许是市民艺术夜校激发了他们的天赋，发掘了他们的潜能。

十年间，市群艺馆新馆的一些空间利用逐渐形成了规律，周一到周五的白天是老年大学的 1 000 多名学员参加 20 多门课程的学习，周末、节假日和寒暑假是青少年或亲子的美育活动。而工作日的晚上，群艺馆的场馆空间都奉献给了上海在职的中青年，让他们走进市民艺术夜校放松心情，实现梦想。

与此同时，市群艺馆还设计系列文化艺术普及项目和生活课程，走进国家重点工程的企业、科技园区、商务楼宇、医院和机关，用艺术导赏和培训活动丰富广大青年职工的文化生活，普及推广传统文化艺术，提升市民的生活品质，培育未来走进剧场、参与文化活动的观众群体。据市总工会提供的数据，上海有 1 000 万职工，大多数是年轻人。如上海飞机设计研究院，70% 以上是 35 岁以下的年轻人，针对设计建造大飞机的高科技年轻人群，市群艺馆精心设计课程，将经典的艺术内容打造为导赏式表演送进企业，受到企业领导和员工的热烈欢迎，并进行市民艺术大课堂三年进商飞的签约仪式。商飞领导和员工表示，优秀的艺术导赏缓解了他们工作中的巨大压力，非常期待未来的文化大餐。另外还有文化普及进漕河泾开发区、进陆家嘴金融商务区,艺术进机关、进医院的"午间一小时"等。通过引进来、走出去的举措,时尚、新颖的内容设计和呈现方式,使上海市群艺馆场馆成为年轻人向往的现场,上海市民文化节策划组织的赛事和活动受到青少年的广泛关注和参与,公共文化服务送到生产和科研工作一线,使更多青年职工获得了艺术的享受。青年群体的回归,重塑了公共文化服务的受众面。

四、活动方式的延伸,满足了市民的新需求

在一个信息化高度发展的时代,除了提供线下的公共文化服务,上海市群众艺术馆顺应时代变化,拓展服务范围,延伸服务手段,智慧赋能服务方式,系统性打造不同维度的服务空间。

首先,从对公众服务的网络功能开始设计,增设线上服务,以延伸传统群文工作和活动模式。2013年上海市民文化节在创办之时,即在东方网设立官方网站,开设区县、社区的报名通道,培训各级负责网络报名的操作人员,开启了市民文化节各大赛事网上报名参赛的方式。2014年市民文化节首次举办中华优秀传统文化知识大赛和中华传统经典诵读大赛,即通过上海图书馆的技术团队开发网络答题系统,并由上海图书馆行业协会承办,首次通过网络答题举办市民赛事活动,吸引了近十万市民参赛。后续举办的中华语言文字大赛、中华戏曲知识大赛、改革开放40周年知识大赛、全面奔"小康"知识大赛等各类活动,都得益于网络技术支持,使市民通过线上报名、答题参与大赛。而许多场馆和线下活动,市民也可通过网上报名、预约,参与市群艺馆的演出、培训和互动活动,使活动的宣传和组织更加准确、快捷,对公共文化活动的传播面和知晓度产生了积极影响,也使组织者从中了解和研究不同年龄、各类人群对市群艺馆策划组织的活动的反响,以调整设计的活动类型和方向。

在艺术普及和美育方面,策划系列的开放式免费网络课程,力争使全民文化艺术普及的受益人群更加广泛;动员社会各方面力量,利用上海的优质

资源和一些优秀的文化企业,参与公益性文化艺术普及和美育活动。并通过采购和定制相结合的方式,陆续完成了各类文化艺术、城市历史、大众生活等课程,使广大市民通过网络了解上海的历史文化,扩展了大众学习和欣赏文化艺术知识的渠道。

2017 年开始,文化上海云连续开设几年免费的网络课程,即 MOOC(massive open online courses),课程上线以后,关注和参与的市民人数颠覆了传统的线下培训普及的数量。最初,线上平台课程重点围绕每日诗品和传嘉e 课堂的课程优化,如"每日诗品"、艺课 e 堂和传嘉 e 课堂上线半年多即吸引700 万人次关注。其中"每日诗品"栏目,上线半年有 50 万人通过答题参与,品读古诗词专家撰写的赏析文章浏览量达 196.5 万人次;遍及全市各区图书馆和社区的 33 场讲座惠及的市民人次达 2 万人。2018 年,网络课程共推出200 期,参与人次 1 310 万人次;其中购置的脱口秀视频课程"传嘉 e 课堂"推出"了不起的传统文化"40 集,原本主讲人在新浪有 150 万粉丝,登上市群艺馆的云课程后,又收获了 150 万粉丝。2019 年,传嘉 e 课堂播出市群艺馆定制的"上海的衣食住行"系列,通过与制作团队的前期策划沟通,在给予他们题目、构思和资源的同时,从大纲到视频制作,每一集在播出前进行审核,使课程获得非常好的传播效果,上线两个月,超过 199 万人次浏览,160 多万次播放,其中的"大白兔奶糖""蟹宴"和"海派建筑"都在上线一周内超过 10 万人次阅读,22 个短片大都超过 5 万次播放量。之后定制的是上海市民文化节举办的"上海最美公共文化空间"评选的 40 多个获奖设计和运营空间案例,让市民在了解了上海过去的"衣食住行"后,观赏当下上海美好的公共文化空间,这些空间也逐渐成为市民打卡和徜徉的目标所在。其他还有很多艺术类型的教学课程、非遗课程,均免费推出。

2019 年底,上海市群艺馆成立数字部。近两年,还建立了上海数字文化馆,与国家公共文化云对接,举办了近 30 场国家文化云的线下活动的线上直播和录播。市群艺馆微信公众号此后发布微信的数量成倍增长,并增设了"戏曲秒懂""海派百工""传嘉 E 课堂""云游上海""节气知多少""年俗小贴士"等系列推文,以及上海市民文化节、群文新人新作等系列微信。

2020 年,一场疫情突如其来,大规模的线下活动停摆,开展线上文化服务成为公共文化服务的主要方式。疫情期间,市群艺馆积极配合上海市委宣传部发起的"艺起前行"的活动,对接专业院团,组织各区文化馆开展线上创意展示活动。在一个星期里,市区两级文化馆从零到全覆盖,前所未有地都在抖音注册了各自的账号。两个多月时间,全市市级和区级文化馆在抖音上发布了一千多个视频,发掘了新的传播方式,吸引了很高的浏览量。市群艺馆在元宵期间开展了"宅家保安康·云上闹元宵"为主题的系列活动,推出 5 大板块,8 项活动,以云上为阵地,让市民宅家也感受到了城市的良好文化氛围。在"云上服务日"里,与哔哩哔哩、小红书、抖音等自媒体平台、网络视听平台展开了合作。小红书专门选派了他们的一些网红和博主到市群艺馆文化空间做直播。和抖音也开设了互动话题,吸引大家现场打卡,形成主会场加多平台散点推出活动的格局。

紧随时代的发展,上海市群众艺术馆运用数字手段,推出很多新的活动内容和形式,以满足市民对公共文化需求的变化,智能场馆的建设和智能方式的广泛运用,将助力市群艺馆的公共文化服务迈上新的台阶。

上海玻璃博物馆公共文化服务
发展之路的十年实践与启示

张　琳①

摘　要　随着博物馆进入 2.0 时代后,"以观众为核心"的博物馆公共文化服务的意义和作用不断凸显。上海玻璃博物馆作为非国有博物馆的代表,在十年来的发展历程中创造、总结、提炼了一套极富特色的公共文化服务发展之路。本文试图总结上海玻璃博物馆十年来的公共文化服务实践工作,为业界其他博物馆,尤其是非国有博物馆公共文化服务的开展提供有益的经验和切实的案例参考。

关键词　观众　博物馆　公共文化服务　社区化博物馆

　　2017 年 7 月,国家文物局出台《关于进一步推动非国有博物馆发展的意见》中明确指出"非国有博物馆是我国博物馆体系的重要组成部分"。这一条例不仅确立了非国有博物馆的地位,同时也是对非国有博物馆日常工作提出了标准。在《意见》中也同样提出,非国有博物馆需要增强公共文化服务能力。这一要求无疑是针对新时代背景下的博物馆所提出的重要要求。

　　随着近年来中国博物馆事业的蓬勃发展,中国的博物馆数量与日俱增。截至 2021 年 5 月 18 日,非国有博物馆数量增长非常快,由"十三五"的 1 090 家增长到 1 860 家。② 数量的增长带来了观众对于博物馆文化服务要求

---

① 张琳,上海玻璃博物馆创始人、馆长兼执行总裁,并担任中国博物馆协会理事会成员、上海博物馆协会副会长等职务。

② 数据援引自 2021 年"国际博物馆日"中国主会场活动主题论坛中国文化和旅游部副部长、国家文物局局长李群讲话。

的提升,参观人数和观众认知程度不断提高。观众、业界以及学界对于博物馆的期待也在不断变化。我们可以看到,有一部分博物馆仅有高级华丽的建筑空间,缺乏充实的内容,或是在开幕大展结束后缺少连续性、原创性的展览和活动,亦或是博物馆所策划的展览、活动以及提供的服务远离观众需求,曲高和寡,社会影响力不足。以上这些现状都是在中国博物馆数量大发展的今天需要进一步思考和面对的重要课题:如何在"以观众为核心"的思想下做好公共文化服务。

一、"以观众为核心"的思想

自 1974 年国际博物馆界第一次把"服务社会和社会发展"纳入博物馆的定义之中开始,博物馆服务社会的战略不断深化,并促使博物馆在教育、传播、服务、互动以及所有与公众相关的社会领域不断尝试新的探索。博物馆与"人",也就是博物馆观众的联系越发紧密。改革开放后,在中外学术的交流和碰撞中,中国的博物馆界也迎来了对于博物馆"物"和"人"关系的再思考,经历了以"物"为绝对核心到"以观众为中心"的观念转变。

随着博物馆 2.0 时代的到来,博物馆的业务工作越发凸显了从关注博物馆自身的"我"转型为重视博物馆参与者的"我们"。需要注意的是,博物馆"物"和"人"之间的关系,并不是相对立的,而是相辅相成的。"以观众为核心"并不代表不重视与博物馆藏品有关的一系列业务工作,相反,只有扎实的藏品收藏、保管、研究和阐释工作,才能为观众带去博物馆级的优质服务和精神享受。"以观众为核心"的理念贯穿于博物馆日常业务的方方面面,公共文化服务即是这些业务工作的总和,博物馆所拥有的有形资源(包含建筑、空间和藏品等)以及无形资源(包含研究、公教和服务等)都是为了生产和提供文化、精神产品,以满足人们的文化需要作为目标。

自 2008 年筹备期起,上海玻璃博物馆初创团队就在思考一个重要问题:我们要建一座怎样的博物馆?博物馆的先天地理位置并不优越,藏品数量尚不丰富,筹建经验也有限……那么,上海玻璃博物馆如何在一众博物馆中脱颖而出,并能吸引观众来到博物馆,甚至数次回到博物馆?在广泛学习、博采众长的基础上,上海玻璃博物馆探索出了极富自身特色的发展之路,最终在位于宝山区长江西路685号上海玻璃仪器一厂的原址上,于2011年建成开馆。在建馆伊始,上海玻璃博物馆就明确了自身的发展定位,即成为"国际化、社区化"的互动体验型博物馆,以"观众为核心",打造、发展了一系列公共文化服务产品,发挥自身所长,为后工业时代的城市居民提供学习体验、放松身心之处。

二、创造多元的馆舍空间:公共文化服务的基础条件

上海玻璃博物馆在场馆营造上坚持"新旧结合,有机再生"的理念,持续且有序地进行物理空间的营造和改建。高质量、富有特色的馆舍是为观众营造良好的参观体验氛围的前提,也是博物馆藏品的安身立命之所。需要指出的是,我们今天所看到的上海玻璃博物馆园区并不是一蹴而就的,而是在十年的发展中一步步完成的。

2011年开馆之时,上海玻璃博物馆的展览面积为2 000平方米,园区中最早的建筑(建于1958年)则被改建为热玻璃演示区。至此,上海玻璃博物馆园区开启了有序更新、逐步扩建的发展进程。随着观众的逐渐增加,为满足观众更多的观展需求,上海玻璃博物馆突破性地对园区内一幢旧工厂进行改造,策划了"Keep it Glassy"国际创意玻璃设计展,并成为了日后博物馆展览主题的重要组成部分。同时,园区新增了艺术家工作室,为艺术家提供了优质的空间和设备支持。咖啡店、设计品商店以及DIY创意工坊等也相继成立,并拥有属于自己的独立空间。

2015年,作为一个为孩子们量身打造的博物馆,儿童玻璃博物馆的建立为园区增添了新的活力。儿童玻璃博物馆改建自20世纪50年代的老旧工厂,在保留旧厂房痕迹的同时,成为了"酷玩、酷炫、酷乐"的玻璃之城。同年,爱庐彩虹礼堂在园区北侧广场建成,博物馆主场馆也在原有建筑基础上改建了廊桥和水晶厅。2017年,出于增加园区展览空间的需要,主馆东侧的原厂

房建筑被改造成了设计新馆,并由虹之桥将其与主馆相连。N1 艺术写字楼里也增设了玻璃迷宫和伽蓝画廊,博物馆主场馆进行了全面提升改造,将展示区扩展至廊桥与水晶厅。原生态工厂再次回归博物馆园区。

2019 年,上海玻璃博物馆对位于园区东北侧的原钢材仓库进行了全新的规划和改造。随着新生的艺术广场、艺术家工作室、户外舞台等设施及功能单体的建成开放,上海玻璃博物馆园区的规模进一步扩大,业态更加立体多元,园区总建筑面积达 20 220 平方米。2021 年,儿童玻璃博物馆进行了全方位的升级改建,全新设计的参观区域与 DIY 工作坊都为亲子家庭提供全新的参观体验。

至此,上海玻璃博物馆园区形成了包括上海玻璃博物馆主场馆、BRKN/破碎大展、儿童玻璃博物馆、当代艺术馆、热力剧场、玻璃迷宫等在内的一系列参观场馆与体验设施,同时辅以玻心璃语商店、穆拉诺西餐厅、彩虹礼堂、水晶厅、户外广场等公共服务设施。如同热情似火的熔融玻璃在最终冷却成型的前一刻,都给予观者充分的遐想空间和最大程度的期待盼望,上海玻璃博物馆每一年都为观众提供了空间上的改变和新意,逐年稳步成长,展现不一样的惊喜与改变,吸引公众不断回到博物馆。

三、提供丰富的文化产品:公共文化服务的内涵核心

在公共文化服务方面,上海玻璃博物馆重视分众化体验,为不同年龄层次、不同需求的参观群体量身定制了完整的公共文化产品和服务体验,并着力拓展公共教育类型的边界,提供优质的文创产品,为观众提供丰富的精神文化享受。

(一) 分众化的公共文化产品

1. 儿童—亲子家庭

针对参观群体中占重要地位的儿童—亲子家庭,上海玻璃博物馆于 2015 年特别建立了儿童玻璃博物馆。儿童玻璃博物馆是上海乃至中国首个

以玻璃为主题、并为孩子量身定制的亲子文化目的地,致力于为 4—10 岁的小朋友们提供一个妙趣横生的知识、文化和艺术互动体验空间。2021 年博物馆十周年之际,儿童玻璃博物馆再次脱胎换骨,以全新的设计视角,游戏化的参观体验,希望成为儿童心目中最酷的博物馆。儿童玻璃博物馆尊重儿童的参观体验,以他们为主角,去除了博物馆的传统"展线"概念,以游戏手册为引导,将原本枯燥单一的玻璃知识生动化,促使儿童参观者自由探索展厅,鼓励孩子们的主观能动性。

此外,与儿童玻璃博物馆相辅相成的一系列儿童—亲子活动丰富了单一以"观看"为主的参观体验,且这些儿童—亲子活动均以系列化、课程化的面貌推出。颇受欢迎的博物馆金牌暑期项目"博物馆帐篷夜",通过特殊情景化设计,邀请孩子们在博物馆住一晚,体会夜晚之后的博物馆。"玻玻璃璃环球之旅"系列课程以博物馆所收藏的意大利、日本以及美国艺术作品出发,通过丰富的课程讲授、知识探索和动手创作部分,让孩子们能立足上海,了解世界。"玻玻璃璃实验室"系列课程则以与玻璃紧密相关的物理、化学以及光学知识展开,通过动手实验,让孩子们了解玻璃材料背后的科学知识。此外,上海玻璃博物馆也积极探索国际化的儿童项目。2015 年,与美国塔科马玻璃博物馆正式开始合作"天才玻璃梦想家"项目,旨在通过绘画与玻璃艺术的结合激发孩子们的创造力和想象力,展现从二维平面绘画到三维立体玻璃艺术创作的众多可能性。历经两届合作,收集绘画超千幅,诞生了一批妙趣横生的玻璃艺术作品,并通过上海市内的各地巡展形式将该项目介绍给更多的上海儿童—亲子观众群体。

2. 青年群体

针对青年观众群体,上海玻璃博物馆于 2015 年开启了当代艺术跨界项目"退火",邀请当代艺术家介入玻璃材料,突破材料的物质性,将材料提升至精神层面,展现玻璃与当代艺术碰撞的无限可能。该项目不仅是每年博物馆重要的当代艺术展览,同时也是博物馆积累独有的当代艺术藏品和文献资料的重要途径。2018 年,上海玻璃博物馆再次针对青年观众群体,策划了 BRKN/破碎大展,该展览从"玻璃总是要碎"的设计概念出发,展现玻璃与个人情感、内心与社会的链接和共情体验。在视觉层面上，展览以娱乐体验，照相胜地为导向，辅以众多经典音乐等待观众探索发掘，邀请观众以另一种视角去审视他们周围的世界以及玻璃这种材质。同时，针对青年观众群体的参观习惯，上海玻璃博物馆开馆起就开设夜场参观时段，并在后续发展中推出了专题性的夜场主题活动，如万圣节奇妙夜、霓虹派对、情人节专属活动等，为青年观众群体创造专属感极强的参观体验。

3. 社会特殊群体

《国际博协职业道德规范》中明确要求："管理机构应保证博物馆及其藏品定期的在合理开放时间中向所有人开放，特别要关注那些有特殊需要的人们。"博物馆作为公共文化服务机构，应当公平、公开地为每一位观众提供参观条件，服务观众需求。上海玻璃博物馆不仅在场馆设计时考虑到行动不便观众，提供无障碍通道，同时自开馆起就为残障人士提供免费参观。上海玻璃博物馆曾携手公益组织"宝贝之家"，呼吁社会关心需要手术的患病和残疾儿童；又与上海盛立公益基金会举办"live玻璃心"关爱儿童心灵成长公益活动，关注沪上农民工子弟学生。博物馆支持爱心科普基地联盟，向广大无偿献血者敞开科学大门；也关心当下青年艺术学生生存状况，与慈善团体Quest合作，通过艺术品拍卖方式，资助中国贫困艺术生出国深造。此外，上海玻璃博物馆也关注到了自闭症儿童，曾经分别与WABC、青聪泉儿童智能训练中心合作，为自闭症儿童提供绘画展示的舞台和与社会接触的机会。

（二）扩大公共教育活动类型

上海玻璃博物馆每年均策划了精彩的文化活动和公共教育活动，尤其致力于突破传统公共教育活动的类型。除了讲座、工作坊、导览等传统类型公共教育活动，上海玻璃博物馆于2017年研发了"热力剧场"展演项目。热力剧场致力于突破传统的热玻璃制作展演模式，以张力十足的形式、戏剧化的场景和具有代入感的音乐，演绎玻璃材料本身的魅力和玻璃工艺的创新。2017年，热力剧场率先推出了剧目"梦"，通过四幕剧的形式，展现了玻璃在不同温度、色彩下的状态和形式，颇具浪漫主义的奔放和梦幻。2021年，热力剧场再次推出剧目"漫游者",将目光聚焦在宇宙,以浩瀚无垠的深空为背景,力求打造一个极富视觉冲击力的沉浸式太空环境。该剧目既映照人世间的宽阔与无常,又是后疫情时代每个人对生命和存在的深刻内省。热力剧场自推出以来,已成为了上海玻璃博物馆最受观众欢迎的博物馆参观体验项目之一。

除此之外,派对嘉年华、交响乐、剧本杀活动、快闪舞蹈、戏剧肢体表演等新颖的公共教育活动吸引了更多的观众来到博物馆,用更加有趣、亲民、易懂的方式传递博物馆知识与文化。2019年底,上海玻璃博物馆针对当年"退火"项目《我是我的镜子》展览,第一次大胆地推出了中国首家博物馆剧本杀活动"消失的艺术家"。在由剧本构造的故事情节中,观众可以身临其境感受各个人物的心路历程。在参观过程中,观众需要认真观察、揣摩和故事相关联的艺术作品,分析角色内心不为人知的秘密,最终深入了解《我是我的镜子》展览中的艺术核心和内涵思想。该活动不仅将剧本杀爱好者转化为博物馆的实体观众人群,扩充博物馆受众,同时也刺激了夜间经济的增长,深受参与者的好评。此外,上海玻璃博物馆也积极将科技手段引入活动之中,吸引年轻人的参与。2021年的十一夜游活动引入了AR游戏,通过虚拟现实的科技手段,多维展示藏品信息,提供藏品与观众交互的多种可能,以功能游戏手段展现藏品所蕴含的科学与艺术知识,让更多人能来到博物馆、爱上博物馆。

(三)富有特色的文创产品

在文创开发方面,由上海玻璃博物馆创立的"Let's talk glass/玻心璃语"是一个极具实验性、探索性与开放性的玻璃艺术及设计类品牌。在历年的研发历程中,"器物"作为玻心璃语最为主要的产品研发方向,其中尤以茶具最为引人瞩目。作为一个旨在提供一种美好、现代、艺术化生活方式的品牌,"玻心璃语"致力于把玻璃这一材质以最精当的方式、最多元的形态融入当代日常生活之中。除此之外,该文创品牌也服务于其他文化机构、文化品牌的文创设计。例如,与上海博物馆目前正在进行关于"大克鼎"的相关文创设计合作。同时,该品牌也与著名中国品牌"上下"进行相关的文创定制服务,将博物馆的设计服务能力推向更多平台。令人欣喜的是,这一富有特色的文创品牌成为了博物馆的主要收入板块之一,在 2020 年,文创产品就创造了 600 万的产值,其中"走出去"的销售额已远远大于博物馆商店的销售。上海玻璃博物馆文创开放和产品系列真正做到了良性循环,补足了非国有博物馆相对较弱的造血机能,让玻璃走入日常生活,走近观众身边。

四、社区化博物馆概念的深入探索

在过去十年的坚持努力下,上海玻璃博物馆坚持"以观众为核心",提供富有创造力的公共文化服务项目,克服了建立之初的客观条件因素的限制,使得上海玻璃博物馆获得社会各界喜爱与支持的先决条件。我们也看到了在这十年发展中,以上海玻璃博物馆为代表的非国有博物馆遇到的困境。目前社会公众对于非国有博物馆的认知还较为模糊,作为非盈利的社会组织常与"私人机构、民营企业"等概念混为一谈。此外,办好一个非盈利的社会组织:博物馆! 需要更多社会公共资源的支持和投入。我们期待从国家层面可以更好地厘清制度,明确非国有博物馆的定义、范围和标准,增强社会对这一概念的认知,并给予非国有博物馆更多、更大的支持。

在未来,上海玻璃博物馆将继续深入坚持、探索"社区化博物馆"概念,"社区化博物馆"中的"社区"并非仅指向一个地理空间,而是指拥有、体验、分享博物馆文化的这群人,将博物馆与"人"更加紧密地联系在一起,从自身出发,突破非国有博物馆的困境。对内,上海玻璃博物馆将持续修炼内功,提供高质量的展览、公教、体验以及服务,并提高观众与博物馆之间的黏着度。在"参与式博物馆"时代到来的今天,积极探索如何拓展观众参与度和自主性,培养博物馆广泛而忠实的粉丝。对外,上海玻璃博物馆将突破边界,建设博物馆品牌文化,发挥博物馆作为文化交流平台的重要作用。在坚持博物馆文化属性的同时,积极融入科技、时尚、影视、当代艺术等跨界文化,让不同形态的文化活动在博物馆语境下进行交流、沟通,为博物馆事业发展输入不同的血液,吸引其他文化领域受众转换为博物馆观众,催生富有突破性的跨界文化产品,为上海玻璃博物馆带来源源不断的观众资源和活力。

五、结　语

学者古德(G. B. Goode)认为,"博物馆不在于它拥有什么,而在于它以其有用的资源做了什么"。脱胎于原上海玻璃仪器一厂的工业旧址,上海玻璃博物馆在历经十年的改造、发展和创新中,在"以观众为核心"的理念下,走出了一条属于自己的公共文化服务之路。在这十年间,上海玻璃博物馆共接待观众超过150万,其中儿童观众超过100万。作为新时代的博物馆,上海玻璃博物馆旨在以丰富的历史知识、鲜活的玻璃作品、开放的交流空间和生动的传播方式,创造一种全新的博物馆生活方式,积极探索博物馆新的发展方向,强调博物馆与"人"、与生活的关系与链接。

上海玻璃博物馆自豪于过去所取得的成就,同时也将继续砥砺前行。上海玻璃博物馆希望告诉每一位观众:上海玻璃博物馆是博物馆,但又绝不仅仅是博物馆。上海玻璃博物馆将不断刷新人们对于博物馆的常规印象,致力于构建一个后工业时代"博物馆生活方式"的优雅范例,让它成为一个能让人有所想象和憧憬的文化生活目的地。

创 新 实 践

戏曲普及与公共文化服务高质量发展

张炼红①

摘　要　近年来戏曲普及工作在政策引领下成为公共文化服务的重要任务，并在全国广泛实践中探索出各地特色和经验，而今还需在公共文化服务高质量发展的大背景下考虑如何向纵深推进。通过汇总梳理相关文化政策及其创新实践，我们要进一步提高认识、明确目的，聚焦需求、精准服务，要调动社会参与、拓展普及渠道，既要"送戏"也要"学戏"，推动全民艺术普及，从而使戏曲艺术真正植根于深厚的社会生活与文化土壤中，为更好建设中华民族精神家园发挥其独特魅力与效应。

关键词　戏曲普及　公共文化服务　政策引领　实践探索

---

①　张炼红，上海社会科学院文学研究所研究员，主要从事新中国戏曲改革与当代文化研究。

开展戏曲普及工作,是贯彻落实党中央、国务院近年来关于文化建设一系列政策的具体举措,对于促进戏曲艺术的传播普及和传承发展,增强广大人民群众对公共文化服务的获得感,更好地发挥戏曲艺术在建设中华民族精神家园中的独特作用,都具有重要意义。

"十四五"时期,全国将更好地推动公共文化服务实现高质量发展,更有力地推动全民艺术普及,让人民享有更加充实、更为丰富、更高质量的精神文化生活,这对全国戏曲普及工作提出了新的更高的要求。在此背景下,汇总梳理相关文化政策和各地探索实践,回顾发展过程,总结成功经验,展望未来方向,就显得十分必要。

一、政策引领:戏曲普及成为公共文化服务的重要任务

戏曲具有悠久的历史、独特的魅力和深厚的群众基础,是传承和弘扬中华优秀传统文化的重要载体。推动戏曲普及,促进戏曲传承发展,也是现代公共文化服务体系建设的重要内容。为促进戏曲繁荣发展,弘扬中华优秀传统文化,丰富人民群众精神文化生活,近年来国家制定了一系列政策,切实推动戏曲艺术传承发展。推动戏曲普及,促进戏曲传承发展,已成为全国公共文化服务部门义不容辞的重要任务。

2015 年 1 月,中共中央办公厅、国务院办公厅印发《关于加快构建现代公共文化服务体系的意见》,提出明确要求:"建立优秀传统文化传承和发展体系","加强戏曲等优秀文化艺术的普及推广工作","开展优秀文化遗产、高雅艺术进校园、进社区,推进送戏、送书、送电影下乡等项目和优秀出版物推荐活动"。①《国家基本公共文化服务指导标准(2015—2020)》也将"送地方戏"列为基本服务项目,明确提出"根据群众实际需要,采取政府采购等方式,为农村乡镇每年送戏曲等文艺演出"②。同年 5 月,国务院办公厅转发文化部等

---

① 《关于加快构建现代公共文化服务体系的意见》,中央人民政府门户网站 2015 年 1 月 14 日。
② 《国家基本公共文化服务指导标准(2015—2020)》,中央人民政府门户网站 2015 年 1 月 14 日。

部门《关于做好政府向社会力量购买公共文化服务工作的意见》，明确鼓励政府通过向社会力量购买等方式开展包含戏曲在内的公益性文化艺术活动。[①]

2015年7月，国务院办公厅印发《关于支持戏曲传承发展的若干政策》，对戏曲传承发展提出了更加明确的要求。政策总体目标是：力争在"十三五"期间，健全戏曲艺术保护传承工作体系、学校教育与戏曲艺术表演团体传习相结合的人才培养体系，完善戏曲艺术表演团体体制机制、戏曲工作者扎根基层潜心事业的保障激励机制，大幅提升戏曲艺术服务群众的综合能力和水平，培育有利于戏曲活起来、传下去、出精品、出名家的良好环境，形成全社会重视戏曲、关心支持戏曲艺术发展的生动局面。政策还要求各地加大政府购买力度，根据当地群众的实际需求，将地方戏曲演出纳入基本公共文化服务目录，通过政府购买服务等方式，组织地方戏曲艺术表演团体到农村为群众演出，并且把下基层演出场次列为地方戏曲艺术表演团体考核指标内容。[②] 这是我国继1951年发布《政务院关于戏曲改革工作的指示》以来，时隔60多年后再次作出的有关戏曲工作的总体部署和政策规定，为戏曲传承发展提供了重要保障。

2016年12月颁布的《中华人民共和国公共文化服务保障法》，则是我国文化领域一部综合性、全局性、基础性的重要法律。《保障法》第三十条规定：基层综合性文化服务中心应当加强资源整合，建立完善公共文化服务网络，充分发挥统筹服务功能，为公众提供书报阅读、影视观赏、戏曲表演、普法教育、艺术普及、科学普及、广播播送、互联网上网和群众性文化体育活动等公共文化服务，并根据其功能特点，因地制宜提供其他公共服务。第三十五条规定：国家重点增加农村地区图书、报刊、戏曲、电影、广播电视节目、网络信息内容、节庆活动、体育健身活动等公共文化产品供给，促进城乡公共文化服务均等化。[③]

---

① 《关于做好政府向社会力量购买公共文化服务工作的意见》，中央人民政府门户网站 2015 年 5 月 11 日。
② 《关于支持戏曲传承发展的若干政策》，中央人民政府门户网站 2015 年 7 月 17 日。
③ 《中华人民共和国公共文化服务保障法》，中国政府法制信息网 2017 年 2 月 3 日。

2017年1月,中共中央办公厅、国务院办公厅印发《关于实施中华优秀传统文化传承发展工程的意见》,对传承发展中华优秀传统文化作出了全面部署。《意见》提出实施戏曲振兴工程,做好戏曲"像音像"工作,挖掘整理优秀传统剧目,推进数字化保存和传播。丰富拓展校园文化,推进戏曲、书法、高雅艺术、传统体育等进校园。此外还要求在对外交流中积极宣传推介戏曲、民乐、书法、国画等我国优秀传统文化艺术。① "像音像"工程的实施不仅有利于恢复和重建戏曲院团的专业秩序,深化并促进院团改革发展,也为后世提供了珍贵的剧目资料和传习教材,促进了以经典普及戏曲,还为普及基础上的提高创造了条件。②

2017年4月,为贯彻落实《中华人民共和国公共文化服务保障法》和中共中央办公厅、国务院办公厅印发的《关于实施中华优秀传统文化传承发展工程的意见》以及国务院办公厅印发的《关于支持戏曲传承发展的若干政策》有关精神,充分发挥戏曲在传承中华优秀传统文化、丰富群众精神文化生活、提升基层公共文化服务水平中的积极作用,中宣部、文化部、财政部印发《关于戏曲进乡村的实施方案》,要求"以县为基本单位,组织各级各类戏曲演出团体深入农村基层,为农民提供戏曲等多种形式的文艺演出,促进戏曲艺术在农村地区的传播普及和传承发展,促进文化资源向基层倾斜,增强广大农民群众对公共文化服务的获得感"③。此举意味着要在全国范围推动戏曲进乡村制度化、常态化、普及化。

2017年8月,中宣部、教育部、财政部、文化部四部门联合印发《关于戏曲进校园的实施意见》。对戏曲进校园的指导思想、基本原则、总体目标、时间安排、参与对象、主要形式、组织管理等提出了要求。意见明确:2017年,有

---

① 《关于实施中华优秀传统文化传承发展工程的意见》,中央人民政府门户网站2017年1月25日。
② 这是继2015年7月国务院办公厅《关于支持戏曲传承发展的若干政策》提出"实施中国京剧像音像集萃计划",和2015年10月《中共中央关于繁荣发展社会主义文艺的意见》要求"做好京剧'像音像'工作"之后,中央层面关于"像音像"工作的第三次表述,也是首次使用"戏曲'像音像'"的提法。参见宋震《戏曲"像音像":承陈启新的国家文化工程》,《中国文化报》2017年4月17日。
③ 《关于戏曲进乡村的实施方案》,中央人民政府门户网站2017年6月7日。

条件的省区市大中小学以及中央部委所属高校争取实现所有学生免费欣赏一场优秀戏曲演出。2018年，戏曲进校园活动蓬勃开展，戏曲教育丰富多样，争取实现全国所有大中小学每个学生每年免费欣赏一场优秀戏曲演出。到2020年，戏曲进校园实现常态化、机制化、普及化，基本实现全覆盖。[1]

2018年9月，中共中央、国务院印发《乡村振兴战略规划（2018—2022年）》，并发出通知，要求各地区各部门结合实际贯彻落实。《规划》要求："支持农村地区优秀戏曲曲艺、少数民族文化、民间文化等传承发展"，"积极开发传统节日文化用品和武术、戏曲、舞龙、舞狮、锣鼓等民间艺术、民俗表演项目，促进文化资源与现代消费需求有效对接"。[2] 中国乡村传统的民间艺术、戏曲曲艺、手工技艺、民族服饰、民俗活动等非物质文化遗产，就是活态的中国乡土文化。在中国城镇化快速推进和乡村空心化的背景下，若不注意保护、传承，越来越多的乡土文化样态将失去存续基础而逐渐衰弱甚至湮灭。因此，一方面要培育挖掘乡土文化人才，支持农村地区优秀戏曲曲艺、少数民族文化、民间文化等传承发展，让活态的乡土文化后继有人；另一方面，要推动文化下乡，鼓励广大文艺工作者围绕活态的乡土文化进行创作，推出具有浓郁乡土文化特色、充满正能量、贴近农民生产生活实际的文艺作品。[3] 其目的，就是要大力传承发展乡村民间文艺，推动创造性转化、创新性发展，促使其焕发新的时代活力。

2021年3月，国家发展改革委、中央宣传部、教育部、文化和旅游部等21个国家部委局经国务院批复同意，印发《国家基本公共服务标准（2021年版）》，在第九部分"文体服务保障"的第21项"公共文化服务"中，专列"送戏曲下乡"，明确"服务对象：农村居民。服务内容：为农村乡镇每年送戏曲等文艺演出。服务标准：按照《关于戏曲进乡村的实施方案》规定执行。支出责任：中央财政和地方财政共同承担支出责任。牵头负责单位：文化和旅游

---

[1] 《关于戏曲进校园的实施意见》，中央人民政府门户网站2017年8月3日。
[2] 《乡村振兴战略规划（2018—2022年）》，中央人民政府门户网站2018年9月26日。
[3] 胡濒尹：《繁荣兴盛乡村文化 为乡村振兴铸魂育民》，《南方日报》2021年2月8日。

部、教育部、中央宣传部"。①

2021 年 6 月,在文化和旅游部印发的《"十四五"公共文化服务体系建设规划》中,也明确要求"持续实施'戏曲进乡村'活动"。《规划》在"城乡文化惠民工程"中,就列有"戏曲进乡村项目",并要求通过政府购买服务的方式,为脱贫县所辖乡镇每两个月配送一场以地方戏为主的演出,满足当地人民群众的看戏需求,同时带动地方戏曲传承发展。②

二、实践探索:全国戏曲普及工作的广泛开展

在国家政策的有力推动下,全国各地各级文化部门开展了广泛深入的戏曲普及工作,主要形式有送戏下乡、送戏进校园、送戏进社区等。在全国各地公共文化服务部门的努力下,戏曲普及工作取得了丰硕的成果。

(一)送戏下乡

开展戏曲进乡村工作,对于促进戏曲艺术在农村地区的传播普及和传承发展,促进文化资源向基层倾斜,增强广大农民群众对公共文化服务的获得感具有重要意义。根据中央部署,全国各地积极整合资源,因地制宜,举办了形式多样、内容丰富的送戏下乡惠民演出,让人民群众共享文化改革发展成果。此举丰富了基层百姓的业余文化生活,赢得了广大人民群众的欢迎和好评。

浙江省委省政府连续十多年将送戏下乡列入为民办实事内容,制定出台的各类文化政策都对送戏下乡提出明确要求。《浙江省基本公共文化服务标准(2015—2020 年)》中明确提出:"通过政府采购等方式,平均每年为每个乡镇(街道)送地方戏曲等文艺演出 5 场以上。"③《浙江省文化发展"十三五"规

---

① 《国家基本公共服务标准(2021 年版)》,中央人民政府门户网站 2021 年 4 月 20 日。
② 《"十四五"公共文化服务体系建设规划》,中央人民政府门户网站 2021 年 6 月 23 日。
③ 《浙江省基本公共文化服务标准(2015—2020 年)》,浙江省人民政府门户网站 2017 年 10 月 19 日。

划》中也明确以农村和社区为重点,持续开展"送文化"下乡活动,每年组织送演出下乡不少于 1 万场,组织开展"文化走亲"活动不少于 500 场。同时将送戏下乡列为省财政文化专项分配的一个重要因素,作为各地公共文化动态评估的重要指标之一。[①] 2012 年至 2016 年,浙江省共投入近 5 亿元,组织送戏下乡 9.41 万场次,受惠群众超过 1 亿人次。据第三方机构抽样评测,基层群众对文化下乡的知晓率 90% 以上,满意率 79.2% 以上。自 2014 年起,浙江省整合省级文艺院团、浙江艺术职业学院等 13 家文化单位资源,连续 4 年推出省级文化系统农村文化礼堂建设服务供给"菜单",供基层群众自主"点单",协调全省文化系统推出农村文化礼堂服务近 2 000 项。全省各市县文化部门也积极整合零星、分散的群众文化活动、业余团队和文艺骨干队伍资源,优化组合成送戏下乡团队,满足群众看戏需求。浙江省财政厅、文化厅等部门还联合制定了《浙江省基本公共文化服务专项补助资金管理办法》,明确民营剧团送戏下乡的补助标准,提升民营剧团送戏下乡的积极性。浙江省温州市通过文化展示廊、村民记忆馆等载体,使全市 1 723 个农村文化礼堂成为南戏传承的展示基地;台州市积极打造农民文化节、企业文化节等群众性展演平台,连续举办 300 多场次"乡村大擂台"和 1 000 多场次"醉美乡村"活动,让群众知戏、赏戏还能登台唱戏;绍兴市嵊州县根植越剧之乡土壤,全域打造越剧品牌,运用全市上百个民营剧团的资源开展送戏下乡,实现城乡天天有戏。[②]

再如山西省,2017 年《政府工作报告》中提出的六件民生实事之一就是"免费送戏下乡一万场"。近年来,山西省公共文化服务体系建设取得长足发展,但在广大农村地区,特别是偏远(地区),文化设施相对落后,文化活动形式单一、内容贫乏,文化产品供给不足的问题尚未完全解决,城乡文化水平差距仍然很大。"免费送戏下乡一万场"作为一项民生工程,就成为山西省进一步健全公共文化服务体系、繁荣农村地区文化活动的具体而切实的举措。活动由省文化厅统筹组织,省、市、县三级文艺演出院团及部分民营院团共同承

---

① 《浙江省文化发展"十三五"规划》,浙江省人民政府门户网站 2016 年 10 月 14 日。
② 《送戏下乡"浙江经"》,《中国文化报》2017 年 6 月 29 日。

担,形成全省三级联动的局面。调动全省近 200 个文艺演出院团,演职人员
1 万多人,避开农忙、寒冷的时间段,集中在半年多的时间内进行演出,确保按
时、保质、保量完成任务。省直 7 个院团演出 400 场,实现全省 119 个县(市、
区)的覆盖,起到带动和示范作用;市县两级文艺院团及民营院团演出 9 600
场,完成所属市县区域演出。在送戏下乡时,山西省综合考虑演出地文化传
统和群众欣赏习惯,适应农村实际,满足农民需求,体现乡土特色,真正发挥
文化惠民效果。山西省组织专家选出近百个优秀剧目纳入送戏下乡演出剧
目资源库,发布送戏下乡演出剧目菜单,实现"菜单式""订单式"服务。送戏
下乡的剧目,坚持贴近实际、贴近生活、贴近群众,并且融思想性、艺术性和观
赏性于一体,符合当地群众欣赏口味,让百姓喜闻乐见。比如中部地区以晋
剧为主,北部地区是北路梆子,晋南多是蒲剧,到了晋东南则是上党梆子为
主。其中既有经典保留剧目,也有近几年新创的剧目,还有获得文化大奖的
剧目,受到农民群众热烈欢迎。2017 年全省圆满并超额完成"免费送戏下乡
一万场",实际演出 15 349 场,惠及观众 800 余万人次,切实丰富了基层群众
的精神文化生活。①

　　2017 年《关于戏曲进乡村的实施方案》出台后,上海市群艺馆将戏曲进乡
村作为配送改革的重要工作推进。2017 年形成的市级公共文化配送菜单中
共有 196 家单位、512 个产品、540 名指导员。其中,戏曲、曲艺类配送主体就
占 55 家、产品 129 个、指导员 99 名,占比分别达 28%、25%、18%。2018 年
形成的市级公共文化配送菜单中戏曲曲艺类配送主体、产品、指导员占比进
一步提升至 31%、34%、18%。在此基础上,市配送中心指导 9 个近远郊区
积极发挥区级配送中心的作用,把戏曲进乡村作为各区公共文化配送工作重
点,通过公开征集、资源整合等方式,形成区、街镇两级配送菜单,供基层群众
自主选择。从 2017 年开始,上海市配送中心还启动"戏曲乡村行,文化进万
家"专题配送活动,专门向 9 个近远郊区的综合文化活动室配送戏曲、曲艺类
文艺演出。为进一步丰富戏曲配送的内容,提高整体质量,公共文化配送戏

---

① 《"免费送戏下乡一万场"超额完成》,山西人民政府门户网站 2018 年 1 月 16 日。

曲进乡村工作以各级政府购买服务为主要形式,吸引了国有院团、行业协会、民营院团、社会机构等各类配送主体积极参与进来。截至 2018 年 6 月底,9 个近远郊区公共文化配送戏曲进乡村活动总计 8 417 场,受众人次215.765 7 万。[①]

(二) 戏曲进校园

戏曲进校园的主要形式包括组织观看戏曲作品,原则上以组织戏曲艺术表演团体进校园演出和组织学生走进剧场观看为主,借此开展戏曲教育活动,根据学生认知水平和心理特点,积极探索创新具有时代特征、校园特色和学生特点的戏曲教育形式,同时加强戏曲社团建设,支持学校建立多种类型的戏曲兴趣小组、学校戏曲社团、戏曲工作坊和戏曲传承基地等。

2017 年中宣部、教育部、财政部、原文化部联合发布《关于戏曲进校园的实施意见》,提出到 2020 年,戏曲进校园实现常态化、机制化、普及化,基本实现全覆盖。此后,戏曲进校园在全国各地蓬勃展开,形成了各自的特色和亮点,并带动全社会更广泛的力量积极参与其中。2018 年 2 月,教育部公布了第二批全国中小学中华优秀文化艺术传承学校,其中仅戏曲项目就涉及 58 个剧种。2018 年 11 月,教育部公布了第一批 55 个中华优秀传统文化传承基地名单,20 个戏曲主题的高校传承基地入选。[②]

这一时期,全国各地也陆续出台戏曲进校园的工作办法,强化组织领导,完善工作机制。一些地区在原有工作基础上积极探索制度和方法的创新,并逐渐形成其特色和亮点。

例如,北京自 2014 年启动"通过高校、社会力量参与小学体育美育发展工作",2016 年又成立北京市学校中华传统文化促进会,推进传统艺术在中小学的传播。全市调动了院校和戏曲院团等资源单位,通过"讲台、舞台、平台"的

---

① 黄艺芹、狄明珠:《梨园芬芳满申城,上海市民文化节助推戏曲传承发展》,《中国文化报》2018 年 9 月 25 日。
② 中国戏曲学院国际文化交流系课题组:《戏曲进校园:让孩子爱上传统艺术》(课题组成员:胡娜、马姗姗),《光明日报》2019 年 8 月 2 日。

联动,将戏曲"进校园"变成"近学生",从"关注舞台"转为"关注讲台",扶持相关基地校开展戏曲唱腔、戏曲形体、戏曲美术等与戏曲相关的校本课程,从激活专业院校和戏曲院团的资源到促进学校内部的课程建设,都做出了各种有益的尝试和探索。其中,中国戏曲学院积极探索戏曲传播与美育、体育的结合,从教学制度设计到课程设置,从教材编写到师资培训,从监督管理到平台搭建,都在向纵深方向努力推进。湖北的戏曲进校园提出了针对大中小学的"八个一",包括教学课件、戏曲电视栏目、戏曲知识课、戏曲夏令营等多种样态。在广东,广东粤剧院通过讲座、演出、快闪、展览等形式,丰富"粤剧进校园"。在福建,厦门市中小学组织了"走进名团,赏析名剧"夏令营活动,联合图书馆、文化馆,让高甲剧团、歌仔戏研习中心及南乐团进入学校演出,并设立传习基地。①

上海市浦东新区推进"戏曲进校园"活动的一大创新,就是戏曲名家进校园。2018 年 9 月,"谷好好昆曲名师工作室"落户上海市进才中学,之后短短一个月内,"梁伟平淮剧名师工作室""茅善玉沪剧名师工作室""赵志刚越剧名师工作室""史依弘京剧名师工作室",相继落户上海市浦东新区中小学,在校园中播下了艺术的种子。2019 年,分别由韩再芬、李树建、董红、王汝刚和谈敬德五位艺术家坐镇的黄梅戏、豫剧、锡剧、滑稽戏、锣鼓书的名师工作室,又相继进驻浦东新区中小学。至此,浦东已相继引进十位戏曲名师,成立十大名师工作室,建立了十个名师工作室基地学校。浦东新区还通过遴选命名了 49 所区级戏曲文化教育传承基地单位,通过这些基地充分发挥戏曲文化教育的育人功能,为全区学校的戏曲文化教育工作起到示范引领和辐射作用。此外,浦东新区制定了"个十百千万"学校戏曲教育目标:即扩建一个区级戏曲表演艺术团,推出十大戏曲名师工作室及十大戏曲名师工作室基地学校,建成百所戏曲文化教育传承基地学校,打造千名专兼职戏曲师资队伍,培育万名戏迷小票友,此举覆盖全区近 50 万中小学生,取得了较好的社会反

---

① 中国戏曲学院国际文化交流系课题组:《戏曲进校园:让孩子爱上传统艺术》(课题组成员:胡娜、马姗姗),《光明日报》2019 年 8 月 2 日。

响。① 值得一提的是,在此过程中社会力量的积极参与和创新实践。如2019 年中标承办浦东新区戏曲进校园项目的"古凡机构",2020 年精心策划开展了中华传统戏曲进校园名家名师讲堂暨观摩、手工体验等活动,在实践中积极探索社会力量参与公共文化服务高质量发展的创新路径和鲜活经验。②

浙江是戏剧大省,南戏的发源地,戏曲文化源远流长。近年来,为贯彻落实国务院办公厅《关于支持戏曲传承发展的若干政策》,浙江省注重发挥地方戏曲在建设中华民族精神家园中的独特作用,扎实开展戏曲进校园活动,丰富了校园精神文化生活,提升了传统文化的影响力。2016 年,浙江省教育厅出台《关于支持戏曲传承发展的实施意见》。要求全省大中小学校结合学校教学实际,设置戏曲通识教育教学课时,规定每年让学生免费欣赏不少于 1 场的优秀戏曲演出,逐步建成一批校园戏曲传承教学基地,增加"浙江省高雅艺术民族艺术进校园"演出活动戏曲演出比重,扶持面向大中小学师生的惠民性戏曲演出。③ 根据浙江省政府的部署,浙江省教育厅决定 2017 年在全省大中小学校深入开展"戏曲进校园"活动,2018 年全面推开,实现全省全覆盖。浙江省"戏曲进校园"活动的主要内容是:上好一堂戏曲知识课,选创一批戏曲经典剧目,免费观看一场戏曲演出,开展一次校园戏曲展演活动,举办一次戏曲培训活动,建设一批戏曲社团组织,创建一批特色学校和实践基地,由此形成戏曲艺术传承发展的长效工作机制。④

河南戏曲文化底蕴深厚,推动戏曲进校园是传承中华优秀传统文化、振兴戏曲艺术的迫切需要,也是提升学生文化审美素养、促进学生健康成长的民生工程。河南省把戏曲进校园摆上重要位置,形成宣传、文化、教育、财政等多部门联动格局。各级政府设立戏曲进校园专项费用,将戏曲进校园演出

---

① 吴燕:《戏曲进校园,浦东培育万名"小票友"》,《浦东时报》2019 年 6 月 20 日。
② 《2020 浦东新区中华传统戏曲进校园名家名师讲堂暨观摩、手工体验活动》,"古凡艺术"微信公众号 2020 年 12 月 9 日。
③ 《关于支持戏曲传承发展的实施意见》,浙江省人民政府门户网站 2016 年 2 月 24 日。
④ 《浙江省教育厅关于在全省学校深入开展戏曲进校园活动的通知》,乐清市政府网 2017 年 7 月 13 日。

纳入政府购买项目。全省将戏曲艺术纳入中小学素质教育体系和大学生选修课程,编写戏曲知识普及教材,根据学生年龄特点与学段课时计划开展大中小学生戏曲教育。此外,全省开展"双百双千"活动,百名戏曲名家联系百所高校,百所戏曲院团联系百所中小学,千所乡村学校少年宫、千所乡村音乐厅开展戏曲活动,促进戏曲教育、戏曲实践与戏曲演出有机衔接、配套实施,形成多层次、全覆盖的戏曲传承模式。①

(三)戏曲进社区

戏曲进社区也是全国公共文化服务部门的工作重点。各地整合资源,深入基层,为社区居民送去精神大餐,取得了显著的社会效益。

例如,北京市丰台区文委与中国戏曲学院合作推进"戏曲进社区"工作。中国戏曲学院一方面通过有计划的戏曲辅导、组织演出、举办讲座、展览科普戏曲知识,有效地提升了社区民间戏曲社团的艺术水平;另一方面在"戏曲进社区"的演出中,将符合观众审美需求的戏曲送进社区,给社区群众带去了高质量的剧目。中国戏曲学院在指导业余戏曲社团时,根据社区群众需求及戏曲社团自身情况,为它们提供不同类型的辅导内容:对水平比较高的,指导整出剧目的排练演出;对不太成熟的,主要教化妆、身段、唱腔等基础,使"戏曲进社区"工作取得了良好的效果。②

上海市静安区北站街道是上海非物质文化遗产传承基地,京、昆、沪、越、淮等戏曲艺术在此都有百年传承。北站街道积极发掘和传承戏曲传统,创新发展戏曲事业,现已成为沪上知名的戏曲之乡。早在 1990 年代,在上海京剧院鼎力支持下,四大名旦之一荀慧生先生的弟子陆正红就在此创立百乐艺校,可谓是上海目前办学时间最长、教学质量最高的少儿京剧艺校,至今已培育上万名京剧人才及爱好者,参加各类节庆、演出等活动 600 余场,在上海和全国少儿京剧大赛中荣获过数十项大奖。2007 年,北站街道沪剧团和北站街

---

① 《河南省戏曲进校园活动综述》,郑州文明网 2017 年 5 月 26 日。
② 《当业余社团遇上专业老师,"戏曲进社区"渐涨姿势》,中国新闻网 2018 年 6 月 29 日。

道越剧团相继成立,两个剧团每周六、日在北站文化活动中心剧场演出,每周固定时间举办沙龙,开展教学培训。2014 年,北站街道昆曲爱好者成立余音昆曲社。2019 年,北站街道创立京昆体验馆,开展京昆表演,培育京昆人才,被上海京剧院、上海昆曲团授牌为传习基地。2020 年,北站街道又开设沪越戏曲馆,成为传承和弘扬传统戏曲的重要场所。北站街道坚持戏曲从娃娃抓起,从少儿京剧又衍生出白领京剧,形成老中青三代传承传统戏曲的浓厚氛围。

戏曲在上海市徐汇区斜土街道也一直有着广泛的群众基础。2019 年,在徐汇区文化和旅游局支持下,斜土街道充分挖掘区域的戏曲文化特色,依托上海戏曲艺术中心、上海市戏剧家协会,汇聚京、昆、沪、越、淮、评弹等 6 家市属国有戏曲院团力量,积极打造“日晖有戏”社区戏曲节文化品牌。2020 年,斜土街道创新活动方式,将 2020 年中国小剧场戏曲展演与社区戏曲节同步联动,将社区戏曲节与文化夜市联动;与上海京、昆、沪、越、淮、评弹六家院团及部分民营院团共同开展名家戏曲汇、邻里戏聚汇、日晖戏迷汇、夜市有戏汇、艺起前行汇等主题活动;戏曲爱好者们共赴戏曲盛宴,把“日晖有戏”社区戏曲节打造成一个戏曲氛围浓郁、活动丰富多彩的戏曲嘉年华。其中,“邻里戏聚汇”是戏曲节覆盖人群最广的版块之一,热心公益的社区居民、公司白领、中小学生都通过戏曲美育体验成了戏曲粉丝。戏曲公仔制作、戏曲饰品DIY 等特色活动将现代时尚审美与传统戏曲文化相结合,让戏曲变得又好看又好玩,让参与者进一步了解戏曲文化,关注戏曲文化。“日晖戏迷汇”则是2020 年“日晖有戏”新增版块,首次开设的“戏迷体验日”成为 2020 年“日晖有戏”最具人气的项目之一。大小戏迷们行走在上海京剧传习馆、上海沪剧院白公馆的老建筑中,小朋友们体验戏装、学唱小调,身临其境地感受戏曲文化的魅力。

上海市青浦区白鹤镇是著名的“沪剧之镇”,曾连续多年获得国家文化部颁发的“中国民间文化艺术之乡”称号。几十年如一日坚持保护传承沪剧艺术,并以此为其工作特色,这在白鹤镇已经形成了广泛坚实的群众基础和普遍共识。白鹤沪剧的源头一直可以追溯到 20 世纪初期的田间“草台戏”,

1949 年白鹤镇成立"青龙乡农村业余剧团",1963 年沪剧名家丁是娥带领学生到白鹤农业中学蹲点采风、教唱沪剧。近年来白鹤镇与上海沪剧院的传承共建更加密切,陈瑜、马莉莉、茅善玉等沪剧名家不断来白鹤传经授课。1998 年,白鹤镇挂牌"上海沪剧院白鹤沪剧之镇";2009 年,与沪剧院签约共建"上海市非物质文化遗产(沪剧)传承基地";2012 年,获上海沪剧院授牌成立五家"沪剧传习馆"。更为难得的是,白鹤镇坚持创作高质量的沪剧小戏,以此作为保护传承沪剧特色的抓手,创造了一个远郊小镇在"上海之春"全市群文创作大赛中连续七年晋级、五次获奖的佳话。①

三、深化提高:推进戏曲普及与公共文化服务高质量发展

2021 年 3 月,文化和旅游部、国家发展改革委、财政部发布了《关于推动公共文化服务高质量发展的意见》,指出要"整合优质资源与力量,持续开展'戏曲进乡村'等送文化下基层活动"。中共上海市委宣传部、上海市文化和旅游局、上海市发展和改革委员会、上海市财政局 2021 年 12 月印发的《上海市关于推进公共文化服务高质量发展的意见》强调:要"推动公共艺术教育体系建设,搭建美育资源共建共享平台,促进市民文化修身,实现人人可参与、人人会欣赏、人人有专长。大力推广市民艺术夜校举办模式,深入推动'非遗在社区''戏曲进乡村''午间一小时''社区美术馆''艺术公开课''公益乐学'等美育项目常态化、规模化开展"。上述指导性意见,对戏曲普及、全民艺术普及和推进公共文化服务高质量发展提出了新的要求。

如今全国戏曲普及工作已经形成了蓬勃发展的良好势头,但在"十四五"公共文化服务高质量发展的背景下,戏曲普及还需在现有基础上深化提高,为进一步弘扬中华优秀传统文化、促进戏曲传承发展、推动全民艺术普及再创佳绩。

---

① 上海市文化和旅游局编:《上海市构建现代公共文化服务体系基层实践案例集》,2019 年 12 月。

(一) 进一步提高认识,明确目的

近年来,全国公共文化服务部门为戏曲普及做了大量工作,有效提升了戏曲艺术的普及率和影响力。但在此过程中也出现了单纯完成场次指标、完成上级交办任务的倾向,因此还需进一步提高认识,明确戏曲普及工作的目的。

首先,深刻认识戏曲是传承中华优秀传统文化的重要载体。戏曲具有悠久的历史,凝聚着中国传统文化的美学思想精髓,在中华民族文化创造中占据重要地位,是中华民族的瑰宝。在中国戏曲史上留下的丰富的经典作品,已成为中华民族文化宝库中最宝贵的精神财富。曾几何时,看戏、听戏是中国人最主要的娱乐方式,而如今随着社会的快速发展,现代社会文化娱乐活动的增多,戏曲受到了严重冲击。我国戏曲艺术面临剧种减少、创新乏力、人才断档、活力不足、观众老化、市场萎缩等现象。1983 年我国戏曲剧种有374 个,2018 年全国戏曲剧种调查显示现存剧种 348 个,其中京剧、豫剧、川剧、越剧、评剧、昆曲、秦腔、黄梅戏这 8 个剧种属于流播广泛、知名度高、影响力大、发展势头强劲的大剧种,其他 300 多个剧种大多已成为流播范围小、受众基础少、影响力弱的小剧种或稀有剧种。[1] 随着我国经济社会深刻变革、对外开放日益扩大、互联网技术和新媒体快速发展,各种思想文化交流交融交锋更加频繁,迫切需要深化对中华优秀传统文化重要性的认识,进一步增强文化自觉和文化自信,迫切需要深入挖掘中华优秀传统文化价值内涵,进一步激发中华优秀传统文化的生机与活力。通过戏曲普及的深化,可以增强广大人民群众对中华优秀传统文化的热爱,更好地弘扬中华优秀传统文化。

与此同时,充分体会戏曲在丰富群众精神文化生活中的积极作用。中国戏曲作为本土文化中最深入人心的大众文艺样式,积淀着中国人极为深厚的历史记忆和集体情感,特别是百姓生活经验中默默印证的情感道德和伦理传统,及其在戏曲艺术中丰富而独特的表现形式。正因体现民族精神,弘扬传

---

[1]　林婕:《新时代戏曲的创新与发展》,《中国社会科学报》2019 年 12 月 23 日。

统美德,蕴含审美特质,戏曲以其独特魅力为广大人民群众喜闻乐见,在长期的历史发展过程中形成了深厚的群众基础。观赏优秀戏曲艺术,作为一种审美体验,不仅能提升人的审美素养,还能潜移默化地影响人的情感和趣味,激励人的精神,温润人的心灵。全国的公共文化服务机构以满足人民群众基本精神文化需求为己任,倡导为了人民、依靠人民、共建共享,是全民艺术普及的大平台,也是戏曲普及的大平台。在广大群众中普及戏曲艺术,为群众提供更加丰富优质的精神文化食粮,才能更好满足人民日益增长的精神文化需求,不断增强人民群众的文化参与感、获得感和认同感,从而更有助于形成向上、向善的社会风尚与精神基调。

(二)进一步聚焦需求,精准服务

要让戏曲普及工作切实取得成效而不流于形式,就必须坚持需求导向,因地制宜,分类提供。要更加深入细致地了解和分析群众需求,根据各地群众精神文化需求的特点,选择优秀、经典、适合群众观看的戏曲艺术作品,合理安排演出场地和场次,同时有针对性地提供符合老年人、妇女、儿童等不同群体需求的戏曲节目。因此需要进一步完善群众需求征询、反馈机制,以基层综合性文化服务中心为平台,注重各级各类戏曲资源的统筹和整合,加强活动过程管理和绩效考核评价,提高戏曲普及工作的质量和水平。

(三)调动社会参与,汇聚多方资源,进一步拓展普及渠道

随着戏曲普及工作的持续展开,各地都在实践中探索着社会联动、多方参与的新经验。例如,浙江突出传播普及,成功打出了戏曲传承发展的"组合拳",主要表现在三个方面。一是开展传统戏剧展演活动:组织开展"浙江好腔调"56个传统戏剧系列展演活动和千名弟子共传承、万场大戏送乡亲活动;重点做好"开学了"中小学生专场、"开讲了"大学生(留学生)专场、"开锣了"濒危剧种传统剧目专场、"开演了"传统戏剧青年演员传承人专场,以及"开唱了"传统戏剧传承人群专场等五个专场,积极引导传统戏剧走进年轻人群,走入群众生活。二是拓展传统戏剧传播渠道:开设"浙江好腔调""浙江非物质

文化遗产视频展播"等多个视频窗口,在浙江非遗信息平台每天发布"浙里繁花"非遗微信,开展全省优秀非物质文化遗产校本教材(读本)评选活动,将戏曲音乐纳入校本或乡土教材,切实加强戏曲在学校教育中的传承传播。三是延展戏曲传播形式:浙江昆剧团开展百场"幽兰讲堂"入校园,包括昆曲剧目导赏、昆曲剧本研读、昆曲音乐鉴赏、昆曲艺术教学及昆曲艺术沙龙;浙江婺剧团组织培训、编写教材、刻录光盘、制作教学课件等活动,精心编排适合中小学生观看的经典剧目和讲学内容,邀请学校师生观看婺剧演出,安排专业演员走进校园传授婺剧知识,等等。① 上海也在戏曲进校园活动中设法调动各方积极性,汇聚多方资源,特别是艺术家、义艺院团在参与过程中的自觉意识以及特色学校建设,都体现出上海社会各方力量对戏曲进校园等艺术普及活动的充分认知。②

(四)既要"送戏",还要"学戏",进一步推动全民艺术普及

坚持以人民为中心的工作导向,尊重人民群众在文化建设中的主体地位,发挥人民群众在文化建设中的主体作用,引导群众在文化建设中自我表现、自我教育、自我服务,是我国现代公共文化服务体系建设的基本理念。人民群众中蕴藏着公共文化建设的巨大力量,要充分发挥人民群众文化创造的积极性,让人民群众的主体作用在戏曲普及和公共文化服务体系建设中得到全面发挥。如今群众已经不满足于只是坐在台下看戏,越来越多的人希望有机会学戏,有机会登上舞台演戏。从"送文化"到"种文化",已成为全国城乡基层文化发展的大趋势。这种趋势的形成和发展,给全国戏曲普及工作提出了新的更高的要求,同时也成为推动戏曲普及向纵深发展的良好契机。

浙江省丽水市的"月山春晚",由村民自导自演连续举办了 40 多年,现已成为一个自办春晚的新传统和新民俗。"乡村春晚"在全国迅猛发展,已成为

① 浙江省文化厅:《浙江力推戏曲进校园,传承传统戏曲文化》,文化和旅游部官网 2017 年 2 月 24 日。
② 中国戏曲学院国际文化交流系课题组:《戏曲进校园:让孩子爱上传统艺术》(课题组成员:胡娜、马姗姗),《光明日报》2019 年 8 月 2 日。

全国公共文化的现象级事件,其蕴含的社会文化意义丰富而深远。"乡音戏曲沙龙"是上海市嘉定区徐行镇群众心目中的"草根民星"团队,成立至今,每周六下午两小时演出雷打不动,吸引周边地区和徐行本地戏迷观众累计达14万人次。上海市松江区的"百姓戏台",让各街镇社区的群众文化团队参与到公共文化资源配送中来,40余支街镇戏曲沙龙队、150余支居村戏曲团队、4 000余名戏曲爱好者被群众亲切地称为"百姓明星"。上海市崇明区竖新镇打造的"百姓大舞台",让群众从台下的观众变成了台上的主角。从这些生动的案例中,我们看到群众需要的是一个舞台,一个真正属于群众自己的舞台,一个可以充分发挥群众创造力的大舞台。①

2020年,在上海市文教结合项目的支持下,同济大学携手上海昆剧团共同编排打造学生版《长生殿》,探索高校与专业院团在传统文化育人方面的合作新模式,打造中华戏曲传承的新品牌。上海昆剧团负责启动学生版《长生殿》演员招募,经过精心选拔的校园"昆虫"们从世界各地汇集到昆剧团。团里的优秀青年演员在完成演出排练任务的同时,利用假期和闲暇时间陪着学生们拍曲,做基本功训练,手把手教他们摆正每个身段。一个多月的密集训练后,学生版《长生殿》青春训练营进行了夏季集训汇报公演,根据汇演表现开展精品教学。老师们分组编队成基础训练组、排练带教组、舞台导演组,授课排练累计近百课时,根据每个同学的特点因材施教,塑造出符合舞台规范又不失青春个性的"唐明皇"和"杨贵妃"。上海戏曲艺术中心党委书记、总裁,上海昆剧团团长谷好好说,用大学生视角展示古典精粹,不仅是对昆曲艺术全方位的传承,更是融入深邃而独特的现代审美意味,是现代戏剧人对昆曲艺术重新阐释与完整复原的典范。"今天,同学们就像种子,把昆曲的基因撒播进了大学校园,撒播到了世界各地。这不仅是对三百多年前《长生殿》的致敬,也昭示着有'百戏之师'美誉的昆曲艺术,在一代代昆曲人的坚守传承

① 上海市文化和旅游局编:《上海市构建现代公共文化服务体系基层实践案例集》,2019年12月。

下薪火相传。"①这也正如新任上海戏剧学院附属戏曲学校校长、"昆曲王子"张军对广大戏迷的热情呼吁："你的加入，决定我们的未来！越是古老的艺术，越要活色生香，戏曲的传承与创新要主动向时代学习。"②

　　戏曲普及，渐入佳境。在公共文化服务高质量发展大背景下，全国戏曲普及工作更需要不断向纵深发展。既要"送戏"，也要"学戏"，进一步推动全民艺术普及，以使戏曲艺术获得更广泛的受众（尤其年轻人），从而能够真正植根于更加深厚的社会生活与文化土壤之中。从"送戏"到"学戏"，置身于如此潜移默化的过程中才能让人真正"入戏"。戏曲普及工作在全国各地的持续深化与提高，也将从容见证中国戏曲艺术繁荣发展的广阔前景，并为更好建设中华民族的精神家园发挥出戏曲文化生生不息的独特魅力与效应。

---

① 颜维琦：《上海昆剧团海选校园"昆虫"排演学生版〈长生殿〉》，光明日报客户端 2020 年 11 月 30 日。

② 童薇菁：《张军：越是古老的艺术，越要活色生香，戏曲的传承与创新要主动向时代学习》，文汇网 2021 年 5 月 18 日。

依托数字化平台　创新公共文化管理机制

钱泽红①

摘　要　21世纪以来,信息技术、数字网络技术已经广泛应用于社会生活的方方面面。便捷、注重用户体验、吸引用户深度参与、重视数据价值的互联网思维与公共文化服务的发展理念深度契合。《中华人民共和国公共文化服务保障法》对我国公共文化数字化建设提出了新的要求。依托数字化平台,不仅有助于推动公共文化服务的转型升级,更有助于文化主管部门创新管理机制,加强对公共文化机构的科学监管。

关键词　公共文化　数字化　管理机制

一、"互联网＋"时代公共文化服务发展的新趋势

21世纪以来,科学技术迅猛发展,互联网正在改变着人们的思维方式、工作方式和生活习惯;大数据为提高公共服务能力,完善社会治理开辟了新的途径;新媒体拓展了信息传播的方式。信息技术、数字网络技术已经广泛应用于社会生活的方方面面,尤其是2015年以后,移动支付、电子商务、远程医疗、在线教育、网络约车等生活场景不断拓展,成为人民美好生活的重要组成部分。数字化也进入公共文化领域,便捷、注重用户体验、吸引用户深度参与、重视数据的价值,这些互联网思维的特征深度契合公共文化服务的发展理念。

---

① 钱泽红,上海社会科学院文学研究所公共文化研究室助理研究员,哲学博士,主要从事公共文化、城市文化研究。

2017 年 3 月 1 日起实施的《中华人民共和国公共文化服务保障法》(以下简称《公共文化服务保障法》)第 11 条规定:"国家鼓励和支持发挥科技在公共文化服务中的作用,推动运用现代信息技术和传播技术,提高公众的科学素养和公共文化服务水平。"现代信息技术是用于管理和处理信息所采用的各种技术的总称;现代传播技术是依托全媒体、互联网,对信息进行高效、快速、安全、有序传播的技术。现代信息技术和传播技术应用于公共文化服务,主要任务是推进公共文化服务数字化建设和现代传播能力建设。2006 年以来,我国的公共数字文化服务体系和现代传播体系建设以基层和农村为重点,统筹实施了国家重大数字公共文化工程,在较短的时间内实现了飞跃式发展。《公共文化服务保障法》第 11 条进一步将国家长期以来在公共文化服务体系建设中贯彻的方针政策提升为法律规范。

《公共文化服务保障法》第 33 条对公共数字文化建设进一步提出了具体的要求:"国家统筹规划公共数字文化建设,构建标准统一、互联互通的公共数字文化服务网络,建设公共文化信息资源库,实现基层网络服务共建共享。国家支持开发数字文化产品,推动利用宽带互联网、移动互联网、广播电视网和卫星网络提供公共文化服务。地方各级人民政府应当加强基层公共文化设施的数字化和网络建设,提高数字化和网络服务能力。"数字化是虚拟、现实及可视世界的各类信息技术、智能技术的基础,也是信息社会的技术基础。数字化技术具有精度高、便于长期储存、保密性好、通用性强等特点,不仅信息管理成本低,占用物理空间小,而且可以便捷地进行图文声像与数字信息的双向交换,并通过网络进行传输,方便地根据需求进行检索和调用。

在信息时代,文化信息的数字化越来越为世界各国所重视。例如,英国博物馆、图书馆、美术馆等公共文化设施集成了统一标准的数字化资源,通过DAMs(数字资产管理系统)使珍贵馆藏的管理更加有序;通过互联网使文化资源的使用更加高效。① 在我国,《公共文化服务保障法》第 33 条针对地方各

---

① 赵云:《英国公共文化发展及对中国的启示》,荣跃明主编《上海公共文化服务发展报告.2020》,上海:上海书店出版社,2020 年 4 月第 1 版,第 185—194 页。

级政府提出的"加强基层公共文化设施的数字化和网络建设",涵盖了三个方面,一是面向管理的信息化建设,主要是指丰富数字资源建设,优化业务工作流程,完善需求反馈机制,提高智能管理水平;二是面向服务的数字和网络能力提升,主要指通过配置数字化服务设施设备,提供有线与无线网络接入服务,实现远程资源提供和自助服务,增强服务和信息发布、文化活动组织等互动能力;三是实体数字体验空间建设,即在有条件的地方,充分利用各种技术平台、服务网络,打造基层公共文化设施的实体数字体验空间,创新公共文化服务提供方式。

在《公共文化服务保障法》中体现了一个新趋势——在公共文化领域,依托现代科技手段,文化服务与文化管理之间是相辅相成,缺一不可的,服务与管理之间越来越体现出一种互动和相互促进的关系,公共文化建设呈现出"讲求服务效益"与"注重管理效益"并重,这将成为未来公共文化建设的一个重要的特色。在"互联网＋"时代,公共文化管理将发生从传统管理向现代管理的变革。从宏观上,要求管理者利用互联网技术改变传统服务方式,将互联网工具广泛应用于公共文化管理的全过程,推动文化管理方式从粗放型向集约型转变;从服务方式上,要求引入各种新技术,以提高服务效率;从服务效果上,要求变被动式服务为主动式服务和参与式服务,拓宽公众参与公共文化建设的渠道。

二、上海公共文化数字化建设的创新实践

对照《公共文化服务保障法》中的相关规定,上海市的公共文化数字化建设业已走在全国前列。早在2009年,上海市推动公共文化与科技、信息等领域融合发展,就已经在全市范围完成了有线电视"村村通""户户通"工程,比全国"基本实现20户以上自然村全覆盖"提前了6年。2009年7月,国家科技部、国家广电总局和上海市政府签订合作协议,宣布中国"下一代广播电视网"(NGB)建设在上海率先启动,该网具有高带宽、强互动的特点,大大提高了有线电视节目的数量和收看质量,促进了有线电视网络的数字化应用。截

至 2015 年 11 月，上海共完成 624 万有线电视用户 NGB 网络改造，基本实现了覆盖中心城区和郊区城镇化地区。

2012 年 4 月，中华人民共和国文化部、财政部下发《关于进一步加强公共数字文化建设的指导意见》，要求各省、自治区、直辖市积极探索现代公共文化服务的新方式。上海市开始建设公共文化服务信息发布渠道，包括制作网络版文化地图，开发手机 App 应用，开设微信、微博，充分利用东方社区信息苑专网、社区数字家园网等信息窗口，发布公共文化服务信息。2012 年 2 月 14 日，社区文化活动中心中央信息管理系统正式上线，实现了对全市社区文化活动中心的全覆盖，这套系统是全国首个基层公共文化服务设施管理系统，成为上海市公共文化设施数据统计的主要来源之一。同时，根据国家对数字图书馆的技术要求，上海市完成了包括网络与安全建设、自动化系统扩充、存储扩充等市、区两级数字图书馆硬件升级配置。上海还结合全国文化信息资源共享工程、国家数字图书馆建设工程、县级数字图书馆推广计划三大"文化惠民"项目，与全市中心图书馆通过互联网实现了有效链接，在市、区、街道公共图书馆开通知识导航、数据查询服务，将文献信息、数字资源、展览讲座、网络服务等功能融为一体，逐步形成了主题资源库群，实现了更加现代化的文化信息服务。

从 2015 年起，上海努力提高公共文化服务科技创新能力，按照建设智慧型城市的要求，加快数字博物馆、美术馆建设，以全市现有博物馆、美术馆为基础，加大数字文化资源开发，开展对现有博物馆资源的数字化整合，推进重点公共文化机构数字化建设进程，搭建基础信息齐全，使用快捷便利，服务功能强大的数字博物馆网络平台，提高公共文化服务的现代传播能力，努力打造中国一流的区域性数字博物馆群。

"十三五"时期，上海市博物馆、图书馆、文化馆、社区文化活动中心纷纷通过微信公众号发布场馆信息、活动预告等文化资讯，市民可以通过公众号、微信小程序等数字化手段完成场地预约、活动预约，享受便捷的公共文化服务。2020 年，受新冠疫情影响，为了让居民可以足不出户地接收文化信息和服务，上海市民文化节首次以"云上文化服务日"这一特殊方式启动，以线上活动为主,汇聚全市 16 个区、各级各类文化场馆、专业文艺院团、专业协会、各类社会主体的优质资源,线上、线下联动,打造了一场 12 小时的线上文化盛宴。为丰富市民的文化体验,本次文化节共开设了"域精彩""云赛场""云剧场""云展厅""云讲堂""大美育""长三角""云集市"八大频道,分别从区域特色、市级赛事、文艺演出、云上观展、大咖讲堂、长三角特色文化、优质文创等维度,呈现了上海城市文化的新风尚,展现了全市公共文化单位在数字文化建设上的厚积薄发,也为应对后疫情时代公共文化格局变化趟出了新路。2020 年上海市民文化节还特别设置"长三角"频道,由江苏、浙江、上海、安徽四地联办,实现了线上跨区域联动,共同策划并打造"缤纷长三角"品牌系列活动,推动文旅资源互通融合。

"十四五"时期,上海将进一步推进城市数字化转型,建设具有世界影响力的"国际数字之都",不断提升数字化服务能力。公共数字文化作为现代公共文化服务体系建设的重要组成部分,是互联网环境下公共文化服务的新平台、新空间和新载体,是利用现代科技手段拓展公共文化服务能力和传播范围的重要途径。在信息化、网络化的背景下,充分发挥现代科技成果在公共文化建设中的作用,不仅是现代公共文化服务体系建设的时代任务,也是公共文化服务的时代特色。加强公共数字文化建设,有利于促进公共文化服务均衡发展,有利于丰富公共文化产品供给,有利于提高公共文化设施的服务效能,有利于完善公共文化的科学管理。

三、"文化上海云"数字化平台建设的特色

早在 2012 年底,上海市文广局就与上海社会科学院、上海创图网络科技发展有限公司合作,开展公共文化数字化服务调研及相关技术研究工作,先后完成了《上海数字公共文化服务体系建设调研报告》和《国内外公共数字文化服务相关情况研究报告》,提出了建设上海城市公共文化云的构想,并在嘉定区首先开展试点工作。在广泛调研的基础上,上海市明确了"文化上海云"的建设内容和功能——根据云技术整合分散的文化资源,实现集约利用的理

念,借助网络信息技术促进公共文化服务的便利性,通过建设公共文化基础信息资源库,整合全市主要文化资源,汇集各类文化信息,实现文化资源的数字化、网络化推送、展示的功能。

2014年,上海市嘉定区、闵行区和闸北区（现属静安区）首先在全市推出了"云"平台,"文化嘉定云""文趣闵行""闸北智文化"相继上线投入使用。2015年,"文化上海云"采用"一个总平台+若干个子平台"的建设模式,按照"统一规划,分头推进,独立运营,系统整合"的指导思想,根据《关于推进文化上海云平台建设的通知》要求,将建设任务分解到各个市级文化场馆和区县,落实经费保障和责任主体,明确了云平台的建设标准和时间表,当年实现了嘉定、浦东、静安、徐汇、长宁、闵行、金山、松江、崇明、宝山、普陀等11个区县子平台的上线运营。

2015年1月14日,中共中央办公厅、国务院办公厅印发《关于加快构建现代公共文化服务体系的意见》（以下简称《意见》）,提出了新时期推进公共文化服务与科技融合发展的三大任务:一是加大文化科技创新力度,研究制定公共文化服务领域科技标准规范,开展文化专用装备、软件、系统的研发应用,加强科技成果应用转化;二是加快推进公共文化服务数字化建设,提升公共文化机构数字化建设水平,统筹实施国家重大数字文化工程,构建标准统一、互联互通的公共数字文化服务网络,在基层实现共建共享;提高资源供给能力,建设资源库群,开发特色数字文化产品,加强公共文化大数据采集、存储和分析处理,实现"一站式"服务;三是提升公共文化服务现代传播能力,拓宽公共文化资源传输渠道,大力推进"三网融合",促进新媒体、新业态发展。《意见》中提出的上述三大任务,成为建设"文化上海云"的基本原则。

2016年3月26日,"文化上海云"正式上线,成为全国第一个实现省级区域全覆盖的公共文化数字化服务平台。"文化上海云"是上海构建现代公共文化服务体系的亮点,它综合运用云计算、云存储等技术,将上海市博物馆、展览馆、文化馆等公共文化服务设施的相关内容进行3D数字化处理,通过云端推送实现跨平台、跨网络运行,将市、区（县）、街镇三个层级的公共文化服务信息纳入一个总的门户平台,整合全市分散的公共文化资源,并将文化资源转化为服务,使公共文化服务既有创新的 3D 体验,又能便捷地操作管理。几年来,这个云平台已经形成了包含信息公告、活动预约、场馆预订、空间展示、社团风采、竞赛互动、文物鉴赏、文艺培训、大数据分析等 9 大功能,覆盖了市、区县和街道乡镇近 500 多个文化馆、图书馆、展览馆、美术馆和社区文化活动中心,平均每月为市民推送几万场文化活动信息,累积了海量的活跃用户。"文化上海云"提供了公共文化服务的新方式,建成并投入使用后,主要体现了两个方面的服务特色:

(一)方便市民参与和享受公共文化

"文化上海云"的原则是"建市民需要的东西"。项目组在调研中发现,上海市民受到时间和空间的局限,不了解公共文化的相关信息,不知道如何买票、如何预约相关文化服务,缺乏文化社交的机会和条件,更缺少评价文化产品和服务质量的渠道,导致市民的文化知情权、参与权、社交权和评价权都无法得到有效保障。"文化上海云"上线以后,市民通过手机 App、微信公众号或网站,就可以对全市的文化活动一目了然,更可以不受时间和地域的限制,只需在门户平台上点击相应服务模块,就能享受便捷的文化服务。"文化上海云"的一大重要功能是开放了全市的公共文化场馆——将公共文化场馆放到网上,供市民和文化团队自主注册,预约使用,最大限度地降低了市民组建文化团队的门槛,进而培育了大批民间的文艺骨干和艺术团队,激发了群众文化的创造力和活力。

"文化上海云"运用现代科技和传播手段,改进了公共文化服务方式,受到市民的欢迎。例如"文化嘉定云"上线不到一年,每天的访问量就突破了 79 万人次,公共文化活动平均上座率突破 84%,场所设施利用率超过 90%,参与公共文化活动的人群结构随之发生了巨大变化,改变了过去以中老年市民为主要服务对象的状况,年轻人的参与度从不到 20% 迅速提升到 48%。在"文化上海云"平台上,市民通过"我要知道"了解身边的文化设施和文化活动信息;通过"我要参与"预约文化活动和文化场馆;通过"我要互动"与志趣相投的用户进行交流和分享;通过"我要评论"对公共文化活动及场馆设施进行评价,提出意见和建议,促进公共文化项目提高服务品质。通过上述四个"我要","文化上海云"对接了市民的文化需求,使公众不仅是公共文化的享受者,更成为公共文化的创造者和监督者。

(二)凝聚更多社会资源共同参与公共文化服务

"文化上海云"项目以"政府补贴,企业建设,市场运作,公共服务"的模式进行建设。"文化上海云"的技术支持来自上海创图网络科技发展有限公司(以下简称"创图公司"),该公司是中国数字文化建设及运营领域的领军企业,主要为文化场馆、文化机构、大型企业提供场馆数字化、信息化展示及互联网平台运营服务。创图公司自筹资金建设"文化上海云"平台,并完成平台的日常营运、维护、升级改造、信息服务等方面的研发和技术支持,上海市文广局在平台运营管理中发挥政策导向作用和宏观指导职能。

在数字化、信息化时代,上海市的基层公共文化机构纷纷建立自己的网站,为市民提供在线服务,这些文化机构与上海市的体育场(馆)、剧场、剧院及演艺团体共同为"文化上海云"提供公共文化产品、服务的内容供给。而"文化上海云"作为一个专业平台,将以上分散的文化资源、信息、产品和服务汇聚起来,让上海市每年20多亿元的公共文化投入不再闲置,提升了公共文化服务的效能。"文化上海云"凝聚了越来越多的社会力量通过"云端"开发优质的文化产品和服务,既弥补了各区(县)公共文化设施和文化资源分布不均衡的状况,还实现了公共文化促进文化消费的目标。

四、依托数字化平台,创新公共文化管理机制

2021年5月、8月、12月,上海市分别召开生活数字化转型、经济数字化转型和治理数字化转型现场推进会,表明全面推进城市数字化转型,已经成为上海未来发展的主攻方向。为了卓有成效地实施这项重大战略,需要一手抓顶层设计,一手抓场景应用,强化制度供给,针对数据开放、共享、交易和应用等,明确相关流程、标准、规则,建立完善的制度体系,推动整个城市从"物

联"向"数联""智联"不断升级。城市数字化转型,对公共文化事业而言,是挑战,更是机遇。上海市推动公共文化与科技、信息等领域融合发展,已经取得显著成效,但是,上海公共文化服务还存在一些长期未能解决的短板问题,主要包括:

第一,公共文化服务供给与需求之间存在结构性矛盾。多年来,公共文化服务的错位现象一直存在。市民的文化需求日益呈现出多样化、个性化的特点,但政府主导的文化产品生产却仍然延续着单一化、刚性化的特点。在公共文化领域,公共文化服务"供不应需"和"供非所需"的问题并存,这种结构性的"错位",造成了经费和公共资源的浪费,更难以让人民群众满意。

第二,公共文化决策管理的科学化程度仍有待提高。从全国范围看,各地政府在构建公共文化服务体系的决策和管理中,不约而同体现出"重硬件、轻软件"的特点,上海市也不例外。"重硬件",有利于加快文化基础设施网络建设,并迅速取得成绩;"轻软件",导致公共文化服务制度、机制滞后,制约了公共文化服务体系的有效运行。近年来,上海市文化主管部门率先提出一系列公共文化管理的创新举措,在全国引起较大反响,但是,管理的创新不仅需要先行先试的勇气和胆量,更要依靠科学化的手段和必要的技术支持。

第三,对公共文化设施的评估和监督一直存在技术障碍。上海市是国内最早对社区文化活动中心进行绩效评估的城市,经过十几年的探索,已经形成一套切实可行的评估指标体系。由于评估结果与社区文化活动中心定级相挂钩,一些评估对象为了获得满意的结果,存在拼凑材料甚至虚报数据的现象;对满意度和知晓率的问卷调查,也因为各种偶然因素的存在,影响到数据的准确性。技术条件的限制,对评估结果的权威性存在一定程度的干扰。

上述问题,依托公共文化数字化平台,可以获得有效的解决。数字化平台是一个开放的系统,实现了政府和市民之间的直接互动,使文化主管部门和文化工作者可以更直观地了解了市民多样化的文化爱好与需求,市民在"文化上海云"平台上预约、点赞、评论的记录,就是改善文化服务最真实可靠的依据。更重要的是,开放透明的信息,正在使政府部门改变以往的公共服务履职方式,进一步完善公共文化的管理。数字平台所积累的海量的公共文化信息,正在形成真实可靠的公共文化大数据。这些数据,具有体量巨大,种类繁多,数据处理速度快的特点,通过对公共文化大数据的分析,可以了解市民深度的文化需求、了解上海市公共文化服务的实际状况,进而提供更受市民欢迎的文化产品和服务,促进公共文化服务机构与公众之间的有效互动,缓解供需双方信息不对称造成的错位。

公共文化大数据还可以为文化管理部门提供更好的决策支撑,帮助文化主管部门提高管理的科学性和针对性,从而保证公共资源投入公共文化服务的实际效益。例如,由政府购买的很多公共文化配送项目,通过"文化上海云"的数据积累,可以对活动的满意度、参与率进行分析,逐步实现在更合适的时间和地点安排更受欢迎的活动。通过目前的公共文化数据,还可以分析各个社区文化活动中心的利用效率,从而进行更为科学的安排。

依托数字化平台,不仅有助于推动公共文化服务的转型升级,更有助于本市文化主管部门创新管理机制,加强对公共文化机构的科学监管。主要包括以下几个方面:

第一,运用数字化平台,实现公共文化供需的精准对接。数字化平台是公共文化服务供给和需求之间的桥梁,解决了文化信息的部门分割和地域限制;市民通过云平台,可以迅速了解公共文化活动和场馆的信息,并且通过手机完成预约和预订;政府部门通过平台的数据信息,可以迅速掌握文化活动的上座率、文化场馆的使用率,分析市民文化需求的特点和变化趋势,提供更受群众欢迎的精细化服务,实现公共文化供给和需求的精准对接,促使公共文化服务从传统的"行政导向"转变为"用户导向"和"需求导向",逐步实现文化活动从市民被动接受到主动参与,促进有关部门更加关注民意,依靠更有效的服务提高市民的满意度。

第二,对公共文化大数据进行研究,提高文化决策的科学性。上海公共文化服务体系建设,要想在全国保持领先地位,仅有公共文化的数字化平台是不够的,还需要对平台数据进行科学的分析和研究,加强对数据的开发和利用。上海文化主管部门可以采取委托课题或定向课题的方式,鼓励本市高校和科研单位组织力量开展相关研究,开发公共文化大数据分析软件,通过对用户特征数据(用户性别、年龄、文化兴趣标签分布等)、用户评价数据(用户对活动场馆、活动内容及服务的满意度等)、文化供给数据(包括在线活动数量、活动订单数量、活动场馆场次数量、场馆订单数量等)、各类活动的订票率对比、各区县文化活动供应量对比、文化场所服务辐射等数据的分析,获得对公共文化制度设计具有重要参考价值的材料,逐步建立公共文化服务决策咨询大数据系统,改变以往粗放的管理模式,提高公共文化管理的科学化水平。

第三,运用数字化平台的可靠数据,完善对公共文化机构的评估。在"文化上海云"数字化平台上,各社区文化活动中心文化活动的数量、活动人次、场地使用情况、市民的知晓率、满意度等数据,都可以得到客观和真实的记录。建议上海市文化主管部门做好"文化上海云"平台运营方和社区文化活动中心绩效评估小组的协调工作,试点将"文化上海云"积累的后台数据,提供给评估方,作为评估体系中统一、标准的客观指标数据来源,以保证绩效评估的规范性和科学性。

第四,积极应对大数据时代的挑战,培育新型公共文化人才队伍。当前公共文化机构的从业人员,多集中在图书馆、群文创作和演出等领域,这些基层公共文化工作者,普遍缺乏大数据时代要求的数据分析能力,难以适应"互联网＋"时代对公共文化领域的新要求。今后上海市文化主管部门可考虑依托原有"公共文化万人培训计划",开展公共文化人才队伍相关培训,通过讲解、平台演示、实际操作等方式,帮助公共文化从业者熟练使用数字化平台,引导基层公共文化服务单位在做好常规服务的同时,培育互联网思维,树立大数据意识,充分利用国家发展大数据和"互联网＋"的有利契机,推动公共文化专业人才与大数据、"互联网＋"的对接,利用大数据技术和互联网平台,积极扩大服务范围,拓展服务方式。

第五,强化数据安全意识,抓紧制定相关规范。公共文化数字化平台积累了大量实名制的用户信息,这些信息具有很高的商业价值。政府文化部门不仅要利用好这些信息,更要保护好这些信息,防止用户信息被非法获取和使用。上海市应尽快制定公共文化领域的数据安全和个人数据隐私保护规则,提高公众数据安全风险防范意识,建立"公共文化服务数据安全框架",研究因大数据开放利用而产生的潜在安全风险,加大力度保护公共文化数据的知识产权。同时,上海市还应推进公共文化服务领域大数据标准体系建设,尽快制定涉及数据采集、数据开放、数据安全等方面的相关标准和应用规范。

公共文化数字化体系,可以有效解决文化资源整合不足,市场化配置机制滞后等问题,进而盘活数据资源,培育和发展数据要素市场,为经济社会发展提供新动能,助力弱势群体打破数字鸿沟,打通公共文化应用的"最后一公里"。

上海美术展馆在场教育工作的现状和思考

陈伦杰①

摘　要　"文教结合"机制是上海独有的跨界工作机制。在"文教结合"的支持下,上海有一批美术展馆开展了多年在场教育工作,产出了丰富的成果,形成了以活动为主、以体验为核心的在场教育工作开展模式,服务了一大批的学校和师生。同时,也有一大批不在该机制支持之列的美术展馆自行开展了各具特色的公共教育项目和活动,并形成了一定的品牌和系列。尽管如此,上海现有的美术展馆在场教育工作依然存在机制上、内容上、形式上、师资上等方面的欠缺。为了进一步整合文化和教育资源,形成良好的社会效应,需要进一步强化相关管理部门的工作协同机制建设,形成分层分级、全市覆盖的工作体系,从而进一步让美术展馆发挥其教育功能,让在场教育工作提升效能,扩大覆盖,形成影响。

关键词　文教结合　在场教育　协同体系

"文教结合"机制是上海所独有的跨界工作机制,是在上海市委、市政府的领导下,由宣传、教育、文旅、财政、人社等多个委办局参与、协同运作的机制性举措。自 2011 年启动以来,通过三轮"文教结合"三年行动计划的建设,奠定了上海文化和教育领域资源互补、长期互利的良好工作局面。在"文教结合"机制的支持下,上海的部分美术场馆陆续开展了面向本市在校学生的在场教育项目。通过长期的工作实践,各个场馆推出了因地制宜、各具特色

---

①　陈伦杰,中国上海国际艺术节中心艺术部主任。

的在场教育活动,为上海师生充分利用美术场馆资源开展学习做了有益的尝试,也为这一项目的全市推广和普及提供了范本。经过对《上海市文教结合工作三年行动计划(2019—2021)》所支持的 6 家美术馆开展调查研究,同时平行参考上海市其他部分美术场馆①公共教育活动开展情况,本文拟就上海市美术展馆在场教育工作现状做一概括,同时就其发展提出愿景和建议。

一、"文教结合"背景下上海美术展馆在场教育工作概况

（一）总体情况

《上海市文教结合工作三年行动计划(2019—2021)》共支持了 6 家美术展馆开展在场教育项目,其中中心城区展馆 4 处,郊远地区展馆 2 处;以公立展馆为主,共 4 处,民营展馆 2 处。从艺术定位来说,相关展馆的策展方向以本土艺术为主,西方艺术为辅。相关场馆每年累计服务在校学生近 4 万人次。在"文教结合"机制财政拨款的支持下,相关美术展馆在服务在校学生的过程中,不向学生或其所在学校收取费用。

表 1　上海市各美术场馆定位及服务学生数量情况表

序号	场馆	区域	性质	艺术定位	年均服务学生数（单位：人次）
1	刘海粟美术馆	长宁区	公立	本土艺术	10 000
2	陆俨少艺术院	嘉定区	公立	本土艺术	8 000
3	崇明美术馆	崇明区	公立	本土艺术	3 000
4	徐汇艺术馆	徐汇区	公立	综合艺术	8 000
5	上海海派连环画中心	浦东新区	民营	本土艺术	5 000
6	梅尔尼科夫美术馆	静安区	民营	西方艺术	5 000

① 相关美术展馆包括：中华艺术宫、上海当代艺术博物馆、宝龙美术馆、复星艺术中心、艺仓美术馆、龙美术馆、民生现代美术馆。

（二）"文教结合"机制支持展馆在场教育工作的基本形态

总体上，各家美术展馆均以主题活动为基本载体开展在场教育项目：如，利用馆藏资源组织在校学生开展参观活动，利用场馆空间资源开展学生作品展出活动，利用艺术家资源开展馆内教学和体验活动等。与此同时，在利用场馆空间做好活动的基础上，部分美术展馆还将与学校的合作提升到了更高的层次，通过组织入校巡展、入校课程（大师班、工作坊）等方式，进一步延伸了在场教育的工作覆盖面。在地区政府的支持下，部分美术展馆更与区域内教育单位形成了机制性合作，将在场教育有机纳入了学校的教学体系，形成了课程化的升级。

1. 上海海派连环画中心

上海海派连环画中心由文汇新民联合报业集团、世纪出版集团、浦东新区文广局等共同发起成立，由上海城市动漫出版传媒有限公司、上海人民美术出版社、上海张江文化控股有限公司等联合运营。作为全国第一家以连环画为主题的非盈利机构、第一个以工作室形式聚集连环画家进行集体创作的基地，上海海派连环画中心是国内唯一专注于连环画原创的专业平台。

通过与浦东新区教育局的合作，上海海派连环画中心常年面向浦东新区内中小学校开展"漫画、连环画艺术第二课堂"项目，通过展览活动、主题讲座、系列课程、创作实践等板块开展系列活动。开展"红色基因代代传：我们共产党人的家风连环画暨书法展""老上海味道——童谣与游艺插画展"等展览活动，在集中展示连环画、漫画作品馆藏之外，邀请连环画、漫画艺术家参与现场讲解；以季度为单位，开展"小人书中天地大——连环画收藏与鉴赏""一轮圆月耀天心——略论弘一法师书法人生"等主题讲座，由连环画、漫画艺术家，非遗传承人授课；邀请上海、全国书画艺术家，利用周末、假期在馆内开展连环画、漫画课程；邀请工作室名师指导学生运用连环画技法，结合动漫风格，开展连环画、漫画绘画创作，并将学生作品集结成册，公开展览。

2. 崇明美术馆

崇明美术馆隶属于崇明区文化和旅游局，以"重在当代，兼顾历史，立足上海，面向未来"为办馆方向，固定常设展"黄丕谟艺术陈列"，通过与崇明区青少年活动中心的合作，开展"美术馆里的美术课"系列项目，服务崇明区内中小学校，尤其是乡、镇农村学校。

依托馆内常设展、崇明本土版画名家黄丕谟的"黄丕谟艺术陈列"，以展览观摩、专题讲座、版画体验开展活动，体现了较为明显的特色。在崇明区内艺术特色学校东门路小学"黄丕谟版画教学中心"的版画教学教材和教学经验的基础上，通过与馆藏资源的打通，结合崇明生态特色动植物，为项目参与学生提供学习版画相关知识和技艺，以及参与版画创作体验的机会。

依托馆内临展资源，开设美术欣赏与临摹活动，邀请艺术家参与教学指导，通过艺术家、志愿者、学校教师的联动合作，保证了馆内活动的良好效果。

3. 徐汇区艺术馆

徐汇区艺术馆隶属于徐汇区文化和旅游局，以"当代、海上、名家、经典"为学术定位，是集展览、典藏、研究为一体的美术馆，是上海首批向公众免费开放的区级公益性美术馆之一。

徐汇区艺术馆通过与徐汇区青少年活动中心的合作，开展了"美育卡"美术普及及教育活动。"美育卡"是徐汇区艺术馆 2010 年起对外推出的工作举措，自 2013 年起面向未成年人开展美术普及和教育系列活动。未成年人通过参与系列展览观摩、艺术体验活动累积积分，可换取美术用品和徐汇区艺术馆自主开发的文创产品。在"美育卡"这一机制的基础上，徐汇区艺术馆以自身展览资源，对接区教育学院艺术教研室师资资源，联合区内中小学、幼儿园在馆内开展艺术课程教学；同时，开展美术主题创作征稿、美术创意作品展、夏令营写生活动、暑期一日艺术体验营、艺术加油站、美术馆里上美术课、少儿美术优秀成果展巡展等系列活动。

4. 梅尔尼科夫美术馆

上海梅尔尼科夫美术馆是中国唯一以俄罗斯当代艺术大师梅尔尼科夫姓氏命名的艺术机构，长期设立梅尔尼科夫作品陈列展厅。梅尔尼科夫美术馆收藏大量俄罗斯当代现实主义学派艺术家梅尔尼科夫的画作和文献文物，以及俄罗斯列宾美术学院当代俄罗斯艺术家的原创作品。梅尔尼科夫美术馆重点围绕"梅尔尼科夫艺术"与20世纪下半叶俄罗斯绘画发展史,展开这一时期中俄绘画艺术交流史的整体研究与展示传播,并积极关注中俄绘画艺术发展的当下与未来走向。

通过与静安区青少年活动中心的合作,梅尔尼科夫美术馆策划开展"走进艺术大师"美术馆教育平台系列活动,通过举办学生专场展览、学生专场艺术体验活动、入校讲座、入校巡展等形式开展活动。梅尔尼科夫美术馆对接静安区内艺术特色(美术)中小学,组织学生进馆观摩定制展览,如"远方的白桦林——俄罗斯绘画艺术系列展览",由校内美术教师辅导学生临摹艺术家原作;邀请中俄艺术家结合馆藏,面向学生开展讲座、大师班;组织学生观摩艺术家生平纪录片;为学生作品举办专场展览"走近艺术大师——静安区学生绘画成果汇报展"。除此之外,梅尔尼科夫美术馆馆长沙爱德还进入区内中小学校开展专题讲座,在学校内策划开展了梅尔尼科夫作品的巡展。

5. 陆俨少艺术院

陆俨少艺术院隶属于嘉定区文旅局,是集收藏、研究和展示陆俨少书画艺术,举行各类高层次展览及学术研讨活动等功能的艺术类专题博物馆。在逐步建设和发展中,陆俨少艺术院通过"陆俨少书画精品展(高仿品)巡展""走进美术馆""爱上美术馆""大手牵小手"等模块开展美术馆在场教学项目。通过与区教育局、区青少年活动中心的合作,嘉定区内各学校将初中二年级(七年级)学生到馆参观纳入课程体系,"走进美术馆"作为区内每个学生的必修课,为"文教结合"项目的覆盖面做到了有力的保证。"陆俨少书画精品展(高仿品)巡展"以陆俨少"峡江系列""杜甫诗意系列""新中国画题材"作品,以及写生、书法等主题的近60件精品(高仿品),走入区内学校举办巡展,完整和全面地向在校师生展示陆俨少书画艺术的"陆家山水"风貌和特色。"大手牵小手"板块通过与区内公园合作,利用暑期时间开展体验性艺术普及活动,涵盖国画、陶艺、古琴、漆器等内容。"爱上美术馆"板块则面向全市中小学生开放,通过博雅网等学生第二课堂门户网站,为全市中小学生提供以展览观摩为主的第二课堂活动。

6. 刘海粟美术馆

刘海粟美术馆是我国首座以个人名字命名的省市级国家美术馆,是集收藏保管、学术研究、展览陈列、教育推广、文化交流等功能于一体的综合性艺术博物馆。2012 年迁建新馆后,刘海粟美术馆将坚持学术引领,以海老艺术创作、学术思想、教育理念的研究为基点,拓展学术研究的深度和广度;将创新发展路径,以"互联网 + 美术馆"的思维开创线上线下融合发展的全新模式;将扶持青年艺术,以国际化视野从展览到传播全方位推进"青年美术家计划";将倡导开放共享,以开门办馆的理念"走出去""请进来",加强文化交流和公共文化服务。

在长宁区教育局的指导下,刘海粟美术馆与长宁区少年宫合作开展"美术馆奇妙日"活动,涵盖"我在美术馆上美术课""艺术家带你来看展""美术大课堂"等板块,利用美术馆及学校空间,开展展览观摩、写生、讲座、工作坊等活动,同时利用美术馆馆藏,与学校共同开发课外美术教材。

在区教育主管部门的政策保障下,长宁区内学校每学期组织初中二年级(七年级)学生赴刘海粟美术馆上一次美术课。由刘海粟美术馆策划,"我在美术馆上美术课"以美术体验活动为主,依据学校现有美术教材衍生而来,着重关注"设计""手工""技法"等要素,在非遗传承人、高校教师的支持下,形成了 24 类与馆内展览关系密切、参与感较强的体验课程。"艺术家带你来看展"则邀请艺术家、高校专业教师担任导览,带领学生观摩展览,解答问题,并开展作品临摹。"美术大课堂"不仅仅局限于刘海粟美术馆内开展,也进入区内中小学,由艺术家、高校专业教师开设讲座,主题涉及"音乐与插画""摄影之美""中国画鉴赏要义"等普及性内容。

(三) 非"文教结合"机制支持展馆公共教育活动开展情况

笔者通过走访中华艺术宫、上海当代艺术博物馆、宝龙美术馆、复星艺术中心、艺仓美术馆、龙美术馆、民生现代美术馆等一批上海主要美术展馆,对未获得市级层面"文教结合"机制性支持的展馆开展公共教育的情况有了一定程度的认识。

总体来说,除了公立馆和民营馆的区分,这些展馆的公共教育工作模式依然有一定共性。各家美术展馆利用自身在艺术内容、艺术人脉、活动空间方面的资源,因地制宜地开展各有特色的公共教育活动实践,逐渐形成了各自的公共教育品牌。

1. 多角度切入,内容衍生

视觉艺术展览是各个美术展馆的核心资源,除了对外开放观摩外,各家展馆也围绕展览,从不同角度切入,开设各种形式的公共教育活动。

上海当代艺术博物馆(PSA)设有"小蜜蜂"导览员系列活动。自2013年以来,招募12岁至18岁的青少年担任"小蜜蜂导览"。通过担任导览员的方式,青少年学生接受与展览相关的培训,准确了解与展览内容相关的信息。同时在此基础上,自发地深入探究与各个展品相关的其他艺术知识,依据各自不同的风格和角度,自行收集资料、撰写导览词、练习讲解表达、设计导览路线,为来馆观众介绍展览及展品,开展互动和交流。

此外,上海当代艺术博物馆(PSA)与上海部分视觉艺术特色学校建立固定的馆校合作关系,邀请在校学生每年一次进入展馆开展研究性课程学习。通过进馆学习和假期期间的延伸学习,学生们将通过团队合作的方式完成研究报告、汇报演讲、交流讨论。

上海宝龙美术馆与闵行区七宝镇教育委员会共同开展"我在美术馆的艺术假期"活动,邀请区域内中学生凭学校盖章的"通关证",利用寒暑假时间免费入馆参观展览。通过完成"通关证"上的开放式题目,学生可完成学校的项目化学习作业,同时也可参与宝龙美术馆的优秀作品征集评选活动。

2. 多领域挖掘,活化空间

美术展馆作为城市公共文化空间,在场地、空间资源方面有得天独厚的条件。美术展馆的公共教育活动往往并不局限于视觉艺术范畴,而是充分活化其场地资源,开展表演艺术、影像艺术、文学艺术等多种范畴的活动。

上海民生现代美术馆的系列活动"诗歌来到美术馆"持续已有近十年,是全国首创的"诗歌+艺术"美术馆公众项目,活动以讲座、诗歌活动等形式开展,为诗人和诗歌爱好者打造了思想碰撞的开放平台。

上海当代艺术博物馆(PSA)设立"童心剧场"品牌活动,通过邀请少年儿童参与剧目的创编和表演,以及与现场展览、与建筑空间对话,使他们获得沉浸式体验。

复星艺术中心开设的"云艺坊"面向成人和青少年、儿童开展以创作课程、艺术体验、交流访问为主要形式的公共教育活动。如"外滩最美天台写生系列",结合艺术中心建筑自身特色,为亲子家庭开展展览导览、艺术课程、写生创作等活动。

3. 多形式合作,形成品牌

对于大多数的美术展馆来说,从自身运营和发展的角度出发,灵活利用自身资源优势,打造具有品牌性、延续性的公共教育产品业已成为一大趋势。这一需求和趋势,对民营美术馆来说尤甚。

宝龙艺术教育是一所依托上海宝龙美术馆各方面资源、与馆方合作建立的艺术教育机构,自推出少儿艺术教育课程以来,围绕图像识读、美术表现、审美判断、创意实践及文化理解五个方面开设课程,共分七个阶段,覆盖了从3岁开始的少年儿童各年龄阶段。

表 2　宝龙艺术教育机构少儿艺术教育课程设计框架

阶段	对象年龄	内容	细分方向
第一阶段	3—4 岁	艺术涂鸦班	
第二阶段	4—5 岁	艺术游戏班	
第三阶段	5—6 岁	艺术创想班	
第四阶段	6—8 岁	艺术创作班	
第五阶段	8 岁以上	小小画家班	
第六阶段	7 岁以上	特色阶段	动漫 绘本 木艺 速写 书法:硬笔、软笔
第七阶段	9 岁以上	专业阶段	素描

上海民生现代美术馆自主运营的 Kid Museum 品牌活动,通过展览观摩、

专门讲座、读书分享、艺术工作坊、表演观摩等形式,涵盖艺术、文学、人文、自然、科技等多个领域,开展亲子艺术教育活动。通过家长带领孩子共同参与素质教育活动的方式,开发儿童的想象力和动手能力,在生活中发现和创作艺术,同时提升亲子互动、优化亲子关系。

二、现阶段上海美术展馆在场教育工作的不足与瓶颈

(一) 内容较为粗浅

无论是否纳入"文教结合"机制的支持,目前上海各美术场馆的在场教育工作在核心内容的生产意愿和生产能力上普遍存在不足。

由于各个展馆在运营模式上有较大差异,其对展馆在场教育项目的投入意愿也存在着较大差异。一方面,资金来源上的区别是意愿的重要决定因素。相对而言,公立美术展馆在开发在场教育项目方面有更强的驱动力,这是由其公共服务属性所决定的。比如,徐汇区艺术馆建立的"美育卡"机制已有十多年历史,作为区级美术场馆,这样的持续投入是难能可贵的。而另一方面,展陈运营模式的区别也对在场教育项目的生产意愿有重大影响。如中华艺术宫、宝龙美术馆、崇明美术馆等拥有常设展的展馆在在场教育内容的生产上拥有一定自觉性和积极性。由于常设展的内容相对稳定、展出周期相对长久,使展馆对在场教育内容的开发周期相对宽容,对使用周期预测相对长远,对单位成本预测相对乐观,这对展馆持续支持在场教育内容的开发具有较大影响。

从生产能力上来说,正是由于大多数美术展览以临展为主的策展及运营模式,造成了配套开发在场教育内容的时效性较短、单位成本较高。展馆往往倾向于结合展陈内容,举办短时性、集中性的教育活动,其主要目标在于通过活动扩大展览覆盖人群和宣传影响力,而教育的目标和诉求相对较弱。这造成了其活动的教育深度不足,内容相对缺乏严谨规划,存在着较为零散、不成体系,前后难以接续等问题。比如,复星艺术中心的"云"系列公共教育活动,有云映荟(主要形式为电影、影像播放)、云剧场(主要形式为表演艺术演

出)、云沙龙(主要形式为讲座、对谈、论坛)、云艺坊(主要形式为艺术手作、体验工作坊)等多种形式,虽然整体以"云"冠名,但其内容相对缺乏内在逻辑,服务对象存在交叉,内容存在一定随意性。与之相对,在"云艺坊"中发展起来的"外滩最美天台写生"系列活动则因其与艺术中心建筑有稳定关联,获得了较强的延续性,自2019年4月开办以来,已成功举办7期,形成了以展览导览、艺术延伸课程、写生、手工制作为内容的稳定体系。

(二) 师资总体受限

在各个美术展馆开发和运营在场教育内容的过程中,其主要的参与和执行主体,是各个展馆的公共教育负责人。从这个意义上来说,各个展馆在公共教育领域资源的投入差异,决定了其在场教育内容的水平高低、运营好坏。受整体运营成本的压力,各个美术展馆在公共教育领域的投入普遍不足,即使是受到市"文教结合"机制支持的美术展馆,也未必能够做到设立专门的公共教育部门,有些甚至未设置专门的公共教育岗位。

表3 美术场馆公共教育部门及专职岗位设置情况表

场馆	是否设置公共教育部门	是否设置公共教育专职岗位
刘海粟美术馆	是	是
陆俨少艺术院	否	是
崇明美术馆	否	是
徐汇艺术馆	否	是
上海海派连环画中心	否	否
梅尔尼科夫美术馆	否	否

这对在场教育内容开发的质量稳定性、内容延续性有重大影响。受到公共教育队伍规模、专业能力等方面的限制,各个美术展馆在开展在场教育活动时面临不同程度的挑战。比如,梅尔尼科夫美术馆的在场教育活动由馆长直接负责,而馆长还需同时负责场馆日常运营、策展布展、志愿者培训管理等

其他事务,对在场教育内容所能投入的精力有限;同时,受制于馆长本人并不具有教育相关专业背景,在在场教育相关内容的设计上相对缺乏专业能力,导致其在场教育内容较为简单,促发学校、学生参与积极性的手段和措施较为单一。

从另一个维度来看,各个美术展馆的在场教育内容的开发主体是馆内人员,虽然相当多的展馆公共教育负责人员普遍具备艺术相关专业背景,但其在教育专业知识上的欠缺,以及其知识体系与当下各阶段学校教育体系和内容的脱节,导致相当多展馆的在场教育内容与学校美术课程教学进度不尽匹配,难以真正与学校教育形成有机共融。在这一点上,中华艺术宫与逸夫职业技术学校的合作颇有启发意义。由中华艺术宫与逸夫职业技术学校相关教研室组成的联合团队,结合艺术宫展览馆藏,共同开发了系列在场教育课程,形成了版画、铜雕、油画等多个专题方向的课程内容,服务全市职业技术学校学生,形成了课外学习与学校学习的有机融合。

但尽管如此,目前各个美术场馆的在场教育内容依然维度较为单一,通常就艺术谈艺术,缺少学科间交叉融合的可能性,对艺术品教育价值的挖掘欠缺深度,除了对艺术特长学校及学生具备一定的教育意义之外,难以对全体学生形成稳定、深入、有效的教学成果。

(三) 运营能力不尽平衡

各个美术展馆的在场教育项目运营能力,由于场地资源、公共教育人力资源、社会合作资源的不同,呈现出一定程度上的差异。此外,对于"文教结合"机制下的美术展馆来说,排除受助资金体量不同的差异,各个展馆在如何利用好教育资源,办好在场教育活动的能力上,也各有不同。

首先从政策面来看,得到市级"文教结合"机制支持的美术展馆也并未能够全员实现文化、教育的深入对接。除了长宁、嘉定区内的学校与刘海粟美术馆、陆俨少艺术院形成机制性合作,将美术展馆在场教育活动纳入区内某一特定学生群体的课程教学外,其他美术展馆与学校的合作,还停留在相对定向、覆盖面偏窄的状态。在场教育活动的覆盖面和成效往往受制于展馆自身公共教育部门或人员的意愿和能力,而相对缺乏顶层设计和引导,缺乏机制保障和配套,缺乏质量监督和评估。同时,区域特点、合作单位等方面的区别,也客观放大了各个美术展馆在对接教育资源过程中的差异。

其次,在"文教结合"机制的操作层面,各个美术展馆与区内合作单位的合作紧密程度也有较大差异。由于"文教结合"资金的拨付原则,各个美术展馆一般与区内课外教育机构,如青少年活动中心、少年宫等结成对子,开展在场教育活动的经费一般从区属课外教育机构支出。由于分属两条不同行政管理线,美术展馆与课外教育机构往往在工作目标、考核机制等方面存在差异,合作的方式方法、过程和效果都因人而异。比如,有些以美术馆在场教育项目名义申报获批的经费,拨付至区属课外教育机构后,美术展馆需要通过活动发票报销的形式使用相关经费,相应的流程较为繁琐,无形中增加了相关项目的行政成本,也一定程度上降低了美术展馆开展相关项目的积极性。

最后,各个美术展馆普遍受制于宣传平台的局限,整体在宣传推广的渠道和效果方面存在不足。由于整体资金投入和人力资源的限制,各个美术展馆主要通过自媒体平台对外推广在场教育活动,推广信息的传播力较为有限,无法充分顾及市、区两级更为广泛的受众。虽然受制于馆内接待能力,更强的宣传推广能力并不一定能为在场教育活动提高覆盖面,但客观上各个展馆的在场教育项目成果无法得到更为有效的宣传,难以形成更为广泛的社会认同和共识。

（四）长效运作缺乏后劲

普遍来说,美术展馆开展在场教育项目的基础对象人群较为小众,展馆场地资源、师资资源可负荷的活动规模相对有限,以及在场教育项目相对注重个人体验的特性,客观上造成了相关项目难以形成规模化运营,从而取得良好市场效益。尤其对民营展馆来说,运营公益性在场教育项目负担较大,而运营较为市场化的高端在场教育项目,也因所需资源相对的稀缺性,造成成本高企,即使提高单价,也只能勉强维持收支相抵。这也在一定程度上给民营展馆开展在场教育工作造成了障碍。

而对于受到"文教结合"机制支持的展馆来说,一方面政府资助的申请流程较长,拨款的时间较晚,往往需要较高的行政成本;另一方面,由于政府资助附带的强制公益性要求,造成展馆自身另外开发可市场化运作的在场教育项目的意愿较低。这也对美术展馆在开发和运营在场教育活动过程中进一步压低成本、形成规模效益造成一定程度的抑制。

三、探索建立上海市美术展馆在场教育工作体系

为更加充分地对接全市美术场馆的潜在教学资源,更好地为在校师生服务,应当探索建立由市级统筹、区级协调,文化和教育共建的美术展馆在场教育工作体系。

(一)强化市级统筹,对接教育体系

政府文化和教育主管部门,要通过经费支持等杠杆,充分调动美术展馆主动对接教育体系的积极性。一是要鼓励对接现有教学体系,充分挖掘美术馆藏、展览为教学服务的可能性,形成有效补充、多元加强;二是要鼓励对接现有教师体系,运用美术展馆的各种资源,为在校教师提供培训提升、课程研发、教学实践的多维度支撑。也要通过政策引导等手段,充分调动学校主动对接美术展馆的积极性。一是要引导学校主动将参与美术展馆在场教育活动列入其教学计划,并形成自身教学特色和亮点;二是要鼓励教师积极参与到美术展馆公共教育产品的设计和研发中去,以置换工作量、晋升评比参考等方式,加强其主动性,从而更好地提升在场教育项目的教育针对性和适应性。

充分依托上海市艺术教育协会、上海市博物馆协会等机构力量,梳理各美术展馆可用于在场教育的场地资源、师资资源、课程资源,统筹各美术展馆的展览信息,做好全局统筹和规划,为美术展馆开设和举办在场教育项目制定系统性的指标体系、支持体系。要建立市级层面的统一在场教育项目资源库,主要面向各级学校提供信息,通过加强服务,引导学校进一步充分利用美

术展馆资源。要建立市级层面的专家库、导师库，开设由专家、美术展馆公教从业人员、学校教师等共同参与的学习班、研讨班，统一理念、凝聚共识。要建立全市联动的宣传推广平台，为美术展馆尤其是专门型、特色性美术展馆的在场教育项目提供对外宣传推广的渠道和资源，更为主动地吸引和影响市民参与项目。通过全市性的面上管理，加强文化和教育资源的相互流通，引导美术展馆在场教育项目真正产生效果、形成具有政策保障、资源配套的良性态势。

（二）优化分级指导，发挥区位特色

市级和区级教育主管部门，要因地制宜地为美术展馆在场教育项目提供政策层面的支持、工作层面的指导。

通过设立市区两级示范馆、示范项目等方式，建立对各个美术展馆在场教育项目资源进行分级指导、多元分配的工作体系。市级示范馆和示范项目，具备较为充足的场地资源和较为完善的运营能力，能够面向全市学校开放，提供一流师资和精品课程，采用菜单式方法为学校提供服务。区级示范馆和示范项目，具有鲜明的区域特色和较为完善的课程体系，能够与区内学校形成有效联动，整建制地为区内学校提供在场教育项目服务。

市级和区级文化主管部门，要充分考量美术展馆通过在场教育项目为学校和社会提供服务的业绩，将其纳入美术展馆的整体考察和评价体系。引导各美术展馆进一步在在场教育项目中花心思、下功夫，努力形成行业共识。

（三）广泛开展评价，促进品质提升

应当建立专门机制和队伍对各级美术展馆的在场教育项目开展标准化评价，详细记录其课例数量、覆盖人群、实施效果、参与者反馈等情况，持续追踪其自主经费投入、人力投入、课程更新频率等主要指标。同时配套与评价体系相联动的经费支持体系、绩效考核体系。

建议针对市、区两级美术展馆，设定不同的考核目标和重点，由"文教结合"专家、导师参与考核和评价，同时通过常设于美术展馆的观众满意度调查,使相关在场教育项目的扶持机制、淘汰机制、反馈机制更为开放、透明,从而进一步加强"文教结合"等机制的知名度和影响力,形成良好的社会氛围。

(四)探索寻求转化,研发艺教产品

在满足学校集体教学需求的基础上,要积极探索美术展馆在场教育项目的市场化运营可能性。进一步延伸开发针对个体家庭用户的艺术教育产品、项目化学习产品。不仅仅局限于艺术领域开发美术展馆资源,更要充分利用美术展馆的空间资源、行业资源、跨界资源,使其成为学校教育、家庭教育的良好补充和必要组成部分。使学生能够在美术展馆内获得艺术、人文、工程甚至科技的全方位学习资源。通过广泛的市场宣传,形成此类项目的自我造血和广泛复制。

打开图书馆办图书馆
探索总分馆制新模式

刘　鎏　陆云婷①

摘　要　作为"十四五"规划的启动之年,我国的文化事业发展面临着新的机遇和新的挑战,为了更好打响"上海文化"品牌,上海明确指出应当"深化区级公共图书馆总分馆建设"。为了响应政府号召,并解决浦东图书馆总馆的服务辐射能力不足与浦东地区居民的阅读需求旺盛之间的矛盾,浦东图书馆在原有的"区—街道(镇)—村"三级总分馆服务体系的基础上,选择了"主题图书馆"这一形式,并且打破政府办馆的单一模式,联合各种资源,跨界合作,最大化整合社会资源,进一步拓展"阅读+"的边界,打通总馆阅读下沉的"最后一公里",真正实现"打开图书馆办图书馆"。本文主要从指导分馆运行、建设馆藏资源、开展阅读推广三方面介绍了浦东图书馆主题图书馆建设模式,以期能充分发挥总馆的先进示范和专业规范指导的作用,统筹规划主题图书馆的差异化特色发展,与主题图书馆的社会运营力量共同携手满足周边居民读者的文献和活动需求,打造浦东地区的阅读带和"15分钟阅读服务圈"。

关键词　总分馆　主题图书馆　全民阅读　浦东

---

① 刘鎏,上海浦东图书馆采编中心副主任,馆员。研究方向:公共图书馆馆藏资源建设,公共图书馆阅读推广品牌建设。陆云婷,上海大学图书情报档案系在读研究生,图书情报与档案管理。

一、引　言

"十四五"是我国"两个百年目标"的历史交汇期,作为"十四五"规划的启动之年,我国的文化事业发展面临着新的机遇和新的挑战。《中华人民共和国国民经济和社会发展第十四个五年规划和 2035 年远景目标纲要》中指出,政府要进一步"优化城乡文化资源公共文化配置,推进城乡公共文化服务体系一体建设,创新实践文化惠民工程,提升基层综合性文化服务中心功能",并且要"创新公共文化服务运行机制,鼓励社会力量参与公共文化服务供给和设施建设运营"。而上海,为了更好打响"上海文化"品牌,制订了深化建设社会主义国际文化大都市三年行动计划,明确指出应当"深化区级公共图书馆总分馆建设",并且要"健全文化志愿服务馆里体系",切切实实办好各类全民阅读活动,提升全民阅读水平。

二、总分馆制的概念及发展历程

(一) 总分馆制的发展及特征

总分馆制的出现是为了解决单一图书馆服务半径有限的问题,总分馆制度可以利用较少的资源建立覆盖更多区域的布局合理的图书馆服务体系,它的基本特征就是普遍均等。2000 年 12 月,上海开展"上海市中心图书馆"工程,率先开始实践总分馆制建设,公共图书馆总分馆体制建设在最开始的探索期间,主要以"一卡通"作为载体,以市内各图书馆中图书的通借通还为主要表现形式,着力于实现城市内的各图书馆之间的图书资源、文献资源与信息服务的共享。2011 年,文化部、财政部联合启动了"国家公共文化服务体系示范区(项目)创建工作",其创建标准中,明确包括了图书馆总分馆制建设目标。以创建全国公共文化服务体系为契机,国内公共图书馆总分馆的相关政策不断完善,2015 年,中共中央办公厅、国务院办公厅印发的《关于加快构建现代公共文化服务体系的意见》,要求"以县级文化馆、图书馆为中心推进总分馆制建设,加强对农家书屋的统筹管理,实现农村、城市社区公共文化服务资源整合和互联互通。"2018 年正式实施的中国第一部图书馆专门法——《中华人民共和国公共图书馆法》更是明确了图书馆总分馆管理机制,也具体地指出了总分馆的建设目标及职能分工。

(二)上海浦东地区图书馆发展的困境

2010 年 10 月 22 日,建筑面积超 6 万平方米的上海浦东图书馆(新馆)在浦东新区前程路 88 号正式对外开放接待读者。在开馆的十年间,浦东图书馆馆藏量达 477 万余册,日均接待入馆读者超一万人次,年均阅读推广活动超一千场。作为上海浦东地区最具人气的网红文化地标,浦东图书馆始终坚持"以人为本、文化立馆,将浦东图书馆办成读者与馆员的精神家园"的办馆理念,收获了全国文明单位、全国家庭亲子阅读体验基地等荣誉称号。浦东图书馆所在区域——上海市浦东新区,虽然只是上海的一个市辖区,但是区域面积大,人口众多,区域整体面积 1 210 平方千米,下辖 12 个街道和 24 个镇,现居有常住人口 5 681 512 人(根据第七次人口普查数据)。上海浦东图书馆的位置处于浦东新区中间地带,日均接待读者人数虽然破万,但是相较于浦东地区庞大的常住人口数量而言,仍然是不足的。新馆开馆十年后,浦东图书馆的总馆聚集效应明显,但是受到空间的限制,服务的辐射面积、辐射能力均不能满足浦东地区广大居民的多样性阅读需求。

因此,上海浦东图书馆开始布局,思考如何将更多更好的文化资源下沉到社区,下沉到老百姓最方便最便捷的地方,充分体现"人民城市人民建、人民城市为人民"的理念。

三、浦东图书馆主题图书馆模式

主题图书馆相较于大型公共图书馆,一方面能够为读者提供更"专"、更"精"的服务,较好地满足读者个性化的阅读需求;另一方面能够通过合理布局对大型公共图书馆的延伸阅读服务进行有益补充。因此,浦东图书馆在原有的"区—街道（镇）—村"三级总分馆服务体系的基础上，选择了"主题图书馆"这一形式，并且打破政府办馆的单一模式，联合各种资源，跨界合作，最大化整合社会资源，进一步拓展"阅读＋"的边界，前后建成了艺术主题分馆、世集主题分馆、运动主题分馆、张江科创主题分馆、傅雷主题分馆、金融主题分馆、国际象棋主题分馆、船文化主题分馆、南书房主题分馆、影像主题分馆、科艺主题分馆共 11 座主题分馆。在这些主题图书馆规划、筹建、开放和运营的过程中，浦东图书馆充分借鉴自身开馆多年的专业经验，指导社会力量对空间布局进行图书馆化设计布局，进行专业的馆藏资源建设管理，还协助主题图书馆打造各具特色的阅读推广活动，最终形成主题图书馆阅读品牌。

（一）提供图书馆专业指导，协助进行人员培训

浦东图书馆在筹划主题图书馆建设伊始，就对自身有一个比较清晰的定位：图书馆将充分发挥自己的办馆经验优势，将图书馆相关的专业理念和专业实践经验传递给主题图书馆的实际管理者，协助第三方社会力量规划好、建设好和管理好主题图书馆，确保主题图书馆的可持续发展。为了实现这样的目标，浦东图书馆在主题图书馆的建设过程的不同阶段各有侧重点地开展工作，扮演好"幕后工作者"角色，架起政府与社会力量之间沟通合作的桥梁，真正实现"打开图书馆办图书馆"。

1. 前期协助进行专业调研，确认特色主题和协作模式

建设主题图书馆的初衷是为了解决浦东图书馆总馆的服务辐射能力不足与浦东地区居民的阅读需求旺盛之间的矛盾，所以我们工作的出发点和落脚点都应当是为了读者服务，满足主题图书馆周边居民读者的阅读需求，打通总馆阅读下沉的"最后一公里"。因此，主题图书馆筹建前期的工作重心就是充分了解主题图书馆馆址服务辐射范围内潜在读者的阅读需求，倾听他们的心声。浦东图书馆根据长年积累的读者服务工作经验设计科学、客观和专业的读者需求调查问卷，包括用户的个人基本信息、用户的阅读行为习惯和用户的阅读期望三个方面的内容。在有合作意向的馆址点位辐射区域内，我们对潜在的读者发放调查问卷进行阅读需求调研。但是问卷调查存在一个

缺陷，就是只能通过数据结果了解到读者的需求趋势，无法深入地了解潜在读者的内心所想。考虑到调查问卷的这个局限性和充分了解数据背后具体情况的目标，我们在调查问卷数据分析的基础上设计了潜在读者访谈问卷，随机选择部分居民进行一对一或一对多的访谈，对读者的阅读需求有更加准确和深入的了解。

浦东图书馆协助第三方做的前期调研最终形成读者阅读需求报告。这份报告会客观且专业地揭示该区域潜读者情况、阅读兴趣、阅读习惯，并在此基础上形成比较准确的潜在读者群体画像。根据辐射区域潜在用户的用户画像，我们在筹备的过程中就能够有针对性地进行空间风格设计、服务功能规划和特色主题确定。

2019 年浦东图书馆与第三方维橙空间在打造运动主题图书馆的前期阶段，就充分利用调查问卷和用户访谈两种社会调查方式，对源深体育中心计划馆址附近的居民进行调研。根据不同时间段的随机潜在读者调研，我们发现周边居民区众多，即便是在工作日，也有很多老年读者和未成年人读者有很强烈的休闲阅读需求。因此，在运动主题图书馆筹建的过程中，我们充分考虑到这部分读者的需求，除了突出"运动"这一主题之外，也设置了独立、温馨的儿童绘本专区为未成年人读者提供环境舒适的亲子阅读区域，也在阅读推广活动中设置健康专题系列讲座，满足老年读者的需求。

2. 中期指导功能与空间布局设计，充分借鉴图书馆运行经验

浦东图书馆在筹建中期的主要任务就是协助第三方根据前期的用户需求调研结果和空间的实际情况规划出具体的服务项目设计和对应的空间布局设计。为了保证主题图书馆建设的统一规范性，浦东图书馆制定了主题图书馆空间布局设计的规范和标准。浦东图书馆根据自身的服务操作经验和专业的图书馆服务技能，结合主题图书馆"小而美""小而精"的实际建设情况，进行了微调。这份主题图书馆空间布局规范包含读者服务的基本流程规划、书架的设计布置规范、网络设置安全规范、消防安全规范、公共设施布置规范和家具设计规范等内容。第三方社会力量能够方便地根据这份规范进行实际建设对照，提升建设规划效能。

　　除了这样一份主题图书馆的布局设计规范标准之外,浦东图书馆还会协助第三方根据每个主题图书馆的特殊需求进行规划方面的辅助。普适性的布局设计规范标准只能作为基础空间布局的参考,而每个主题图书馆的空间都不太一样,基本上都是在原有闲置空间基础上的重新改建,因此,也会碰到这样那样的问题。一方面可以通过浦东图书馆编写的普适性规范解决一部分,另一方面浦东图书馆会持续跟踪进行专业技术指导,有针对性地协助第三方做好空间的设计和建设,帮助他们解决在实际设计与建设中遇到的难点问题。

　　位于上海市浦东新区张江片区的张江科技主题图书馆,集阅读、展示、体验、休闲功能于一体。在筹建初期,浦东图书馆作为专业指导,协助第三方张江集团对馆址周边的潜在读者进行了详细的阅读需求调研。最终的调研结果显示潜在读者读者以中青年的高学历科研人员为主,对阅读、休闲和社交都有强烈需求。根据调研结果,浦东图书馆与张江集团建筑设计人员共同确定了设计方案:空间装饰设计方面着力突显科技感、现代感与未来感,内部装饰以奶白色、原木色为主色调,家居以北欧简约风格为主,力图打造出一个层次丰富但简约舒适的新型主题阅读空间;服务功能设计方面围绕"图书借阅""新书销售""黑科技展示体验""多元社交""新零售智能商业"五个方面展开,在满足周边读者阅读需求的同时引入张江代表性企业的科创产品,展示科创前沿的产业生态链;馆藏资源设计方面,基于前期调研形成的用户画像,尤其是考虑到周边读者以上班族为主、居民为辅的特殊情况,馆藏资源突出"科技"主题,辅以文学、社科、经济、生活等其他细分类别,及时更新,确保新书及时上架,满足该主题图书馆读者对于新书的阅读需求。

　　3. 后期培训工作人员,制定运营操作手册

　　浦东图书馆虽然是主题图书馆建设的主要发起方和规划筹建方,但却不是主题图书馆的主要运营方。在浦东的主题图书馆建设模式中,我们积极引入第三方社会力量尤其是主题图书馆馆舍的拥有方来进行主题图书馆的长期运维。因此,浦东图书馆在协助完成了前期的读者需求调研和中期的服务功能设计的任务之后,在后期着力对运营方进行运行服务培训,而后逐渐抽

离,确保主题图书馆的运行管理能够顺利过渡和交接。

主题图书馆的运营管理涉及方方面面,浦东图书馆根据多年来图书馆运营的经验对此进行了总结,将运营人员培训分为两个部分:

第一,服务岗位应知应会。根据主题图书馆的空间服务功能设置,一般涉及的服务岗位包含咨询馆员、借还流通馆员、图书整理馆员等。每个岗位都有应该掌握的应知应会,这样才能在面对读者的时候快速准确反应,保质保量地提供服务满足读者的阅读需求。例如,咨询馆员应当对主题图书馆的各种服务设施、服务时间、服务项目、阅读推广活动等信息了然于心;借还流通馆员能够准确告知读者关于图书借阅的各类事项,并协助读者办理好图书借阅手续;图书整理馆员则是了解各类别图书的摆放排列情况,能够回答读者关于查找图书的咨询问题。除此之外,主题图书馆还有外包物业人员,虽然不属于主题图书馆的员工序列,但是仍然需要对他们进行一些基本信息培训,以便能够更好地为到馆读者提供服务。

第二,服务软硬件设备操作指导。主题图书馆虽然秉承着"小而精"的建设宗旨,但是馆内还是会有各种各样的设施设备。尤其是随着智能化服务程度的不断提升,不仅智慧化服务硬件设备在增多,相关的操作软件平台也在增多。因此,浦东图书馆会根据主题图书馆馆内的各种软硬件设备制作对应的详细操作流程,手把手教会运营人员进行日常的基本操作。同时,我们还会对馆内的技术人员进行软硬件设施设备的故障应急处理培训,一定程度上保证主题图书馆馆内各种设施设备的网络安全和数据安全。

浦东图书馆会将十年来的读者服务经验和运营管理技术进行归纳总结,形成基础的培训教材,并且在培训过程中与主题馆员的运营人员进行沟通。根据他们的反馈在原有培训教材的基础上进行内容的增删和修订,还会考虑单个主题图书馆的特殊性,比如特别的服务空间或特别的服务项目,为他们订制独立的操作培训资料。在对培训资料进行反复磨合和调整之后,浦东图书馆会将这些材料整理形成每个主题图书馆的运营操作手册,不仅可以作为主题图书馆日常运营的操作指南,还可以作为主题图书馆传帮带教的教材资料。

（二）满足精准阅读，馆藏资源凸显主题特色

馆藏信息资源是一个主题图书馆的立馆基础，也是核心构成要素。主题图书馆区别于一般的公共图书馆分馆，是为了满足广大读者对于某一特定主题文献信息的需求而开展阅读服务的创新空间，是公共图书馆职能的延伸和服务的补充。因此，浦东图书馆进行主题图书馆建设的时候，将主题图书馆的馆藏信息资源建设放在了首要的位置，利用总馆资源建设委员会机制，优化主题图书馆采访策略，一体化统筹做好主题图书馆的馆藏信息资源建设。

1. 依托总馆资源建设委员会，协助完善主题图书馆的年度采访计划

为了保证主题图书馆馆藏文献资源建设的科学性和持续性，浦东图书馆依托本馆的资源建设委员会机制，协助主题图书馆完善年度采购计划。总馆采编中心会根据上一年度主题图书馆馆藏资源建设数据汇总，结合主题图书馆当年年度建设规划，合理设置独立的图书包件经费，采取政府采购招标的方式，确定合适的馆配商。同时，总馆会制定主题图书馆年度采购计划，包含常规普通图书采购、主题特色图书采购以及数字资源采购三个板块。（1）主题图书馆作为中心馆的补充，要最大限度满足读者的借阅需求。常规普通图书采购参考浦东图书馆总馆的流通分布情况，在藏书配置的内容方面，以经典作品、大众阅读和亲子阅读为主，学科结构则侧重于经济、文学、哲学、语言、生活用书、医药保健、文化教育、科普等借阅需求高的学科。（2）为了能够更好地体现主题图书馆的"主题"特色，总馆在确保常规图书采购基础上，制定主题特色图书采购细化方案。相对于常规普通图书的以读者需求为主导的资源建设目标，主题图书的采购更倾向于满足主题特色的长期资源建设思路。以"摄影"为例，主题图书的采购一方面会从当年度的出版新书里挑选符合主题的图书，重"种"不重"复本"；另一方面也会积极与当地的摄影研究学者、摄影作品收藏家联系，接受他们的捐赠。按照摄影这个主题的学科研究脉络，积极进行相关信息资源的收集整理，形成别具特色的主题馆藏资源，为主题图书馆的特色馆藏资源建设添砖加瓦。（3）后疫情时代，数字资源馆藏

已经成为图书馆馆藏资源中不可或缺的重要组成。尤其是面对不断增加的主题图书馆分馆地点，数字资源馆藏的采购显得尤为重要。因此，数字资源除了在采购内容上注重普适性，满足读者的基本需求，更要在使用权限、使用方法路径等方面制定有利于主题图书馆的条款，便于数字资源采购之后的利用率提升。

主题图书馆年度采购计划初步制订好后，会由浦东图书馆的资源建设委员会进行审议。在评审会上，资源建设委员会委员们会听取上一年度主题图书馆的情况和该年度主题图书馆建设规划，并对当年年度主题图书馆馆藏资源采购计划进行初步审议。总馆采编中心会根据馆藏资源建设委员会的审议建议与意见，对年度主题图书馆馆藏资源采购计划进行修改和调整，完成之后再次提交馆藏资源建设委员会审议，直至最终审议通过。主题图书馆馆藏资源建设充分依托浦东图书馆总馆的馆藏资源建设委员会机制，充分听取各位委员、专家的建议，群策群力，从顶层设计角度把握馆藏资源的合理配置，为主题图书馆的持续发展提供坚实基础。

2. 优化采访策略，组建复合型采购模式

浦东图书馆的主题图书馆馆藏资源建设采用总馆统筹管理的模式，让馆藏文献资源的分配和调度高度集中。这样做可以实现总馆与各个主题图书馆之间实现统一采购、集中编目加工、统筹分配以及集中调度，使各个主题图书馆能够充分利用浦东图书馆的资源，优化馆藏资源配置，避免出现文献资源的重复采购情况。

（1）设立独立包件经费，提供资金支持。

主题图书馆的馆藏资源建设是需要长期积累的一项工作，尤其为了凸显单个主题图书馆的"主题"特色而进行的主题文献资源建设工作，不是一朝一夕就可以完成的。为了保证主题图书馆馆藏资源建设的连续性，浦东图书馆在采购经费中专门设置了单独的"主题图书馆"图书包件，为主题图书馆的馆藏建设提供有力的资金支持。浦东图书馆采编中心会根据年度主题图书馆馆藏资源建设规划，提出图书品种、加工规范、配送要求等采购需求，通过政府招标采购流程，为主题图书馆选择符合采购需求的馆配商。

（2）组建文献资源联合现采小组。

常规的图书采购模式是由馆配服务商提供新书榜单、销售排行榜等各种类型的图书清单供采编馆员和窗口馆员进行图书勾选，我们称之为书单采购。这种单一的采购方式，虽然能够较好地满足读者的基本阅读需求，但是作为主题图书馆文献资源的基础采购模式存在着弊端：无法将单个主题图书馆的主题特色馆藏资源有效集聚并整合起来。因此，浦东图书馆组建主题图书馆联合现采小组，打破图书馆采购的壁垒，形成"采编馆员 + 主题图书馆馆员 + 读者"三位一体的现采机制。具体来说，就是首先由主题图书馆馆员根据本馆的主题特色和馆藏资源建设规划提出文献采购需求，然后由负责主题图书馆文献资源采购的采编馆员根据年度主题图书馆采购计划把控整体的文献资源采购方向，确定具体的图书采购种类、复本数量、加工规范以及配送频次，最后邀请具有相关专业背景的读者一起参与图书的现场选择和采购。"采编馆员 + 主题图书馆馆员 + 读者"三位一体现采机制的优势在于，将图书馆采编的技术性、主题图书馆的专业性以及读者大众的需求性有机结合在一起，最大程度上保证所采购的文献既符合图书馆的专业规范又符合主题图书馆的主题特色，同时还能满足读者的阅读需求。

（3）数字资源公开征集，促成数字资源延伸和下沉。

后疫情时代，我国国民数字资源阅读率和数字化阅读方式接触率呈上升态势。数字资源具有零门槛、无时限等特点，日益成为图书馆重要的馆藏形式和建设重点。面对海量的数字资源和有限的数字资源采购经费，浦东图书馆统一给主题图书馆进行数字资源采购和配置，通过网上公开征集、基础背景条件筛选、报呈资源建设委员会评选和安装调试推广等步骤，采购最能满足主题图书馆读者需求的数字资源。同时，浦东图书馆注重在采购的过程中，协商数据库商对于数字资源的访问权限的最大简便化，利用微信公众号 + 浦东数字阅读 App，实现用户的持证认证和无感访问，进一步缩短读者与数字资源之间的距离。

3. 建立图书调拨中心，统筹图书在主题图书馆之间的定期流转

主题图书馆作为浦东图书馆总馆服务的延伸与补充，在设置之初，空间

设计方面就以"小而美""小而精"为特色。空间有限意味着每个主题图书馆的纸本图书保有量有限。同时,为了突出每个主题图书馆自身的主题特色,相对应的主题特色文献需要长期存放,占据了原本不多的文献资源存放空间。因此,为了缓解各个主题图书馆的文献资源存放压力,也为了更好地促进文献资源的大流通,浦东图书馆在浦东川沙配置了主题图书馆图书调拨中心,用来统筹主题图书馆馆藏图书的调配和流转。一方面,对新采购的普通配置图书,会根据各个主题图书馆的空间容纳力进行复本配给;另一方面,对次新书会,根据主题图书馆之间的借阅利用情况,定期与不定期进行主题馆与主题馆之间的流转,保持各个主题图书馆文献资源的"新鲜度"。

位于张江国创中心的科技主题分馆——张江科学城书房,按照最初的基础图书资源配置方案,也进行了亲子阅读相关书籍尤其是儿童绘本图书的采购。但在运营的过程中,我们发现这个馆址附近虽然也有居民区,但是到馆读者仍以工作日的上班族为主,于是,出现了这类图书借阅率偏低的情况。而位于源深体育中心的运动主题图书馆因为周边居民区众多,亲子阅读尤其是儿童绘本图书供不应求,原先的基础馆藏配置并不能很好地满足周边读者的需求。根据这样的实际情况,浦东图书馆利用川沙的文献资源调拨中心,将张江科学城书房的儿童类图书通过转库调拨到运动主题图书馆,避免了所购文献资源的闲置浪费,提升了文献资源的利用率。

(三) 下沉活动资源,阅读推广活动持续开展

随着全民阅读的逐步发展,阅读推广活动已经变成了图书馆的重要服务之一,也是主题图书馆进行文化服务的重要方式之一。浦东图书馆年均组织和开展阅读推广活动千余场,打造了"浦江学堂""故事妈妈讲故事""阅见东方"等多个阅读推广品牌活动,获得多项阅读推广大奖,广受读者好评。在阅读推广方面,浦东图书馆积累了一定的经验。因此,为了帮助主题图书馆打造具有各自主题特色的阅读推广品牌,浦东图书馆协助调研读者需求,与主题图书馆进行活动资源的优势互补,共同制订阅读推广活动方案,并在运营方完成活动实践之后,对活动进行评估并对活动方案进行再完善,真正把文

化惠民的目标落实到实处。

1. 调研需求和资源互补,协助制定系统的阅读推广方案

阅读推广活动在国内发展至今,已经不再是简单的读书会或者读者讲座的单一模式。面对多种多样的阅读推广活动,如何对活动主题、活动形式、活动宣传方式等进行选择和安排,形成合理的阅读推广活动方案,打造高质量有影响力的阅读推广品牌,是主题图书馆运营人员面对的困境。而图书馆一直把满足读者需求作为服务工作尤其是开展阅读推广活动的出发点和落脚点,因此制定阅读推广活动的方案第一步就是要做好读者需求调研。尽管我们在主题图书馆筹建的前期,也做过辐射区域内潜在读者的阅读需求调研和访谈,但是阅读推广活动不同于图书馆的其他服务项目,有其自身的独特性,所以有必要针对图书馆读者参与阅读推广活动的需求进行单独的调查研究。浦东图书馆协助主题图书馆运营人员开展针对阅读推广活动参与者的需求调研,包含参与者的基本信息和参与活动时间、频率、意愿以及对于阅读推广活动主题类型的选择等内容。

主题图书馆的运营方往往也是该主题相关领域的从业者,拥有相关领域的专家资源和活动资源。同时,浦东图书馆在阅读推广活动中积累了一定的优质活动资源。在充分了解主题图书馆读者对于阅读推广活动的需求之后,浦东图书馆和运营方盘点各自的阅读推广活动资源类型和内容,进行优势互补和强强联合,制订课程化、体系化的阅读推广活动方案。

阅读推广活动方案一般包含活动的名称、对象、主题、目标、日程安排、系列化活动的具体内容、人员分工安排、宣传方案和实施方案等内容。规划合理的阅读推广活动方案,不仅能够最大程度地确保阅读推广活动保质保量的开展,还有利于阅读推广活动的组织者适时地进行活动策划的调整和完善。

位于碧云社区的艺术主题图书馆拥有专业的运营力量,他们不仅与众多知名艺术家保持联络,还拥有艺术培训和教育方面的社会资源。在艺术主题图书馆阅读推广活动方案设计之初,我们联合开展了相关的需求调研,发现艺术主题图书馆辐射区域的读者需要的是艺术主题的亲子阅读类活动。亲子阅读活动正是浦东图书馆所擅长的阅读推广活动类型,却是艺术主题图书

馆运营方所不擅长的阅读推广活动类型。因此,浦东图书馆利用自身丰富的未成年人阅读推广活动策划经验,协助艺术主题分馆运营方进行活动策划、组织和实施,同时将运营方的优势资源嵌入其中,打造了艺术类亲子阅读推广活动,深受大读者和小读者的欢迎。

2. 效果反馈评估,协助完善优化进一步的阅读推广方案

阅读推广活动现场的结束,并不意味着阅读推广活动的所有环节都已经完成。这个时候,应当运用特定指标、对照统一标准采用规定方法,对阅读推广活动进行评价。阅读推广活动的评价工作不仅有利于指导阅读推广活动的实践,还有利于图书馆馆藏资源的不断完善,同时还能够提升用户的阅读水平。浦东图书馆根据总馆积累的阅读推广活动组织和管理经验,考虑主题图书馆阅读推广活动发展的基本情况,遵循客观性、系统性、可操作性、定性与定量相结合的原则,从活动保障程度、活动实施质量、参与者满意度、参与者收益度和活动绩效五个方面入手建立了主题图书馆阅读推广活动评估指标体系。

阅读推广活动结束之后,主题图书馆运营方会根据阅读推广活动评估指标体系中的指标来对阅读推广活动进行全方位的评估,了解活动是否符合预算、活动的宣传是否吸引人、参与者是否能够从阅读推广活动中获得阅读信息提升阅读能力等情况。浦东图书馆会协助主题图书馆运营方根据阅读推广活动评估的反馈数据,反思在阅读推广活动的策划、宣传和实施环节中是否达到目标,由此形成的阅读推广活动评估报告,将作为后续活动开展的重要依据。根据评估报告反馈的情况,浦东图书馆协助运营方对原有的阅读推广活动方案进行有针对性的调整,避免过度设计过度服务的同时,进一步强化突出活动主题,提升阅读推广活动的社会效益,满足活动参与者的阅读需求和提升他们的阅读素养,打造属于主题图书馆自己的阅读推广活动品牌。

四、展　　望

2021 年 3 月,文化和旅游部、国家发改委、财政部联合发布了《关于推动

公共文化服务高质量发展的意见》。在《意见》中,明确提出"要创新拓展城乡公共文化空间,对公共图书馆、文化馆(站)功能布局进行创意型改造,鼓励在都市商圈、文化园区等区域引入社会力量,创新打造一批融合图书阅读、文化沙龙等服务的'城市书房''文化驿站'"。2021 年 1 月 1 日开始实施的《上海市公共文化服务保障与促进条例》明确要"遵循政府主导、社会参与,保障基本、优质均衡,开放共享、服务群众的原则",进行区域内的公共文化设施建设,"加强对公共文化服务资源的统筹,推动实现共建共享",共同打造"上海文化"品牌,促进中国特色社会主义文化繁荣发展。

　　浦东图书馆将不断探索体制创新,从政府主导公共图书馆事业,逐步转向政府扶持、市场主体、浦图合作的主题图书馆建构思路。我们会充分挖掘浦东新区文化、体育、旅游等社会资源,探索文体旅融合发展,吸引更多社会力量共襄文化盛举。浦东图书馆充分发挥自己总馆的先进示范和专业规范指导的作用,统筹规划主题图书馆的差异化特色发展,与主题图书馆的社会运营力量共同携手满足周边居民读者的文献和活动需求,打造浦东地区的阅读带和"15 分钟阅读服务圈"。

参考文献

[1] 金武刚,王瑞芸,穆安琦.城市书房:2013—2020 年——基层图书馆建设的突破与跨越[J].图书馆理论与实践,2021(3).

[2] 宋茜.关于文化扶贫视角下图书馆总分馆制建设的刍议[J].河南图书馆学刊,2019(2).

[3] 柯平,袁珍珍,张畅.主题图书馆的中国实践[J].图书馆建设,2020(1).

[4] 张金明.公共图书馆总分馆"浦东模式"的启示[J].图书馆学刊,2019(12).

[5] 胡永辉.文旅融合背景下公共图书馆总分馆服务创新研究[J].图书馆,2021(3).

[6] 许群毅.总分馆制背景下图书馆阅读推广活动品牌化建设研究——以浦东图书馆读书节活动为例[J].图书馆学刊,2021(4).

经　验　借　鉴

基于战略分析方法的我国全民艺术
普及慕课发展策略研究

张广钦①

摘　要　通过对我国与欧美日等经济发达、文化影响力较强的国家全民艺术
　　　　普及慕课建设发展环境与现状的调查，并对中美进行对比分析，指
　　　　出我国全民艺术普及慕课建设要发挥制度优势，通过政策扶持、加
　　　　大资金投入、引入社会力量等方式，促进全民艺术普及慕课特色化
　　　　发展，服务于国家总体战略。开展慕课意识的行业普及，同时加快
　　　　已有资源改造步伐，建立慕课相关标准与慕课资源分类体系。慕课
　　　　建设量力而行，淘汰低质量慕课。重视慕课平台宣传推广，提高公
　　　　众知晓率；完善平台功能，提高互动性。加强与高校的协调，使双方
　　　　慕课资源与平台互相渗透。

关键词　全民艺术普及　慕课　公共文化　发展战略　战略分析方法

---

①　张广钦，北京大学信息管理系副教授，北京大学国家现代公共文化研究中心副主任。

"十三五"以来,慕课因其基本属性与全民艺术普及的社会目标有着高度一致性,慕课资源建设成为文化馆数字化发展的新内容与新任务。所谓全民艺术普及慕课就是以艺术普及为目标而设计、制作,并以全媒体的方式向公众传播的慕课。全民艺术普及慕课建设是互联网时代文化馆资源建设、服务创新的重要尝试,对于丰富全民艺术普及的供给内容、创新全民艺术普及的服务方式、变革文化馆(站)传统的思维方式、工作方式和业务流程具有创新意义。

2017 年 11 月,在安徽省马鞍山市举办的"中国文化馆年会"上,中国文化馆协会、北京大学国家现代公共文化研究中心联合发布了《全民艺术普及慕课建设指南》(第一版),为全国文化馆开展慕课资源建设起到了基础性、方向性指引作用,这标志着慕课作为一种伴随着网络技术、互联网教学手段与教育理念的发展而诞生的一种全新的教学模式正式走入全民艺术普及领域。此后,以苏州市公共文化中心、成都市文化馆、广州市文化馆、惠州市文化馆等为代表的全民艺术普及机构尝试制作全民艺术普及慕课并成功运用于用户培训,取得了较好的效果。

从全国范围来看,文化馆全民艺术普及慕课建设仍然还处在探索阶段,从数量和质量上来看都显得相对不足。我国慕课从宏观角度采取什么样的发展战略,实施什么样的举措,值得探讨与研究。

一、中外全民艺术普及慕课建设的对比分析

战略分析的方法类型非常多,但最通用的方法就是 SWOT 分析法,也是最为广泛使用的方法之一。在分析战略环境时,因为往往是从政治、经济、社会与技术角度进行,所以人们经常使用 PEST 方法。本文的研究方法即将这两种方法相结合,定性分析我国全民艺术普及慕课建设的未来发展宏观策略。由于美国全民艺术普及慕课建设在数量和机构上均处于领先地位,且美国开发了世界上最流行的三大慕课平台,被世界各国广泛应用。从战略分析方法的选择角度来看,选择美国为代表进行政策、技术、经济与社会环境的分

析也更具有操作性和代表性。

（一）全民艺术普及慕课建设的外部环境对比分析

从战略发展角度来判断全民艺术普及慕课发展的机遇与挑战，更多是从政策、技术、经济、社会等角度，对中美建设全民艺术普及慕课的宏观环境进行扫描比较。

1. 全民艺术普及慕课建设的政策环境

（1）国内全民艺术普及慕课建设获文化政策支撑

就宏观环境而言，党和国家高度重视公共文化建设，特别是党的十八大以来，党和政府坚持优化顶层设计和强化真抓实干并举，为我国公共文化服务水平的不断提高营造了良好的政策环境。法律的相关规定与公共数字文化专项规划为全民艺术普及慕课建设提供了基本保障。

重大文件和法律陆续出台，为加快构建现代公共文化服务体系奠定了坚实的政策和法制基础。2015年1月，中共中央办公厅、国务院办公厅印发《关于加快构建现代公共文化服务体系的意见》，专门就推进公共文化服务与科技融合发展做出重要阐述，成为公共数字文化发展的指南。党的十九大报告要求"完善公共文化服务体系，深入实施文化惠民工程，丰富群众性文化活动"，为新时期推进公共文化服务体系建设提供了新的根本指引和基本遵循。其中，作为文化惠民工程重要组成部分的公共数字文化工程融合发展成为未来几年公共数字文化建设的重要任务。

2016年出台的《公共文化服务保障法》进一步完善了我国文化法律体系，提高了公共文化建设法治化水平，为进一步提高公共文化服务的质量水平提供了法律依据。法律特别强调要充分发挥科技在公共文化服务中的作用，运用现代信息技术和传播技术，提高公共文化服务水平；国家支持开发数字文化产品，通过"三网"与卫星提供公共文化服务。2017年原文化部发布《"十三五"时期公共数字文化建设规划》指出，全国要基本建成分级分布式资源体系，且与移动互联网服务相适应的资源比较明显提高。

上述法律政策文件为公共文化建设提出了指导性、全局性的政策，为我国公共文化服务建设的全面铺开和深入推进提供了"四梁八柱"性质的政策环境支持。特别是文件中要求鼓励社会力量、社会资本参与公共文化服务体系建设,加快公共数字文化建设等相关内容,可以为全民艺术普及慕课的建设提供政策指引和支持。

我国就慕课发展方面的政策更多地集中于教育领域,特别是高等教育相关问题上。早在 2013 年,教育部就召开了网络开放教育与高等教育改革研讨会,并于当年 10 月上线了国内首个慕课平台。随后,教育部又在 2016 年 6 月和 9 月陆续推出《关于中央部门所属高校深化教育教学改革的指导意见》《关于推进高等教育学分认定和转换工作的意见》等文件,明确要求高校大力推进在线开放课程建设,提供专项资金和政策保障,并要求将学生有组织地学习在线开放课程纳入学分管理。相对而言,从文化管理部门出发,对全民艺术普及慕课建设尚未有专门的顶层政策指引或相关表述。不过,文化馆行业在 2017 年由中国文化馆协会、北京大学国家现代公共文化研究中心联合发布了《全民艺术普及慕课建设指南(第 1 版)》,这意味着慕课这种教育形式或者新型全民艺术普及形式已经为文化馆所关注。可以预期,全面艺术普及慕课资源建设将随着实践的深入而获得更多的政策关注和倾斜。因此,对全民艺术普及慕课的政治环境预期仍要保持积极的乐观态度。

由上述分析可见,在公共文化服务受到高度关注这一基本的政治背景下,全民艺术普及慕课建设的政治环境和政策预期,都呈现出积极与乐观的态势。全民艺术普及慕课乘公共文化服务体系建设的春风,已经处于较好的政治环境中,并极有可能获得更多政策支持和资源倾斜。

(2)美国艺术普及慕课建设获教育政策支持

美国的公共文化服务政策主要采取"民间主导"模式,美国政府对文化发展采取"不干涉"态度,也不设置文化行政管理部门;公共文化服务领域,在社会上能自发形成需求并通过市场加以满足的情况下,国家不进行干预;在不能自发形成需求或市场无法满足而需要进行干预的,则采用文化基金会制,通过政府拨款设立的基金,间接调控公共文化部门。[①] 同时,鼓励社会捐资公共文化部门,广泛吸纳社会资金,政府提供税收减免政策加以引导和支持。美国公共文化服务的政策优势在于,拥有较宽松的政策环境,各领域社会资源的积极性能够比较充分地调动起来;但是其弊端也非常明显,各方面力量统一集中的难度比较大,同时部分弱势群体获得公共文化服务的难度也较大。所以,在这样的政策环境下,世界出名的美国各大公共文化机构均不提供在线慕课课程,而将服务重点放在线下。

美国的慕课提供主体以高校,特别是以精英高校为主,而运营主体则逐渐趋向与校外盈利性质的慕课平台合作。换言之,美国慕课的内容往往依托于哈佛、MIT 等名校的课程资源进行建设,运营则依靠 coursera、edX 等大型慕课平台开展。美国政府本身并没有与慕课直接相关的指导性政策。

在这一背景下,同时结合美国公共文化服务政策的基本特征,可以认为,美国全民艺术普及慕课建设仍以高等院校等社会组织为主体,美国政府出台支持全民艺术普及慕课的专门或相关性政策的可能性极小。一方面,这将给予社会力量以市场姿态进入全民艺术普及慕课建设中提供较为宽松的社会政策环境;另一方面,由于全民艺术普及慕课本身的公益属性和美国市场化的文化管理体制特点,与我国相比,美国全民艺术普及慕课建设就面临政策资源支持不足、难以获得政府有力支持等困难。

(3)中国全民艺术普及慕课建设政策环境优于美国

从发展机遇角度来看,相较于美国,一方面,我国社会主义政治制度具有集中力量办大事的优势,政府具有很强的资源动员能力,能够给予公共文化服务以强有力的政治支持和政策倾斜,进而为全民艺术普及慕课的建设提供比较坚实的政治环境基础。另一方面,我国在社会主义制度的背景下,能够将公益、普惠作为公共文化服务的基本价值导向,也相应地具有构建均等化的公共文化服务体系的政治基础,特别是能够为弱势群体提供公共文化服

---

① 苗瑞丹:《反思与借鉴:美国公共文化政策对我国文化发展成果共享的现实启示》,《学术论坛》2013 年第 10 期,第 188—192 页。

务。而就全民艺术普及慕课而言,这种优势可以转化为给尽可能广泛的社会群体提供质量较高且符合需求的全民艺术普及慕课。

从面临的挑战角度来看,相较于美国,一方面,我国引导社会资源进入公共文化领域的体制机制还不够成熟,公共文化服务基本完全依赖政府财政支持。而在全民艺术普及慕课建设领域,也同样面临着如何激发社会资本和社会力量有序参与的积极性这一突出问题。另一方面,我国公共文化服务体系建设具有比较明显的行政色彩,在全民艺术普及慕课建设工作上,这种行政驱动机制所带来的一拥而上、重复建设、脱离需求、违背实际等可能问题,也必须得到高度重视和有效应对。

2. 全民艺术普及慕课建设的技术环境

高质量的慕课课程离不开精心策划与制作,同时也是慕课平台持续引流与发展的基础,其制作过程主要包括课程选题、设计、录制、后期编辑、审核校正、平台搭建与传播、平台交互性等。其中,课程的录制以及后期处理、慕课平台的搭建和交互性都涉及相关的技术问题。

(1)国内全民艺术普及慕课建设技术应用相对落后

首先是慕课录制和后期制作技术,不同的视频录制和后期制作软件对于最终慕课播放视频的格式、清晰度和播放时间会产生不同的影响。国内的很多慕课平台上的慕课在制作过程中使用国外公司软件,如会声会影(Corel VideoStudio)、Adobe AfterEffect 等等。我国现在对于慕课并没有开发相关的专门制作软件,一方面是因为开发成本过于庞大,另一方面是由于国外的制作软件已经比较完善,没必要再重新进行开发。在视频的录制过程中,我国缺乏统一的标准,这就导致了不同的慕课平台,慕课视频的清晰度、课程时长、文件格式要求千差万别。

其次,相对于国外的慕课平台以高校为优先布局,国内慕课平台大多是以课程的种类为优先布局,而且大部分是将经济、互联网相关的专业课程放在首栏,面对这样的情况,全民艺术普及方面的课程相对较少,而且对于这方面课程的标签定义也较为模糊。而文化馆、图书馆等公共文化机构,绝大多数不提供慕课类资源;即使收集网络上的相关慕课课程,也未对其进行分类导引并按课程进行专指链接,而是直接将慕课资源大类挂上一个链接,将用户导向已有慕课平台。现有的慕课平台网站,页面设计较为简洁,功能较为单一,而且一些慕课网站采用的是 PHP 语言作为后端语言,该语言不支持多线程,有时候莫名其妙地自己"挂掉"。所以,从技术角度说,目前公共文化机构提供的慕课资源利用并不友好。

第三,慕课平台的交互性也有很大的不同。现在国内很多平台上的慕课都相当于一个视频播放器,没有跟用户进行交互,具有提问、笔记等相关功能的慕课平台还只是少数,且只能一个人使用,无法进行所有课程参与者的共享。此外,有些慕课平台未提供检索功能,也给用户带来很大的麻烦。

(2)美国慕课建设技术处于国际领先水平

同国内一样,美国的慕课制作也都是采用会声会影、Adobe AfterEffect 等软件进行制作和后期处理。

美国慕课平台以高校为优先布局,以学科的属性进行分类;一些公共文化机构也会在自己的官网上建一个慕课链接,个别公共文化机构还会建立自己的慕课平台。

美国慕课平台注重交互性,更注重用户间的沟通,一些平台会提供专门的提问平台和互动区域。

(3)中国全民艺术普及慕课建设技术水平不及美国

相比美国的慕课平台,我国慕课的制作,尤其是全民艺术普及慕课制作更加符合我国民众的口味与需求,而且已经出现很多用户仅需通过个人电脑、手机等设备即可访问的慕课平台,个别文化馆、图书馆还通过微信客户端提供慕课的浏览、学习功能。慕课视频的清晰度与格式都满足常规技术要求,避免了格式不同而产生的很多问题。

我国全民艺术普及慕课受到的技术因素影响更多的是关于平台建设以及交互问题,各类公共文化机构基本上不建立自己的慕课平台,或者是提供的网站、微信客户端应用交互单一,缺乏对公众的吸引力。相较于美国,公众对于公共文化机构及慕课的认知度不高,使得很多公共文化机构不愿意投入人力、财力、物力去录制慕课视频、建立慕课网站。其次,公共文化机构不注重对已建慕课平台的推广,用户对慕课平台、功能以及课程不知道、不了解。平台建设比较单一、交互性较差,有些甚至没有检索功能,很多课程也没有一定的互动过程,仅仅是一个视频播放器。最后是慕课网站的推荐算法,经常推荐点击数量最高的课程,而对于新加入的慕课和内容有特色、制作精良但点击数量相对较低的课程推荐较少。

3. 全民艺术普及慕课建设的经济和社会环境

(1) 国内全民艺术普及慕课建设具备良好的经济与社会基础

我国"公共文化"深层转换的动因,除了政府政策支持,最主要的动机莫过于与经济体制改革和对外开放的背景密切相关。随着社会主义市场经济体制的建立和扩张,计划经济时代建立的以事业体制为主的文化发展基础模式,被进一步解放为以文化生产力来满足社会大众日益增长的文化精神需求,从此全面提升社会文化、促进文化发展成为中国建设的核心战略指标。① 此外,经济体系开放也间接促进社会环境的开化,社会大众对公共文化涵养的要求更逐步朝向多元性与新颖性迈进。简单来说,大众公共文化意识的提升有两项好处,一是文化水准的高低可视为社会运作的指标,同时也可视为生产力的源泉。当社会拥有高度的文化水准,大众对于生产的产品和服务质量要求便会提高,对生活品质、城市建设也会有跳跃式的提升。二是全面提升公共文化水平,能防止和减缓经济开放带来的贫富差距与城乡差距。

慕课的出现,很好地解决了公共文化形态的多样性与国家财政资源的有限性的矛盾所带来的问题。也就是说,以国家财政支撑的公益性文化事业体制无论在内容、活动方式,还是在组织形式上,都不能全部覆盖整个社会的公共文化领域。进一步配置资源于社会的每个角落,在公共文化硬件扩建上具有一定难度,但虚拟的线上教育服务却是一个良好的平台。在边际成本趋近于零的情况下,充分激发各级各类公共文化机构的潜能、发挥我国公共文化事业的集体优势、制度优势、技术优势、人才优势与资源优势,通过以慕课为

---

① 荣跃明:《公共文化的概念、形态和特征》,《毛泽东邓小平理论研究》2011 年第 3 期,第 38—45 页。

代表的数字化应用,完全有可能满足人民群众不断增长的对美好生活的新追求、对精神文化的新需求。

当今中国的网络覆盖率世界领先,智能手机普及率高,网络使用费率不断下降,公众通过网络搜索、分享、传递信息等功能使用情境非常普通,即便是在偏远地区。慕课将教育培训课程搬到网络平台上,突破了时间和空间的限制,使教育更加公平,使全民艺术普及更加具有普世性。2013 年是"中国慕课元年",慕课平台主要以高校课程为教学资源,国内知名大学推出的课程数目占总课程的 70%,由院士、著名教授等领衔建设的课程也占 70%。①

然而,相比颇具规模的高校慕课,全民艺术普及慕课无论在数量上,还是在表现形式、平台功能上都明显存在差距。公众对慕课平台上的全民艺术普及慕课还存在着疑惑,长期对公共文化机构存在"刻板印象",认为慕课全部由高校制作提供,无法将慕课与文化馆、图书馆等机构联系起来。即使如对慕课比较熟悉的高校师生类公众,往往在寻找全民艺术普及慕课资源时也无从下手。

（2）美国全民艺术普及慕课建设主要基于教育领域的三大平台

美国以 Coursera、edX、Udacity 三大知名慕课平台享誉全球,其服务范围已远远超越国界,而课程范畴除了满足高校大学生线上学习、因校制宜、线上线下混合式教学需要的学分课外,还有适合社会学习者职业提升需求的各种专业课;有提升大学生和社会大众科学、文化素质的通识课;甚至有在国际著名课程平台上线,传播中华优秀传统文化、扩大中国高水平大学影响力的课程。此外,社会上下对于线上课程的学习和使用方式相当熟悉,平台推出的流程与规则也能与线下完整对接。举例来说,多数的高校专业慕课认证适用于高校教育学分要求,技术型课程也能成为职业能力的评估依据,甚至使用慕课平台在大众眼中是具有文化水准的标志。全民艺术普及慕课与平台对接也无太大的困难与分歧。2012 年是美国慕课的元年,伴随着网络科技的发

---

① 张烁:《在线开放课程已达 5 000 门,总量居世界第一:中国慕课,跑在前列》,《人民日报》,2018 - 04 - 17.〔2021 - 04 - 16〕. http://www. moe. gov. cn/s78/A13/moe _ 773/201804/t20180424_334036.html.

展,再加上美国对于慕课发展秉持"自由市场,民间主导"的原则,使得慕课可以很容易接近公众生活。

(3) 中国全民艺术普及慕课建设的社会氛围相比美国更加浓厚

很明显,目前我国全民艺术普及慕课与学分制专业慕课建设主体分属于两个不同的体系,各自为政。通过慕课平台将其结合,在经济上我国拥有以下优势:①中国以前采取的计划经济下的以事业体制为主的文化发展基础模式,使文化保存完整,具有全民艺术普及教育知识提供的潜力。②中国开始推行社会主义市场经济后,经济发展趋势持续走高,间接促进全民艺术普及需求的提高,有利于全民艺术普及及其慕课资源建设、宣传。社会环境也赋予全民艺术普及慕课更好的发展环境:①公众对于全民艺术普及的需求快速攀高,有利于全民艺术普及的发展,达到双赢结果;②城乡一体建设步伐加快,乡村文化振兴以及农村全民艺术普及的发展得到高度重视,有利于现代公共文化服务体系以及全民艺术普及的全覆盖。

从另一个角度看,我国全民艺术普及慕课建设在经济上也面临着挑战:①经济与公共文化发展不平衡,政府对公共文化的投入水平与经济增长水平不匹配;②新冠疫情以及国际竞争环境的恶化带来经济上的波动比较大,政府财政收入的缩减不利于公共文化的发展。从社会环境上看,不利于大力发展全民艺术普及慕课的主要因素有:①目前全民艺术普及慕课多为地方性公共文化机构创建,课程品质参差不齐,距离完整统合还有一定距离;②全民艺术普及慕课数量越来越多,但承载慕课的平台的分类体系不完善,没有统一完整的分类标准,限制了公众对全民艺术普及慕课资源的便利性使用。

我国教育界提出,要以慕课平台为基础,将专业性课程慕课和普及性通识类公共教育慕课整合。在以高等教育为主体建设慕课资源的大背景下,文化馆、公共图书馆、博物馆、美术馆等公共文化机构的全民艺术普及慕课又将如何定位?虽说可以保持原有的线下服务,但如何加强线上与线下相结合的完全服务体系?另外,假如公共文化机构的全民艺术普及慕课可以成功地与主流慕课平台相结合,那么公共文化机构在与高等院校的竞争中,又该扮演什么样的角色?如何作为全民艺术普及知识源泉的提供者?如何作为课程评估的监督者？最后，将全民艺术普及慕课与教育系统的慕课资源整合，还有可能导致我们传统的工作流程、教育理念的变化，甚至可能会影响到社会对公共文化机构的认知，如何拿捏、平衡，保持公共文化机构公共公益、平等包容、专业化的天赋秉性及社会定位不丢失，成为不得不面对的新挑战。

（二）全民艺术普及慕课课程建设的对比分析

了解全民艺术普及慕课发展的优势与问题需从微观角度出发，分析当前国内外开展全民艺术普及慕课的现状。因为是从课程建设层面进行对比，将搜集到的国外全民艺术普及慕课课程全部进行统计对比，具有可行性。

国内外全民艺术普及慕课建设现状主要对比指标包括开课机构、参与人数、课程类型、课程主题、视频时长与数量、课程活动、激励机制、宣传推广、测验考试等。这些指标又可以大概分为数量指标（课时、课程数量等）、质量指标（是否有实践、是否有证书等激励措施）和效果指标（从参与人数、评论数来评价慕课开展的效果）。然后通过对全民艺术普及慕课建设在数量、质量和效果上的对比，提出改进建议。由于数据来自不同平台，可能存在数据缺失、数据无法获取等情况，因此某些缺失指标以"×"代替，无法获得的数据以"Unavailable"代替。

表 1 和表 2 分别是国内和国外全民艺术普及慕课的统计分析结果，显示出国内全民艺术普及慕课有 1 937 门，参与人数约 502 万人；国外全民艺术普及相关慕课有 125 门，参与人数 7 666 人。

1. 我国全民艺术普及慕课课程建设的优势

通过以上统计分析和表 3，可以很明显地看出我国全民艺术普及慕课在数量上明显高于国外，特别是公共文化机构比如国家图书馆、中国美术馆等提供的慕课。这是符合实际情况的，国外由于人口密度普遍比我国城市低、各个地区的公共文化机构设备也比较齐全，因此他们更多地提供线下教育活动（比如各种博物馆、美术馆）；而我国由于人口众多，公共文化机构设施有限而且地域分布不均衡，因此给慕课的发展提供了良好的需求和机会。可以看出，基于互联网技术的全民艺术普及慕课建设对提升我国居民文化艺术素养能够起到十分关键的作用，值得政府大力投入。

表1 国内全民艺术普及慕课技术统计

一级指标		数量指标		质量指标						效果指标	
二级指标	机构名称	慕课数量	慕课时长	课后习题	测验考试	师生交流	参考资料	证书	参与人数	评论数	平均评分
高校代表	北京大学—华文慕课	12	Unavailable	√	√	×	√	√	31 215	12 731	×
	清华大学—学堂在线	34	Unavailable	√	√	√	√	√	1 781 453	×	×
	复旦大学—Coursera	8	121 h	√	√	×	√	√	335	94	4.61
	上海交通大学—Coursera	1	25h	√	√	×	√	√	109	30	4.7
	国家图书馆	1 520	Unavailable	×	×	√	√	×	3 215 890	×	×
	中国美术馆	362	210.4 h	×	×	×	×	×	×	×	×
公共文化机构代表	国家博物馆	无慕课,对公众提供线下活动									
	首都博物馆	无慕课,对公众提供线下活动									
	首都图书馆	无慕课,对公众提供线下活动									
	国家公共文化云	共享讲堂下有151个视频资源,以讲课性质居多									
	中国美术学院美术馆	数字美术馆有119个360度全景展览,提供VR参观功能,并提供线下公共教育活动									

119

上海公共文化服务发展报告(2022)

表2 国外主要国家全民艺术普及慕课技术统计

一级指标		数量指标		质量指标					效果指标		
二级指标	机构名称	慕课数量	慕课时长	课后习题	测验考试	师生交流	参考资料	证书	参与人数	评论数	平均评分
高校代表	哈佛大学–edX	50	768.5—1 430.5 h		√	√	√	√	×	×	×
	MIT–edX	4	138—318 h	√	√	√	√	√	×	×	×
	耶鲁大学–Coursera	6	196h	√	√	√	√	√	1 884	532	4.72
	爱丁堡大学–Coursera	13	152 h	√	√	×	√	√	5 782	1 415	4.55
	美国国家博物馆(史密森尼)	6	56—79 h	√	√	×	√	√	×	×	×
	法国卢浮宫	46	13.52 h	×	×	√	×	×	×	×	×
公共文化机构代表	伦敦大英博物馆	无慕课,对公众提供线下教育									
	俄罗斯冬宫博物馆	提供交互式网页的虚拟学院学习									
	日本东京＆京都国立博物馆	无慕课,对公众提供线下教育									
	美国国家美术馆	同属史密森尼学会管理									
	日本国立新美术馆	无慕课									
	美国国会图书馆	无慕课									
	法国国家图书馆	78个科普视频,以科普视频为主									
	大英图书馆	提供在线交互式学习材料									
	日本国立国会图书馆	无慕课									
	纽约大都会博物馆	无慕课,对公众提供线下教育									
	纽约公共图书馆	无慕课,对公众提供线下教育									
	波士顿美术馆	无慕课,对公众提供线下教育									

表3 国内外公共文化慕课数量对比

	中国	国外
慕课数量（门）	1 937	125
参与人数（人）	5 029 002	7 666

总而言之，我国全民艺术普及慕课课程建设优势明显：（1）开课数量众多；（2）参与人数多，群众学习热情较高；（3）慕课开发与提供机构百花齐放，不仅仅是文化馆等各类公共文化机构，高等院校也成为提供全民艺术普及慕课的主力军，而国外则基本上是以高校为主。

2. 我国全民艺术普及慕课课程建设存在的问题

虽然在数量上取胜，但是通过分析结果也能很明显地看出我国全民艺术普及慕课的质量和反馈工作做得并不完善。以中国国家图书馆为例，国图提供了1 500多门慕课，远超国外任何一个公共文化机构；但是国图的慕课显然跟传统的讲座视频比较接近，不能提供师生交流、测验考试、认证证书等功能，而且也没有提供用户评分、评价、反馈的功能。这种慕课的质量比较低下，十分不利于慕课的推广和发展。

反观国外的全民艺术普及慕课（主要依托于 Coursera 和 edX 两大慕课平台），十分重视慕课质量和用户体验。在学习者的成绩评估上，Coursera 的成绩评估包括基于软件的测验、作业、习题集；安排另外的5名学生给1名学生的书面作业打分。edX 除了基于软件的测试、作业，部分课程还有线下的、有监考的考试。未来还将包括在线论坛、基于 wiki 的协作式学习、在线实验室和其他交互学习工具。Coursera 的证书是由课程的授课教授授予学习者的，并非来自于校方，但是它已有将近10门课程的学分获得美国教育委员会的认可，在一些大学里可以转换为相应的学分。edX 给予学习者课程结业证书，证书上面都会印上 edX 和学校的名字（如 HarvardX，BerkeleyX 等）。①

总而言之，我国的全民艺术普及慕课与国外通过 Coursera 和 edX 平台开

---

① 全宗健：《北大们的那堵"墙"在慢慢被推倒、推平》，https://www.huxiu.com/article/17105.html.

展的全民艺术普及慕课相比,存在的不足是:(1)慕课质量不高,更接近于讲座视频,缺少交流、激励等功能,真正意义上的慕课并不多;(2)慕课不提供用户反馈功能,不利于慕课效果的评价与改进,不符合教育的普遍规律。

二、我国全民艺术普及慕课建设的发展策略

(一)全民艺术普及慕课建设的 SWOT-PEST 矩阵

通过比较研究,我们使用 PEST 分析方法,已经在政策、技术、经济和社会环境四个方面对我国全民艺术普及慕课发展的机遇与挑战等外部环境进行了总结分析,将上述结论使用 SWOT 矩阵组织分布,从而形成 SWOT-PEST 分析矩阵。

(二)我国全民艺术普及慕课建设的四种战略

根据表 5 的 SWOT-PEST 分析矩阵,可以对我国全民艺术普及慕课发展提出以下建议:

1. 发挥优势、利用机遇的发展战略

(1)国家通过政策扶持等措施大力发展和引导,带动全民艺术普及慕课的发展;

(2)投入更多资源和财力建设全民艺术普及慕课,让文化与经济并行发展,满足群众对于文化艺术生活的美好新需求;

(3)发挥集中力量办大事的制度优势,加强全国统筹规划,发挥全民艺术普及慕课建设主体的各自优势与特色;

(4)坚持文化自信,传承与发扬优秀传统文化,将全民艺术普及慕课建设与乡村文化振兴、城乡一体发展相结合;

(5)整合公共文化机构与高校的全民艺术普及慕课资源,系统协调,文教结合,优势互补,共同发展,特别注重发挥公共文化机构全民艺术普及慕课对于提高中小学美育的作用。

表 4 我国全民艺术普及慕课 SWOT-PEST 分析矩阵

PEST 分析		优势（S） ① 慕课开课数量多 ② 参与人数多,群众热情高 ③ 慕课参与机构不仅是高校,各级各类公共文化机构都参与,国外以高校为主	劣势（W） ① 慕课质量不高,接近于讲座录像 ② 真正意义上的慕课数量不多 ③ 平台缺乏交互、激励等功能,吸引力弱 ④ 不提供用户反馈功能,不利于教育评价与改进
机会 （O）	1.政策环境 ① 集中力量办大事的制度优势 ② 能将公益、普惠作为公共文化服务的基本价值取向	S-O 战略: 最大限度地发展	W-O 战略: 利用机会、回避弱点
	2.技术环境 ① 慕课选题更加符合我国公众需求与口味 ② 多端浏览,方便获取		
	3.经济环境 ① 中国经济发展趋势持续走高		
	4.社会环境 ① 大众对全民艺术普及的需求不断提升 ② 城乡差距缩减有成效		
威胁 （T）	1.政策环境 ① 社会力量参与的积极性不高 ② 重复建设、与需求有脱节、背离实际等可能性问题	S-T 战略: 利用优势、降低威胁	W-T 战略: 收缩、合并
	2.技术环境 ① 平台交互单一,缺乏吸引力 ② 不注重平台推广		
	3.经济环境 ① 经济、公共文化服务、全民艺术普及发展不平衡		
	4.社会环境 ① 课程品质参差不齐 ② 慕课分类体系不完善		

2. 补齐短板的发展战略

(1) 加快公共文化机构慕课资源建设意识与常识的普及;

(2) 建立全民艺术普及慕课的相关标准、指南,规范慕课制作,加强技术兼容性,提升质量水平;

(3) 改造公共文化机构现有的讲座、访谈、专题片等资源,使之转变成真正意义上的慕课资源;

(4) 完善全民艺术普及慕课发布平台功能,特别是要设置用户交流与反馈评价功能,提高教学质量与水平;

(5) 建立全民艺术普及慕课学员激励机制;

(6) 鼓励采用翻转式课堂教学形式,使慕课更加适合全民艺术普及工作的开展。

3. 扬长避短的发展战略

(1) 我国全民艺术普及慕课需求大、数量也多,因此要吸引更多社会力量参与建设,并带动相关技术、产业的发展;

(2) 利用公共文化机构的体系优势,加强全民艺术普及慕课平台的宣传推广;

(3) 将全民艺术普及慕课平台纳入公共数字文化服务平台,提高慕课资源的可及性、易达性水平,增加资源的辨识度;

(4) 加强我国主流慕课平台(如学堂在线、华文慕课等)与公共文化机构全民艺术普及慕课资源的相互渗透;

(5) 发挥公共图书馆的信息资源整序优势,建立规范的、符合网络资源以及用户网络行为习惯的全民艺术普及慕课资源分类统一体系,如有可能成为国家标准。

4. 优胜劣汰的发展战略

(1) 对质量不好的慕课予以淘汰,避免浪费更多资源在这些低质量慕课的制作和宣传推广上;

(2) 量力而行,对于没有能力、人才、资金保障的公共文化机构,可以直接使用平台上免费的全民艺术普及慕课资源,没必要浪费资源制作慕课。

日本大地艺术节：艺术节品牌
打造与区域文化复兴

常方舟①

摘　要　日本大地艺术节是由日本新潟县创办的每三年一次的艺术节。该
艺术节的缘起是想要通过艺术的方式来解决当地社会所面临的人
口减少、空屋增加、老龄化、梯田无人耕种、纺织业衰退等诸多现实
问题。大地艺术节的多年实践，不仅采用本土独特的艺术形式对全
球化时代的艺术做出了积极而有趣的回应，而且也为区域文化的复
兴和再造提供了一个值得借鉴、意义丰富的样本。

关键词　大地艺术节　文化品牌　区域文化复兴

　　首创于 2000 年的日本大地艺术节又名"越后妻有艺术三年展"，是在日本
越后妻有地区（新潟县十日町市和津南町）每三年举办一次的艺术节。在为
期一年的时间里，受邀或自主参与大地艺术节的艺术家可以自行选择以各式
各样的艺术为媒介，掘发越后妻有地区的内在价值，用艺术作品增强区域吸
引力，并向全世界传递其充满魅力的文化信息，以期实现区域振兴的目标。

　　日本越后妻有地区的总面积为 760 平方公里，65 岁以上人口占该地区总
人口数的 30% 以上。该地区自然环境具有较大的特殊性，一年中有三分之一
的时间为降雪期。从绳文时代开始，越后妻有地区就在遭遇大雪以及河流冲
击形成的阶梯式地形等严酷的自然条件下寻找到可以种植水稻的土地。在
当地生活的人们一边探索着人与自然无法分割的联系，一边在此地逐渐定居

---

①　常方舟，上海社会科学院文学研究所副研究员。

下来。因此,大地艺术节意在揭示当地自古以来代代相传的"人类被包含在自然之中"的理念,以村落附近的山脉作为舞台,捕捉人与自然之间的关系,锻造人与自然和艺术相交织的节庆活动。

每一年,大地艺术节的参展作品散布在该地区大约 200 个左右的村庄之中。这些艺术作品之所以分散在距离较远且交通不便的场地,是艺术节主创人员特意为之的结果,后者希望通过尝试彻底的去效率化的布展方式,以求与现代化追求的合理性和高效率形成反差。此外,艺术节作品在地理上的分散,也有助于带动整个地区更多的原住民参与其中。除了来自世界各地的艺术家创作的约 200 件永久作品外,每年参加大地艺术节的新的作品都是在艺术节举办期间内发布。这样做的目的是,在凸显村落之美和丰富性的同时,用时间堆积而成的艺术作为指南,活化所有的感官,从而用全身心投入的方式重新唤醒对生命的伟大赞叹和时间记忆。

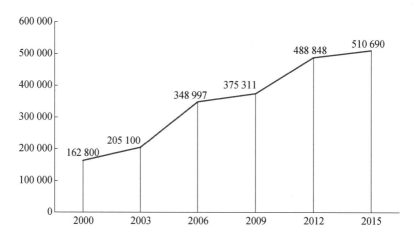

图 1　第一届至第七届大地艺术节来场总人数(单位:人)

由于艺术家必须在为当地民众私有的土地上进行创作,为了获得许可,他们需要和当地社区成员进行密切而坦诚的沟通。大地艺术节在起步时曾经面临不被理解、举步维艰的困境,但在各方不懈的努力之下,艺术家的热情不仅得到了当地居民的理解,并且后者还积极地以参与者和合作者的身份加入到艺术节之中来。此外,来自日本及海外的许多年轻人形成了一支训练有素的志愿者队伍"小蛇队"。可以说,大地艺术节正是从"在人口稀少的地区从事业活动的老年人"和"不知道他们在城市里做什么的青年学生"群体之间的"冲突和麻烦"之中,创生出了彼此之间的理解和协作。

"小蛇队"①是大地艺术节从首届创办之际即设立的跨世代、跨类别和跨地区的志愿者组织。之所以如此命名,是由于蛇在越后妻有地区被视为神圣的生物,蛇通过蜕皮不断成长的过程也象征着这支志愿者队伍不断成长。"小蛇队"的成员是不断流动的,现有成员涵盖从中学生、高中生到八十多岁老人的广大人群,总数超过2 000人,他们来自以首都圈为核心的日本各地乃

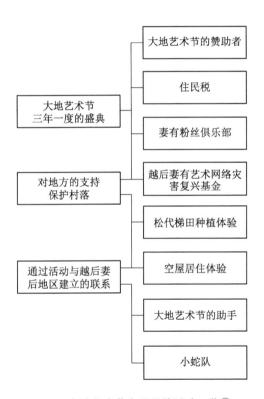

图2 大地艺术节主要品牌活动一览②

① http://kohebi.jp/ideal/.

② 大地艺术节官网,www.echigo-tsumari.jp/about/overview/.

至海外。成员也不仅仅局限为艺术和建筑领域从业者,还包括经济学、福利、社会学、语言学等的学生,也有家庭主妇、上班族、作家等各类身份的人群。

大地艺术节的总策划人北川富朗在艺术节的项目策划中尤其侧重于对"生活艺术"概念的强调。在他看来,人类所从事的一切活动都是"美术",而其中最为原始的部分即为"生活艺术"。所以,大地艺术节非常关注"食"的要素,认为文化和艺术最基本的表现形式是食物。同时,食物也是使得当地居民能够成为艺术节主角的重要元素。"我所思考的'生活艺术'中的生活,不仅仅是为了生存的生活,还包括观念性的生活,就像庆典、情书一样,是日常生活中绝对不可或缺的东西。"①

大地艺术节的另一个关键词是空屋和废校。由于人口迁徙和结构老龄化的缘故,越后妻有地区存有大量无人居住的屋宅,且濒临破败。聚集在此地的艺术家就以这些空屋为基础,创作了100多件艺术作品,显现出对地域文化记忆的传承。学校则是传授知识和经验的场所,越后妻有地区的废弃学校是联结地域社群的重要载体。艺术节也以废校为素材,进行了诸多展示展览活动。这些艺术作品可以说是超越了艺术的界线,而作为社区文化的一部分得到了活化和创新。

从首届大地艺术节的成功举办开始,每一届大地艺术节都在结束后形成了数据翔实、问题切实的报告书。从第四届大地艺术节开始,额外追加生成了资料编,包括大地艺术节活动、作品、国内外媒体报道情况以及各类调查问卷等。这些报告书和资料编完整记录了大地艺术节从筚路蓝缕、发展壮大以至于成为日本特色艺术节和地方振兴计划的品牌项目的演变经过,不同阶段的报告书揭示和面临的现实问题也各不相同,成为切入大地艺术节细节研究的最佳对象。下文将基于第一届至第六届大地艺术节报告书和资料编,总结大地艺术节在振兴地方经济、带动区域发展、创新运营模式方面取得的实绩,并尝试析出大地艺术节在落实办节目的、强化品牌管理、优化节庆体验、复兴区域文化方面的成功经验做法。

---

① [日]北川富朗著,欧小林译:《乡土再造之力:大地艺术节的10种创想》,第179—180页。

表1 第一届大地艺术节来场人数统计(2000.7.20—2000.9.10)(单位：人)

分期	7.20—7.31	8.1—8.15	8.16—8.31	9.1—9.10
艺术作品观摩者	12 300	29 200	48 000	42 900
相关活动参与者	15 800	8 600	1 600	4 400
总计	28 100	37 800	49 600	47 300

首届大地艺术节的举办创下了日本国内野外美术展观展人数的新纪录，来自日本国内外的游客都对大地艺术节的作品和形式给予了好评。尤其是大量十多岁到二十多岁的青年人群到访越后妻有地区，开展了形式多样的双向交流活动。来访者对深山的自然环境产生了积极的情感共鸣，对当地居民浓厚的人情味也表示出极大的赞赏，成为了当地文化的粉丝。由于一半以上的来访者都是首次来到当地的新客，大地艺术节也希望他们不要成为短暂停留的过客，而是能够将他们发展成再次到访的回头客。对首届艺术节的主办方来说，人数在800人以上、每日有70人参与节庆运营的支援队伍"小蛇队"与来访者的性质又截然不同，且有望成为当地艺术节积累的巨大财富。"小蛇队"还负责了首届艺术节的周边商品设计，销售总额为660万日元，因来访者大多为年轻人群，售价为300日元至500日元的商品最受欢迎。

在首届大地艺术节结束后，主办方对活动中存在的问题进行了回顾和总结。由于艺术节布展的初衷之一是将大量作品分散在越后妻有的六个市町村中，以期让更多游客深入大山之中广泛观摩村落风景。但由于作品分布过于分散，交通设施和道路条件亦未跟上，导致观众周游时间过长，为旅游活动带来不便。因艺术节期间未能充分说明节庆的公益性旨趣，企业赞助金额也没有达到预期收益。在早期估算中，巡游巴士、导览手册等的事业收入也被高估。部分艺术作品可能超出了普通民众的鉴赏力和理解力，未能设置作品解说，而长期或永久艺术作品尤其需要添加解说装置。因筹办时间紧张，在作品制作、放置地点等方面，主办方和艺术家与当地居民的交流较为粗疏，为争取更多居民的支持和参与，也应提前设立规划，并和当地居民充分交流。在运营形式方面，虽在年前即由当地各种团体联合组建大地艺术节实行委员会并定期召开总会和干事会,但村落之间的联系仍然不够紧密,广域范围内的一体化程度有待加强。

通过首届大地艺术节的举办,主办方实现了当地居民参与交流的全面覆盖,催动了当地商业和旅游观光产业,提升了越后妻有地区的知名度,导入了部分基础设施和公共事业建设,并盘活了当地既有公共设施的有效利用,切实推动了区域振兴这一既定目标的实现。从社会效益来看,首届大地艺术节吸引了日本国内外诸多文化人士和艺术人士到当地参访并进行交流,构建起赞助企业的协作网络,期间开展的公共教育覆盖了 20 多所学校,并通过关注环境议题引发全球共鸣,将新潟县初步打造成环日本海圈层内的核心活动区,以利推进全新的区域活化事业。

表 2　第二届大地艺术节来场人数统计(2003.7.20—2003.9.7)(单位:人)

分期	7.20—7.31	8.1—8.15	8.16—8.31	9.1—9.7
艺术作品观摩者	29 300	49 900	77 900	36 300
相关活动参与者	3 400	2 600	3 900	1 800
总计	32 700	52 500	81 800	38 100

第二届大地艺术节自筹备阶段起,即广泛征求当地居民意见,且参与艺术节的艺术家对当地的历史、文化和生活都予以极大的尊重,艺术节得到当地居民的支持也胜于首届,但即便在同一村落中,村民对艺术节的态度亦有分化之势。参观人群主要是来自首都圈及关西地区的十多岁至三十多岁的青年人,其中,学生占到参观总人数的三成,其次是公司职员和艺术从业者,首届的回头客也有不少。当地居民原生态和毫无矫饰的待客之道,在吸引青年人、产生安心感和亲近感方面发挥了重要作用。本届艺术节增设了夜场活动,为大学研究学会的团体参与创造了条件。三大场馆的建筑设施和短片作品对传递艺术节的魅力做出了重要贡献。在地域活化方面,中心街区和商店街的空洞化问题得到了有力的疏解,餐饮业、住宿业之间的协作有所强化。休息区域的设置营造、面对面的对话交流和亲手制作的欢迎物件都受到了来访者的一致好评。主办方在参访者的动线设计上也作了调整,让艺术节巡游

更加充满趣味性。

从更为微观的运营推广层面，可以见出大地艺术节补足短板、改善体验的良苦用心。包括当地多家博物馆、历史资料馆和温泉设施等在内的场馆，都被纳入了通票贩卖的优惠范围之内，场馆利用率得到了较大的提升，遍布作品和三大场馆之间动线上的餐饮店、土特产店等的销售额也有所提升。饮食店提供的由当地食材所制成的菜单极受欢迎，面向青年人群的低价、无食住宿、单人间住宿也有所增多。越后妻有地区的各个町村遵循自身特色，在既有资源基础上提供力所能及的设施使用清单，如十日町市在中心街区安排了免费的休息场所、可供利用的空店铺和樱花灯笼等，田麦集落为茶屋和空屋的活用创造了条件，松代町将学习中心提供给"小蛇队"用作活动练习场。

不过，第二届大地艺术节也仍然存在不少问题。比如，艺术节期间，当地旅馆客流饱和度存在两极分化的现象，同业者之间的协调合作需要进一步加强。交通网络建设之中蕴含着大量的商业机会，越后妻有地区在铁路方面的运营和联结略显不足，专为残障人士所设的便利设施也未能满足需求。在公共艺术教育方面，尽快明确综合学习在艺术节中的位置，是艺术节对接学校教育的前提。此次新设的三大场馆虽成功招徕了偌大的参观人数，但场馆的后期运营、活动存续、联动合作等还需要重新设计。此外，大地艺术节尚未能充分发挥包含海洋、烟火等夏季风物诗要素的夏季艺术节条件优势，艺术节和旅游部门的通力协作也亟待增强。在筹资方面，由于经济不景气，地方企业的赞助金额有所减少，需要重新考虑和调整这些企业参与艺术节的方式。

由于有了连续成功举办两届艺术节的实绩，越来越多的媒体也把报道中心放在了大地艺术节上，并逐渐将"越后妻有"和"艺术节"划上了等号，这对于大地艺术节这一新兴节庆活动的夏季固化和可持续发展无疑有着积极的作用和影响。大地艺术节成为艺术节庆类活动推进区域活化事业的重要表征和载体，地区知名度、参与交流的人口、区域经济都有所提升。当地的老龄化问题得到了正面的关注，艺术节的作品创作也为当地老年人发挥丰富的经验知识和贡献生命余热提供了绝佳的契机。艺术节开始聚焦绳文、编织、农业等区域特有的历史文化资源，并向来访者予以多方位的展现。此次艺术节还首次引入了废校改造项目,并通过对既有设施的有效活用以及当地村落支援机制,打造若干示范项目,以期对其他存在类似情况的地区产生积极的借鉴作用。除了对艺术节展出作品和建筑的印象之外,来访者对作品与当地人文交织状态的评价也较高。大地艺术节与其他展览博览活动、艺术活动之间的区别日益显著,大地艺术节之所以为大地艺术节的特色愈加鲜明,而当地居民看待和读解大地艺术节的普及性活动也被列入下一阶段的筹划和推进之中。前两届的大地艺术节都仰仗新潟县的资源支持,但距离独立运营仍有空间,艺术节开始寻求以居民为主体、不为筹资所左右的自主运营模式。

表3　第三届大地艺术节来场人数统计(2006.7.23—2006.9.10)(单位：人)

分期	7.23—8.6	8.7—8.20	8.21—9.3	9.4—9.10
艺术作品观摩者	61 280	97 361	116 036	59 828
相关活动参与者	7 307	3 552	2 633	1 000
总计	68 587	100 913	118 669	60 828

2004年新潟县中越地区发生大地震,越后妻有地区的建筑物和道路损毁,梯田和水路等农业基础设施和艺术节作品也遭到了严重的破坏,此后两年间该地区又连续遭遇雪灾。第三届大地艺术节的举办得到了日本各地的支持,并朝向地区复兴和重建的目标开展起来。地震发生后的次日,大地艺术节即决定开展名为"帮助大地"的活动,艺术节相关支持者、艺术家和妻有地区的粉丝都作为志愿者参与到了赈灾活动之中。活动前后持续33天,共有224人施行了包括物资搬运、住宅打扫、内壁修复、积雪铲除等在内的赈灾工作,极大地增进了艺术节与当地居民之间的羁绊和纽带。第三届大地艺术节的访客中,二十多岁的年轻人占到三成左右,访客中有一半人来自关东南部地区,自驾前往的访客占到六成,通过铁路交通方式的到访者占到三成。将现代艺术和深山自然环境加以融合的艺术形式,以及空屋项目、小白仓插花美术馆等能够直接接触的作品给所有访客留下了深刻的印象,成为访客人数上升的重要原因。旅行社开发了以艺术节观摩为中心的巡游路线招徕了不少访客,派送给新潟县小学、中学和高中的免费通行证吸引了学生监护人的

参与,以学校为单位的团体访客也有所上升。

经过前两届艺术节的努力,期待大地艺术节举办年度的本土居民大幅增加。第三届大地艺术节展示的作品总计为334项,新作品为205项,永久作品为129项。艺术节开发、制造和在官网上发售的周边产品总计有31品74种172项,这些产品的开发主要以本土产品和本土企业为主,在此过程中参与产品说明会、内部设计展览会的本地企业达到了21家。为运行空屋项目,民营企业承担了高达数千万日元的空屋长期租赁和买卖的改造事业费,对当地的建设业和建筑业都产生了积极的经济作用。2006年3月起,大地艺术节官网配合艺术节活动议程即时更新,发挥了数字化媒介的便利性。由于公共预算越来越少,第三届大地艺术节还组织起了"大蛇队",帮助寻求来自企业方面的赞助和支持,每月举行一次固定会议,为艺术节独立的可持续化运作奠定了初步的基础条件。空屋项目成为本届艺术节的一大亮点,不仅凸显了山间集落之中居民稀疏化的问题,而且也对重新发掘村庄自身魅力具有重要意义。

从扩大交流人口、增强地区话语权、激活地方事业的初衷出发,大地艺术节的效用逐渐延展到了对乡土的再发现、自豪与热爱,以及广域范围内居民参与、民间活力和竞争力的提升。上届艺术节期间新建的三大场馆(里山现代美术馆、松代雪国农耕文化村中心、越后松之山"森林学校")的参访人数为97 085人,同比增长了30%,这三大场馆和艺术节的永久作品业已成为当地宝贵的观光资源。在社区构造方面,艺术节对当地固有的文化和历史资源进行了再发掘,将传统仪式的复苏列为地区文化复兴的重要内容,通过"神舆"共同制作等活动联结起不同地区和不同年龄段人群之间的交流。"产土之家"项目中,当地妇女在饭店中推出本土的蔬菜料理,也获得了极大的好评。

不过,尽管"小蛇队"为艺术节的项目运营和当地的赈灾活动做出了巨大的贡献,但大部分成员多为社会经验有限的在校生,在与当地居民和访客的接洽过程中体现的应对专业性有待加强。艺术节运营相关各部门之间的信息共享机制尚未完全确立,组织内部的对接窗口和分工信息透明度不够。财政拨款在可预见的范围内将连年削减,为避免艺术节成为地方财政的负担,艺术节需要筹措事业规模或发掘可替代的资金资源。因艺术节耗资较大,当地民众对艺术节带动的经济效益算法要求给出更加明确和具体的公开方案。在艺术节的调查问卷中,不少人对大量外来人口进入当地表示担忧,认为可能会危及传统文化,并希望艺术节在继承地域文化和盘活地区资源两者之间取得更好的平衡。

早在艺术节创办之初,主办方曾特意计划以三届艺术节为一个阶段,此后艺术节以全域之中产业振兴、全年观光的大课题为中心,协同推进对既有观光资源和基础设施的利用。当时,大地艺术节创办已有十年时间,组委会也对艺术节在地区文化振兴中发挥的作用进行了阶段性的反思。当地道路及公园整修的事业费总数达到了 87 亿日元,对以建筑业为主的行业领域经济提升效果显著。借助大量媒体的发声报道,艺术节构建地方的视角曾在2001 年和 2005 年分别得到过日本总务大臣的表彰。"吸引外客促进事业"和"日本风景街道"项目也切实推动了观光客的涌入,提升了地区的知名度。据统计,超过八成的大地艺术节实行委员会委员给出了将继续举办艺术节的肯定回复。

表4　第四届大地艺术节来场人数统计(2009.7.26—2009.9.13)(单位:人)

分期	7.26—8.2	8.3—8.9	8.10—8.16	8.17—8.23	8.24—8.30	8.31—9.6	9.7—9.13
艺术作品观摩者	31 996	37 280	66 702	49 727	52 435	60 284	61 996
相关活动参与者	2 393	3 028	3 819	2 061	920	1 060	1 610
总计	34 389	40 308	70 521	51 788	53 355	61 344	63 606

在第三届艺术节召开之时,"NEW 新潟里创计划"提供的财政资金已经到期。因此,第四届大地艺术节完全是在追求财政自立的过程中得以创办的,且其运营重点也从"地域振兴"的视角转向了"全年观光"和"交流人口扩大"上。此次艺术节再度创下访客人数新高,拓展出不少亲子人群和高龄者等新客阶层。据来访者调查问卷统计,55.8%的访客为初来乍到,44%的访客是回头客。艺术节品牌效应初步显现,首届艺术节的广告宣传费为 920 万日元,印刷设计费为 850 万日元,而第四届大地艺术节媒体自发报道新闻约140 件,电视广播约 40 件,换算成广告投放费用,总计超过 15 亿日元,艺术节

也成为宣传当地观光旅游的绝佳资源和平台。日本国内最大的旅行社 JTB 也定制并推出了"越后妻有——大地艺术节的故乡"这一专项旅游线路。

表5　2009 年第四届大地艺术节收入情况(单位：千日元)①

项目		2007 年度	2008 年度	2009 年度	总计
市/町	十日町市	31 036	24 172	7 801	63 009
	津南町	4 182	4 182	6 913	15 227
捐助金/赞助费		89 088	57 394	94 771	241 253
补助金/委托费		997	61 272	61 399	123 668
通票/观摩券		—	—	89 936	89 936
转入款项	地域活化、生活对策临时补助金	—	—	25 000	25 000
其他收入	广域事务组合补助金	19 500	—	—	19 500
	杂项（印刷品分发、销售手续费）	—	281	3 190	3 471
总计		144 803	147 301	289 010	581 114

从艺术节收入情况来看,来自十日町市和津南町的财政拨款逐年大幅递减,第四届艺术节主要仰赖捐助金和赞助费来填补较之往年运营资金上的落差,艺术节通票和观摩门票收入也在一定程度上缓解了筹资困境。其中,捐助、广告赞助和作品赞助的项目数量达到 163 件,捐助赞助金额为 2 亿 4 132 万日元。此外,艺术节三年支出费用总计为 581 177 000 日元,略超出三年总收入,虽大致实现收支平衡,艺术节事业费的削减和分配划拨仍有待加强。艺术节组委会的组织体制也进行了一定调整,艺术节重要事项的决策者改为组委会委员长暨十日町市长、副委员长暨津南町长、综合制作人和综合导演等四人构成的"本部会议"。

第四届大地艺术节主打"废校项目",这是继第三届"空屋项目"取得成功之后的又一次尝试。由于人口稀疏化现象的加剧,越后妻有地区的多所小学

---

① 《第四届大地艺术节总括报告书》,第 5 页。

相继关停,多位艺术家以该地区 13 所废弃的校舍为阵地进行艺术创作,成为艺术节活动的核心。插画大师田岛征三创作的"钵·田岛征三绘本和果实美术馆"项目正是以废弃校舍为场馆,通过绘本和童话故事再现和重建对学校的记忆。日比野克彦"后天报社文化事业部"同样利用废弃校舍建筑进行艺术创作,对学校所在的莇平村活化事业产生了积极的持续性的影响。此外,开展海外国际交流也是本届艺术节的构想之一,"东亚艺术村"就是这一理念的载体项目。包括蔡国庆"巨龙现代美术馆"、金九汉"喜鹊之家"等在内的来自中国、日本、韩国等地的永久作品被放置在津南町的上野地区周边。在澳大利亚大使馆等的协助下,大地艺术节启动了新澳大利亚之家的建设。以越后妻有地区自然风物等为题材的电影《小屋丸》和纪录片《大地》在艺术节期间上映,活动结束后还在法国、意大利等地上映。也由于艺术节业已成为地方振兴的典型成功案例,节庆期间出于考察目的前来的团体和个人到访近 100 次。

空屋、废校项目数量的增加,虽成功吸引了众多客流,却也导致了一系列新问题的产生。大规模的室外作品有所减少,未来还需要在室内作品和室外作品之间取得平衡,且因为空屋、废校等大多分布在深山之中,在中心街区举办的能够吸引较大客流的作品也有待增加,以满足中心街区居民的资源需求。空屋、废校项目尤其对空间环境的表现要求较高,访客数量过大对整体的艺术传递也造成了一定的妨害。如何在提升对访客吸引力的同时葆有作品本身的精神面目是艺术节面临的问题之一。松代雪国农村农耕文化村中心"农舞台"举办了日本知名歌手的公开演出活动,集聚了大量人气,而舞台技术层面的更新和改善尚有提升空间。

第四届大地艺术节总共开发了 300 项左右的周边产品,销售金额超过 8 000 万日元。其中,包袱布、手帕、T 恤衫等纤维制品的销售额超过 2 000 万日元,点心类制品销售金额超过 1 600 万日元,酒类制品销售额约为 600 万日元,且男性消费者的数量较此前有所上升。艺术节还首次将饮食作为重点推介项目,开展了"围坐吃饭团"活动,访客能够品尝到由当地居民亲手捏制的饭团和腌菜等,访客需要提供给居民金钱形式之外的东西作为回礼,让双方在分享食物的过程中加深彼此的交流,艺术节组委会则以补助金的形式(每项上限为 15 万日元)提供部分资金给到参与招待项目的当地居民,提升居民参与互动的积极性。

为方便访客参观,艺术节影印了交通地图、导览手册、交通手册、区域地图等纸质宣传物,广受好评,导览手册在节庆期间两次增印。而从 2008 年起,日本国土交通省为优化观光游客的信息采集和移动更新,推出了街区巡游导航项目。大地艺术节也通过与社会企业的合作开发,上线推出了"越后妻有 Artnavi"系统。运用该系统,访客能够通过扫描看板上的二维码读解作品和展览信息,并自行制定参观游览路线。据统计,系统接入数为 33 080 页,平均每日接入数达到 580 页,"Artquest 艺术收获"夏季和秋季会期总计浏览量为 44 491 页,75%的受访者表示希望今后能继续推广运营此项服务。而据十日町地区出租车协会对四家出租车公司数据的统计,出于观光目的使用出租车服务的次数为 528 回,运送访客 1 359 人。根据活动结束后的调研,外国访客在艺术节活动区域内住宿的人数为 2 002 人。

表 6　第五届大地艺术节来场人数统计(2012.7.29—2012.9.17)(单位：人)

分期	7.29—8.5	8.3—8.9	8.10—8.16	8.17—8.23	8.24—8.30	8.31—9.6	9.7—9.13
艺术作品观摩者	43 393	52 373	87 827	55 023	60 852	66 634	105 656
相关活动参与者	2 787	1 497	3 677	3 182	1 747	747	3 453
总计	46 180	53 870	91 504	58 205	62 599	67 381	109 109

2011 年,日本发生的 3·11 大地震再度引发了人们对自然灾害的关注和体认。2012 年举办的第五届大地艺术节即以经历大雪、暴雨、地震等自然灾害后的复兴为核心议题,越后妻有地区也正是一个在严峻自然环境中生存发展延续下来的村落,对地域文化育成具有丰富经验,足以激发和启迪遭遇相似境遇的其他地区。大地艺术节的访客人数再次创下新纪录,且有 67.7%的访客来自外县,同比增长 9.3%,尤其是来自日本关东地区的访客人数增加了8%。59.6%的访客为首次来访,同比增长 3.8%。澳大利亚之家也在 2012 年3 月 12 日的长野县北部地震中遭到破坏,面临重建的需要。

表7　2009年第四届大地艺术节收入情况（单位：千日元）①

项目		2010年度	2011年度	2012年度	总计
市/町	十日町市	44 030	28 866	14 915	87 811
	津南町	4 266	4 266	3 657	12 189
国库补助金		—	—	108 000	108 000
捐助金/赞助费		17 000	41 293	41 058	99 351
补助金/委托费		500	5 375	12 600	18 475
通票/观摩券		—	—	161 376	161 376
其他收入	杂项（印刷品分发、销售手续费）	204	200	1 428	1 832
总计		66 000	80 000	343 034	489 034

在筹资和收支方面，第五届大地艺术节朝向自主独立的运营模式迈出了一大步。2012年度的总支出为478 597 000日元，全年总收入比总支出盈余1 000多万日元。尤其是艺术节的通票收入同比增长近一倍，成为艺术节克服财政危机的一大突破口。在销售艺术节通票方面，新潟县各大超市和便利店以及全国知名旅游导览店也都成为通票销售的重要窗口，首都圈的美术馆店铺、画廊以及新潟县东京观光中心等地也都加入通票销售之中。本届艺术节还首次采用了EC网页售票方式，总计售出通票4 612张（预售2 860张，当日1 752张）、导览手册2 898册。线上电子票销售因其便利性而备受好评，指明了通票销售的发展方向。对本地居民销售的地区折扣券销售额较上届艺术节增长了4%。通过艺术节组委会的直接走访，市内企业4家、市外企业1家成为了本届艺术节的赞助商。

在运营模式方面，大地艺术节在上届革新体制基础上又有所创新，以"本部会议""支持会议"为核心，辅以"经济产业部会""观光交通部会""地域制造部会"等，新增了"企划运营会议"，吸收各区域的活动团体以及相关地区团体委员意见，为不同地区的信息交换、加强联络和查缺补漏服务。在志愿者招

---

① 《第四届大地艺术节总括报告书》，第5页。

募方面,本届大地艺术节除"小蛇队"外,组织成立了"在地支援队",为访客等提供导览服务。当地川西中学校的冬季宿舍成为"小蛇队"的住宿营地,"小蛇队"的其他待遇也有望提升。与原先队伍成员大多为在校大学生不同,来自中国香港大学、上海美术学院等的学生此次也大量参与到事前准备和作品管理之中,海外尤其是亚洲其他地区的成员丰富了志愿者队伍的构成,却也暗藏着文化差异、语言分歧等问题。

尽管艺术节通票的收入1亿6千万日元超过了艺术节组委会1亿3千万日元的三年事业费预算,但与来场的实际人数相比,通票的销售数量增长却并不多,这是由于不少访客仅仅是为了观摩特定作品前来的关系。为此,通票的宣传推广营销仍有待加强。另外,因为日本国内经济情况持续低迷,对新潟县内外知名企业的广告赞助募集形成不利影响,艺术节还需要更加了解企业利益所在,协同推进双赢目标的达成。考虑到今后"小蛇队"的人数可能难以再增加,由当地居民提供的支援和协作力量将尤为重要。另一方面,约有40多家企业参与了总计150项周边产品的开发,其销售额创下了新的历史纪录,达到1亿1千万日元。其中,点心类销售额较上回翻了近一番,约3 000万日元。大地艺术节为当地带来了新增的就业机会,就艺术节举办环节新增当地雇佣情况而言,雇佣全职31名、兼职192名、派遣制15名、有偿志愿者221名、无偿志愿者172名,总计631名。

在数字化运营方面,第五届大地艺术节首次启用了脸书(Facebook)账号,点赞数超过2 000次。艺术节官方网站的使用人数同比增长了50%,达到317 582人次,艺术节推特账号(Twitter)关注人数在8 000人左右。同时,大地艺术节的标志(logo)正式确定为以自然、艺术和人三要素构成的三角形图案,为艺术节的可视化品牌宣传提供助力。本届艺术节运营的主要项目包括越后妻有里山现代美术馆KINARE、澳大利亚之家的重建、JR饭山线艺术项目、东亚艺术村、企业和团体合作。其中,重新开放的里山现代美术馆KINARE访客数量达到93 174人次,占到全体访客数量的两成,此后也将作为艺术节综合导览场馆继续发挥作用。此前,往届大地艺术节都存在中心街区作品较少、访客人气不足等问题,此次以里山现代美术馆KINARE为中心,设计规划并实施了中心街区、美术馆、博物馆、商店街巡游的"商店街项目"，确保访客游览动线的一体化，有效提升了中心街区的活化和商店街的振兴。全年观光事业正式启动，在艺术节举办时期以外的春秋两季，当地将分别开馆进行夏季"大地祭"和冬季"雪的艺术项目"的展览，由赈灾复兴基金提供运营保障资金。

表8 第六届大地艺术节来场人数统计（2015.7.26—2015.9.13）（单位：人）

分期	7.26—8.2	8.3—8.9	8.10—8.16	8.17—8.23	8.24—8.30	8.31—9.6	9.7—9.13
艺术作品观摩者	54 277	54 482	88 840	65 354	67 061	75 490	78 911
相关活动参与者	7 207	3 032	2 992	3 881	2 557	2 804	3 802
总　计	61 484	55 514	91 832	69 832	69 618	78 294	82 713

第六届大地艺术节的主题设定为"人类与自然和文明交织的方式即为美术""都市与地方之间的交换"，以艺术的形式向世界传递在严酷自然环境中经历漫长历史孕育而成的文化和技术独特的魅力所在。从访客构成来看，新潟县以外的访客占到65.2%，与往届持平，表明大地艺术节作为全国性节庆活动的知名度逐渐固定，海外访客占到全部访客的5%，较之往届增加了1.1%，说明对外宣传工作效果显著。观摩全部作品的访客为415名（据通票印章统计），较之上届130名增加了3倍之多。不过，因艺术节周边产品种类、数量等皆面临饱和，产品设计创新要素亦匮乏，其销售额也有所回落，亟待拓展客户群。据统计，每位访客的平均住宿费用为9 491日元，较上届8 132日元的平均住宿费用有所增加。

截至2015年11月22日，第六届大地艺术节的公式推特在当年1月至9月发出讯息769条，添加艺术节标签的讯息达到4 523 296条，关注用户人数为194 059人，新关注用户人数为23 823人，艺术节脸书官方账号在两年半时间里关注用户人数从2 000人增至12 160人。而各类媒体自发报道艺术节的内容即便仅按照可以换算的部分推算，亦达到30亿日元。虽然第六届大地艺术节的访客数量、作品数量和参与村落数量都创下了历史新高，但是艺术节财政收支体制存在不足，对既有作品的维持和管理也心有余而力不足。这些都是留待日后解决的问题。

表 9　第七届大地艺术节来场人数统计(2018.7.29—2018.9.17)(单位：人)

分期	7.29—8.5	8.6—8.12	8.13—8.19	8.20—8.26	8.27—9.2	9.3—9.9	9.10—9.17
艺术作品观摩者/入馆参观者	63 912	61 586	97 231	62 649	66 231	70 552	112 469
相关活动参与者	3 509	1 356	2 374	2 224	1 223	1 810	13 750
总　　计	67 421	62 942	99 605	64 873	71 775	114 279	548 380

此外,根据大地艺术节第一届至第七届报告书,日本新潟县基于来自艺术节实施委员、作品投放村落代表、区域内店家(住宿业、饮食业、加油站、便利店)的调查问卷,曾对历届大地艺术节为当地带来的经济效果以及消费支出进行过数据测算,汇总列表分别如下。其中,建设投资的对象主要包括：空屋、废校的改造费用以及大地艺术节相关的道路公园整修的公共事业费。消费支出的对象主要包括：十日町和津南町艺术节相关的直接费用、地区提供的事业补助金的补助对象事业费以及艺术节期间现场来访者消费。

表 10　大地艺术节带动建设投资(单位：百万日元)

	2000 年	2003 年	2006 年	2009 年	2012 年	2015 年	2018 年
建设投资	5 571	7 612	778	114	230	331	1 138

表 11　大地艺术节消费支出及经济波及效果(单位：百万日元)

	2000 年	2003 年	2006 年	2009 年	2012 年	2015 年	2018 年
消费支出	1 934	4 474	3 082	2 403	3 115	3 207	3 927
艺术节期间现场消费支出	1 689	4 297	—	—	—	—	—
经济波及效果	2 704	5 650	4 354	3 370	4 268	4 518	6 528

大地艺术节带动越后妻有地区的经济和消费影响也颇为可观,其中,消费计量方式分为地区年度消费总支出和艺术节期间现场消费支出。可以说,大地艺术节的运营实践充分佐证了节庆文化活动对文化消费和经济效益的积极影响。

　　尽管受到日本新冠疫情的影响,原定于 2021 年 7 月 25 日至 9 月 12 日举办的大地艺术节被迫延期,但包括像清津峡溪谷隧道展、"绿之屋"创意征集、当地特色土产和食品贩售等在内的艺术节活动仍在一定范围内持续进行。延后举办的大地艺术节,势必也将为疫情阴影笼罩下的区域文化复兴带来新的启示和价值。

公共文化机构融合发展的案例研究①

关思思②

摘　要　融合不但已经成为文旅领域新时代的发展方向,高质量发展也对公
共文化服务融合发展提出了更高要求。国内外公共文化机构从空
间、功能、跨界、体制等维度探索着融合发展的路径,也暴露出网红
空间华而不实、联动机制首需建立、服务活动缺乏创意、人员队伍有
待共育、融合效能尚未考量等问题。融合不是简单的相加,必须坚
持新发展理念,选择适合自身实际的融合方式,以系统、共享、改革、
创新、效能等为原则,加强顶层设计,统筹资源配置,功能合理融合,
活动特色联动,加强人才共育。

关键词　公共文化服务　公共文化机构　融合发展

　　融合发展是社会发展重要规律之一。新时代更加重视融合发展。从
2015 年国务院推进基层综合性文化服务中心建设,2018 年国务院组建文化
和旅游部推动文旅融合发展,到《中华人民共和国国民经济和社会发展第十
四个五年规划和 2035 年远景目标纲要》第三十六章要求"推动文化和旅游融
合发展","融合"已经成为文旅领域新的发展方向。高质量发展对融合发展
又提出了更高要求。2021 年 3 月,文化和旅游部国家发展改革委财政部《关
于推动公共文化服务高质量发展的意见(文旅公共发〔2021〕21 号)》(以下简

①　本文系文化和旅游部全国公共文化发展中心"文化馆事业高质量发展研究计划"2020 年度
课题研究项目"公共文化机构融合发展:理论、路径与创新实践"研究成果之一。
②　关思思,国家公共文化服务体系示范区创新研究中心(浙江嘉兴)研究员,北京大学管理学
博士。

称《意见》)中明确要求:"坚持共建共享,推动融合发展。在把握各自特点和规律的基础上,促进公共文化服务与科技、旅游相融合,文化事业、产业相融合,建立协同共进的文化发展格局。推动公共图书馆、文化馆、博物馆、美术馆、非遗馆等建立联动机制,加强功能融合,提高综合效益。"融合相关的理论研究和探索实践不断深化,公共文化服务融合发展的新篇章已经开启。

一、国际视野

(一)市民客厅

早在 1995 年,王世伟就认识到图书馆服务应该融合旅游功能,他论述了在当代世界、亚太地区和中国旅游业飞速发展的历史背景下,图书馆与旅游六大要素与三大资源体系的关系,并提出了发挥图书馆旅游功能的一些构想。超出他预想的是,当图书馆超越图书馆领域的"篱笆墙",变身成任何你想要的空间,竟然能吸引全世界人民都向往去"做客"。2018 年,这样一所图书馆就在芬兰落成了。芬兰作为"图书馆之国",用法律构筑起自己的图书馆服务体系。全国共有 300 多个中央图书馆和 500 个图书分馆,此外还有流动巴士图书馆、图书馆船等,大学、议会图书馆均对所有公众开放,是全球图书馆使用率最高的国家之一。芬兰赫尔辛基颂歌中央图书馆(Oodi Central Library)更被赞誉为"市民客厅"。它于 2018 年 12 月 5 日,芬兰独立 101 周年前一日,落成开放,因此成为国家送给全体公民的生日礼物。2017 年芬兰修订公共图书馆法案,规定图书馆负有促进终身学习、公民积极参与意识,以及民主与言论自由的使命。颂歌中央图书馆的开放正贯彻着这一使命。颂歌坐落在芬兰议会大厦对面,附近有公民广场,广场周围艺术和文化机构林立,包括奇亚斯玛当代艺术博物馆(Kiasma Museum of Contemporary Art)、赫尔辛基日报(Helsingin Sanomat)大楼,以及音乐中心(Musiikkitalo Concert Hall),拥有这个国家的顶级区位优势。它的建筑总投资达九千八百万欧元,花费二十年时间建成。图书馆建筑内部采取开放式布局,功能区域包括服务台、多功能厅、影院、咖啡厅和餐厅等多种类型。最重要的是,这里没有门卫、保安,不要安检和证件,市民在这里可以看书、织毛衣、做缝纫、打游戏、写作业、烧菜宴请亲朋好友,就像在自家客厅一样轻松自在。其特点是服务功能高度融合、服务手段与方式高度现代化、服务内容紧贴老百姓日常生活需求。名曰图书馆,实际已经完全颠覆了传统图书馆的形式与内容,代表了公共文化服务融合发展的国际趋势。

(二) LAM 共享与合作

图书馆、档案馆与博物馆(Library,Archive and Museum,简称"LAM")同样都肩负着收集文献信息资源,承载促进政治、经济、文化发展重任。2011年,首届"图书馆、档案馆、博物馆开放关联数据峰会"(The International Linked Open Data in Libraries, Archives & Museums Summit,简称LODLAM)在美国旧金山举行,LAM 的交流与融合在国际范围内以多种形式广泛开展,"提供了保存图书馆、档案馆、博物馆人类知识的整体视角"。LAM推进融合的方式主要有合作开展项目,或者成立指挥机构来负责协调合作项目,融合内容主要包括门户网站的整合、合作开发数字资源、共同参考咨询、联合采访系统、联合搜索引擎、联合提供学习资源和环境以及共用和整合设施等。

其中,欧洲 CALIMERA 项目,是洲际项目;美国国家网络文化遗产项目,是国家级项目;美国纽约罗切斯特图像项目,由门罗县公共图书馆、罗切斯特科学和工作博物馆以及公立学校和历史协会联合开展;英国人民网络,是可以提供实时咨询和整合搜索的门户;加拿大渥太华、安大略中央档案馆和渥太华公共图书馆开展技术服务设施融合等。

二、国内探索

(一) 文化艺术科教设施群

1. 文化与艺术场馆设施群
城市是人们生活的集中聚居地,也是不同区域、类别、层次之间人们互相交流的地方。文化艺术中心是一个城市或地区内用于呈现文化艺术作品的建筑群体。通常配备图书馆、博物馆、剧院、音乐厅等。一个地区的文化艺术中心往往成为城市标志性的文化高地、多元化的艺术殿堂、国际化的交流平台，也是百姓的精神家园，如美国纽约市的林肯演出艺术中心、澳大利亚的悉尼歌剧院等。近年来我国各地也纷纷建立起"文化艺术中心"，如苏州文化艺术中心、厦门文化艺术中心、长沙梅溪湖国际文化艺术中心等。文化艺术中心的建成，迅速成为这个城市文化新地标，市民打卡好去处，改变了许多城市历史上没有标志性演艺场馆的缺憾，改变着城市的文化生态和演艺格局。高质量文化艺术作品以多种形式走进寻常百姓家，让市民在家门口就可以欣赏到国内外著名艺术家的表演。

2. 科技馆、青少年宫、妇女儿童活动中心等设施群

青少年宫专门面向青少年开展实践教育、社会教育和校外活动。科技馆集科学性、知识性、趣味性与参与性于一体，按"玩起来""动起来"设计，通过参与、实践、体验为青少年开展课外科技知识学习。妇女儿童活动中心以"妇女、儿童和家庭"为服务对象，承载着妇女儿童培训、活动、文化、娱乐和交流等任务。近几年我国有很多城市将这三馆集中建设，在设计建造上实现市科技馆、市青少年宫、市妇女儿童活动中心集聚，在功能上三馆既相对独立，又相互补充，活动内容设置上既特点鲜明，凸显各自强项，又联合举办，形成合力，如马鞍山市科技馆、青少年宫、妇女儿童活动中心新"三馆"、嘉兴市南湖未来广场科技馆、青少年活动中心、妇女儿童活动中心新"三馆"等。这种建设方式使建筑群集聚，将展览空间、剧场、教育培训空间、活动空间、亲子休闲中心、互动娱乐等功能有机结合在一起，成为新兴的科技教育中心和休闲旅游城市新地标。

（二）城乡新型文化空间

在我国，公共文化空间融合包括但不仅限于由政府拨款、文化部门或行政机构管理的公共图书馆、文化馆（艺术馆）、博物馆、美术馆、科技馆、纪念馆、工人文化宫、青少年宫以及广场、公园等具有免费开放功能的公益性文化

场馆或公共场地的融合,还包括形态各异、颇具文化创意的新型文化空间和艺术场馆,在城市表现为剧场、音乐厅、书店、画廊、艺术馆、咖啡馆等;在乡村表现为村史馆、村民议事中心、礼堂书屋、乡村艺术馆、非遗体验点、名师工作室、游客中心等场所。城乡新型文化空间主要分为三类:一是传统街区(如历史文化街区等)与新兴公共文化空间迭代更替、新旧交融。在世界范围内,各国都有艺术街区,由此也形成了街区文化,如美国纽约苏荷(South of Houston Street,简称 SoHo)、英国伦敦南岸艺术区、韩国首尔 Heyri 艺术谷、日本东京立川公共艺术区、北京 798 艺术区、上海 M50 艺术产业园等。这些传统街区通过引入艺术家进驻,将原有工厂、仓库、甚至军事基地稍加装饰,便迅速华丽转身,成为创意十足的公共艺术区。二是公共文化空间与商圈交叉融合。这种方式通过将文化艺术体验引入商圈,从而形成消费,对比"百货 + 餐饮 + 休闲娱乐"模式,能更好解决商圈同质化现象,如北京金融街购物中心负一层的"融艺空间"等。三是公共文化与村/社区活动空间的生态融合。这种方式通过整合社区礼堂、公园、共享书房、幸福学堂、运动中心或健身点、创客厅等社区生活圈模块功能,打造未来社区公共文化活动、邻里交往交流的精神家园;通过利用沿城市绿道、栈桥、运河河岸等城市空间,融合打造城市文化公园、文化河岸、文化街景、文化广场、文化长廊和文化楼道等公共文化空间;在村落中融合建造提升村民生活品质、对乡村精神文化建设有积极作用的现代公共文化空间,如四川崇州道明镇竹艺村的竹编馆、第五空间(生活服务中心)、游客中心、青少年工作营地等。

(二)嘉善县图书馆、文化馆、博物馆"三馆融合"

嘉兴市嘉善县是长三角生态绿色一体化发展示范区、县域科学发展示范点的"双示范"县区、全域旅游示范区。2019 年 6 月,嘉善县利用图书馆、博物馆新馆建成和文化馆搬迁开放契机,推动公共文化机构实现跨机构、跨领域合作,整合公共文化资源,开展"嘉善县图书馆、博物馆、文化馆融合发展"试点,通过组织共建、队伍共育、资源共享、平台共筑、活动共办"五共机制"建设,探索图书馆、博物馆和文化馆融合发展,在全国范围内先试先行,示范引领,进一步巩固创建成果。其具体做法:一是组织共建,打造融合管理新模式。以书记、局长任组长的"三馆"融合推进工作领导小组,成立党建联席会议制度,探索建立三馆理事会。二是队伍共育,拓展人才培养新途径。开展互通培训,丰富互动活动。三是资源共享,营造凝聚发展新合力。整合现有数字图书馆、文化共享工程、数字文化馆、数字博物馆等数字资源,打通后台用户信息资源,构建前台公众服务一张网。整合活动资源,三馆图书阅读、讲座培训、文艺演出等活动共享。整合场地资源,在博物馆内设置非遗主题馆,向博物馆和文化馆延伸"善城智慧书房"等。四是平台共筑,实现智慧文旅新突破。开发三馆融合公共服务平台,建设智慧文旅二期项目。五是活动共办,开启互联互通新实践。结合各自职能,在博物馆日、世界读书日等重要节庆联合策划融合活动。

(四)佛山图书馆与青少年宫"馆宫合作"

公共图书馆与青少年文化宫都提供公共文化服务,双方在服务青少年素质教育、促进青少年健康成长方面存在交集,但又分属不同的主管部门。2021年3月,佛山市图书馆与佛山市青少年文化宫通过"馆宫合作",打造了公共文化服务体系融合样本,在全国首创"馆宫合作"双体系跨界融合。早在2017年,佛山市图书馆就已经开始和佛山市青少年文化宫等9家公共文化机构组成公共文化设施联盟。而这次"馆宫合作"更将青少年作为重点服务对象,双方一起通过与学校合作开展图书馆建设、开拓校园阅读推广基地等方式,将公共图书馆阅读资源输送到佛山青少年身边,推动双方共建共享场地、师资、创意,以资源共享提升青少年素质教育,促进青少年健康成长。通过"活动课程化、课程活动化"的形式,助力图书馆和青少文化宫品牌下延到镇街,服务最后一公里。

(五)苏州公共文化中心"多馆合一"

苏州市公共文化中心于2011年9月正式成立并投入使用,是苏州市文化广电和旅游局下属的副处级公益一类事业单位,下辖苏州美术馆、苏州市文化馆、苏州市名人馆、吴作人艺术馆(苏州书法篆刻艺术院)、颜文樑纪念馆(苏州油画院)、苏州版画院(苏州桃花坞木版年画博物馆)、杭鸣时粉画艺术馆(苏州粉画艺术院)、苏州公共艺术研究院等艺术场馆,集公共文化活动、艺术展览展示、爱国主义教育、非物质文化遗产展示、市民休闲旅游等服务于一体。中心内设12个管理部门,分别为:综合部(办公室)、开发部、物保部、信息部、美术馆管理部、文化馆管理部、名人馆管理部、吴作人艺术馆(苏州书法篆刻艺术院)、颜文梁纪念馆(苏州油画院)、苏州版画院(苏州桃花坞年画博物馆)、苏州粉画艺术院、苏州公共艺术研究院。苏州市公共文化中心及下辖场馆,在设施区位上没有全部集聚,但在体制机制上实现了全面融合,一体管理,能将不同类别的文化资源进行整合,实现了公共文化机构的集约化管理以及资源和服务集成化提供。

三、融 合 特 色

综上可以看出,国内外公共文化机构从空间、功能、跨界、体制等维度探索着融合发展的路径。

(一) 空间融合

世界上许多大都市图书馆都在原有图书馆文献典藏和书刊阅览功能的基础上,导入了博物馆、音乐厅、美术馆、科技馆、档案馆、文化馆等的服务空间,并融合了这些场馆的服务功能。从国外公共场馆空间融合实例可以看出,场馆空间的功能是立体的、多方位的,而融入多种文化表现形式,有利于场馆功能的最大化发挥。

随着城市中心商圈和美丽乡村、景区村庄建设,城乡新型文化形态和样式更加多样,公共文化服务机构开始与城乡新型文化空间打破行业壁垒,相互融合发展。

但无论是城市"文化艺术科教中心"实现多馆集聚,还是单馆融入其他馆的服务空间,或是城乡新型文化空间构建,其融合的特点都是空间融合。这种空间融合使得多个法人机构集聚,有的是多馆共用一个空间区域,有的是多馆共用一幢建筑,有的是多馆建筑位于同一区位。各机构虽所属系统和法人不同,社会职能、工作目标任务、服务对象有差异,而且在人事、财务及日常运营管理等方面相互独立,但因空间融合将阅览、展览、剧场、教育、亲子、休闲等空间功能集聚在一起,能形成文化艺术服务合力,同时还打造了新兴的城乡文旅新地标。尚需注意的是,各机构在空间共同使用过程中,可能会出现空间分配、场地使用、人员运营管理和物业等方面问题。

（二）功能融合

现代图书馆、文化馆、博物馆、美术馆、科技馆、档案馆等等之所以都成为独立的文化机构,是人类社会分工日益细密的结果。然而,各机构始终不断在探索相互融合,也有其实现基础。它们在资源与服务形态结构等方面有许多相似之处,这成为功能得以融合的前提。首先,它们以人类文明为依托,分别从不同角度收集和保存信息资源满足用户信息需求,所收集和保存的信息资源存在交叉现象。其次它们都属于非营利、公益性、面向大众的公共文化服务机构,服务都必须坚持以人为本,倡导公益、均等。第三,这些机构都具有鲜明的教育职能,肩负传播文化,传承文明的使命。最后,它们的服务方式和手段具有共同点,都是以现有资源为依托,通过展示、观摩、学习等方式为大众提供服务。

然而这些公共文化服务机构也因其不同载体,根据各自的资源特点,又表现出不同的文化服务模式。首先是服务资源差异。图书馆以文献资源,包括纸质和数字资源为主要服务资源;文化馆以文化活动为主要服务资源;博物馆以文物展示和研究成果为主要服务资源,具有明显的地域性;美术馆以书画雕塑及其他艺术品为主要服务资源;科技馆以科学性、知识性、趣味性相结合的展览、体验互动为主要服务资源;档案馆以档案为主要服务资源;等等。其次是手段差异。图书馆主要的服务手段是提供借阅、信息搜集整理、阅读推广等;文化馆主要开展辅导培训等全民艺术普及活动;博物馆、美术馆、科技馆是将具象的藏品进行展示陈列,辅以互动性体验活动;档案馆负责接收、征集、管理和利用档案。再次是学术方向差异。图书馆的学术方向为图书馆学研究、情报搜集整理利用、馆藏文献研究、读者服务研究等;文化馆学术方向为艺术学、公共文化学等;博物馆学术方向为博物馆学、考古发掘、文物保护、历史研究等;美术馆学术方向以视觉艺术为主;科技馆学术方向为科学与技术教育;档案馆学术方向为档案学、文书学、历史学等等。

正是由于上述机构在资源与服务形态结构等方面具有相似和差异之处,才使得功能融合成为首选,尤其是图书馆、文化馆、博物馆、美术馆。这些机构在我国管理体制下同属于文化旅游部门管理,更便于从顶层设计上将不同类别的文化资源、活动、服务进行线上线下整合,在不改变现有体制的基础上,实现功能融合,形成公共文化服务的集约效应。

(三)跨界融合

《意见》主要原则中要求坚持融合发展,就是"要在把握各自特点和规律的基础上,促进公共文化服务与科技、旅游相融合,文化事业、产业相融合,建立协同共进的文化发展格局"。在实践中,公共文化机构也形成了许多跨界融合的服务方式。

文教融合。公共图书馆、文化馆、博物馆、美术馆、科技馆、青少年宫、妇女儿童活动中心等公共文化机构与学校联合,打破文化和教育的"部门围墙",用好双方的优势资源,面向中小学生设立课外教育基地,实现以文促教、以教促文,双向服务、双向促进。

文旅融合。随着我国文化部门和旅游部门的职责整合,文化和旅游的融合发展也已成为国家层面的文化发展战略。旅游景点本身是生动的、生态的公共文化空间,是鲜活的、动态的文化载体,文化的加持让各类旅游空间更有人文气息和文化意蕴。新兴的公共文化空间因其独特魅力也将吸引众多游人慕名前往,成为新兴的"网红打卡点"。

文创融合。目前各类层出不穷的"网红打卡"公共文化空间背后,其实是文化创意的附加甚至覆盖。元素丰富、创意多元的新兴公共文化空间之所以获得越来越多年轻人的青睐和追捧,是因为完美或巧妙融合在这个空间里的这些别具一格的创意赋予了原有文化空间更鲜活、更独特的魅力与活力。公共文化服务体系下的公共文化空间、场馆、活动中心要提升自身的产品品质与服务水准,增强自身吸引力和受众满意度,就应大力推动文创融合发展,使原本内容单一、品质欠缺的公共文化服务及产品获得新的生机与活力。

(四)体制融合

近两年,虽然公共文化机构都在探索融合发展,但"为了融合而融合",融合动力不足、效能不高也成为人们诟病的焦点。从政府层面,通过合并成立统一的管理机构,使下属公共文化场馆的人力、物力、财力资源得到高度整合利用,能从根本上打破融合的体制壁垒,实现公共文化机构的集约化管理。由于所包含的场馆社会功能较多,活动项目内容和形式广泛而丰富,同一管理部门能通过改变运营机制,实现各场馆之间空间、场地、活动人员等资源分配内部统筹协调,解决因条块分割而产生的矛盾,打破公共文化机构自身的框架约束,实现机构效能的最大化。但这种融合仅属个例,因为各地公共文化机构多数早已存在,管理体制一时难以触动。并且一旦新建主管机构,各个场馆将随之转变为职能部门,在业务上往往不如单一场馆做得专精,同时机构整合之后,很可能会在经费和人员方面得到总体政府拨款变少,若缺乏相应政策激励,将来在运营、引进和留住专业人才方面都会比较艰难。

四、问题与展望

(一)问题

1. 网红空间华而不实

近年来全国各大城市兴起了一种新型的学习阅读场所——"付费自习室"。2019 年,"新晋网红打卡地""最低收费 28 元一天"等话题让"付费自习室"屡次登上新闻热搜。2019 年还被称为"中国付费自习室元年"。付费自习室的兴起,让我们不禁发问:公共文化设施的免费空间不香吗?2019"美好生活"长三角公共文化空间创新大赛发现和推出了 300 多个苏、浙、沪、皖"美"

"好""新"的基层文化空间典范案例,涵盖基层文化空间、公共阅读空间、商圈文化空间、文博艺术空间、跨界文化空间和美丽乡村文化空间等六种类型。试问,如此多类型的公共文化空间都不能满足人们的需求吗? 想来这也许体现了公共文化设施选址不当、学习空间不足、关门时间较早、管理服务方式不人性化等问题。付费自习室走红的背后,是人们对空间质量的需求升级。因此各类公共文化机构在投入大笔经费寻求空间融合升级时,更需转变传统的空间使用者是被动的"受众""观众"的思维定势,通过增强"用户黏性"来提升融合服务效能,谨防红极一时,便在大众的视野中消失。

2. 联动机制首需建立

公共文化机构无论是空间、功能服务,还是跨界、体制融合首要都是联动机制的建立。融合联动格局形成,才能让单一、被动、消极的融合转变为多元、主动、积极的融合。分别独立的公共文化机构,如果缺乏统一、具体的融合目标和运作计划,将给融合工作带来一系列障碍,主要表现在: 同一层级的不同公共文化机构在融合时各搞一套,自成一体。以数字公共文化服务建设为例,数字图书馆数据库、文化信息资源共享工程、数字博物馆建设仍然各自为政,采用层级方式推进,缺少数字资源的深层次整合,统一建设、整合利用数字图书馆、档案馆和博物馆信息资源的难度较大;不同层级公共文化机构对系统和本级政府负责,难以打通各自系统和建设主体壁垒,形成跨系统、跨区域的组织体系。融合联动机制建立需要各层级机构通过一定方式相互协调合作响应,各服务环节互动交流、联动协作,以提升服务效率。融合联动机制的实现,需要增强全员的团队合作意识,并以多种形式将团队合作意识转变为岗位配合行为,使服务体系多岗联动的服务形式规范化、常态化。

3. 服务活动缺乏创意

公共文化机构融合发展,还要以特色的融合服务和活动为抓手。目前公共文化机构在服务和活动的融合上普遍流于形式、缺乏创意,主要表现在: 融合不是公共文化机构各自现有服务和活动的简单相加,而应该是针对融合进行自身改进,并与其他公共文化机构积极互动。如公共图书馆增加旅游功能,并不能简单地理解为增设地方文献图书阅读空间。其次融合不能为了融合而融合。融合需要基于机构共同的职能和特色，开发出新的服务和活动增长点。融合要改变传统，积极开拓创新。如天津交响乐团的"四大名著"交响音乐会、深圳图书馆的"读剧"演出。简言之，融合要避免形式主义，必须要打破闭门造车的现状。

4. 人员队伍有待共育

融合发展对公共文化机构工作人员的业务素质提出了很高要求。业务人员不仅要精通本馆的业务，还要熟悉了解其他馆的业务内容要求和工作流程。目前很多公共文化机构工作人员的知识储备和业务素质难以完全适应融合发展的要求。此外，融合工作属于"额外"内容，是否应纳入岗位工作职责？按照职称评聘要求，职称评聘时融合工作能否作为业绩点？这些都关系到职工的切身利益，也关系到融合工作的成效。

5. 融合效能尚未考量

在公共文化机构积极探索融合发展的同时，也必须认识到，合理的融合才能提升效能。而融合发展的效能如何考量，又成了摆在公共文化机构面前的一个切实问题。融合效能的释放需要通过明晰组织架构、明确权责分配、推动平台共建、规范运行管理、细化互动机制，杜绝形式一张网、实际两张皮的旧状，深度发挥出融合机制的质效优势，为进一步织密公共文化服务体系，打造共建共治共享的文化治理新格局提供助力，最终实现融合发展理念与构思。

（二）展望

融合不是简单的相加，必须坚持新发展理念，选择适合自身实际的融合方式，以系统、共享、改革、创新、效能等为原则，加强顶层设计，统筹资源配置，功能合理融合，活动特色联动，加强人才共育。

1. 坚持融合发展理念

随着我国工业化、信息化、城镇化和农业现代化进程加快，我国社会主要矛盾转化为人民日益增长的美好生活需要和不平衡不充分发展之间的矛盾，人们对社会文化产品的需求也不断升级，群众的精神文化需求呈现出多层次、多元化特点,而现有的文化设施功能单一、内容单调,已很难形成很大的吸引力,更难以满足文旅融合的要求。再加上基层公共文化建设条块分割、多头管理,公共文化服务相关方缺乏统筹、没有形成合力等原因,我国公共文化机构一直存在着人、财、物等资源分散,优秀公共文化产品和服务供给不足,文化产品种类少、质量参差不齐等问题。

融合发展是新发展理念在公共文化服务中的体现,是十四五规划、《意见》新要求,也是公共文化服务在高质量发展阶段的新突破。2015 年《国务院办公厅关于推进基层综合性文化服务中心建设的指导意见》中要求:到 2020 年,全国范围的乡镇(街道)和村(社区)建成集宣传文化、党员教育、科学普及、普法教育、体育健身等功能于一体,资源充足、设备齐全、服务规范、保障有力、群众满意度较高的基层综合性公共文化设施和场所。2019 年,各地文化和旅游行政部门相继组建成立,并围绕文化和旅游公共服务融合发展进行了卓有成效的探索。十四五期间,融合发展应着力推进公共文化机构之间的融合发展;推进区域性公共文化服务的融合发展;推进公共文化服务与旅游公共服务的融合发展。在新时期融合发展的理论成果和实践基础上,推进公共文化服务创新发展应该进一步探索从城乡基层实际出发,发挥基层政府的主导作用,加强规划指导,科学合理布局,整合各级各类面向基层的公共文化资源和服务,促进优化配置、高效利用,形成合力。公共文化机构应该通过融合发展进一步凝聚共识、开拓思路、总结经验、增强合作,为国家推动公共服务高质量发展提供样本和借鉴。

2. 选择适当融合路径

跨机构、跨领域合作、共建共享、融合发展是一种新理念、新趋势。但融合既不是简单的相加,也不能为了融合而融合。只有转变服务观念、整体规划打造、坚持开放共享、创新供给方式才能让公共文化服务在融合中协调发展,提升整体的服务效能,重点是公共文化机构应基于自身特色和需要合理融合。

针对空间融合,《意见》"鼓励在都市商圈、文化园区等区域,引入社会力量……创新打造一批融合图书阅读、艺术展览、文化沙龙、轻食餐饮等服务的'城市书房''文化驿站'等新型文化业态,营造小而美的公共阅读和艺术空间……鼓励将符合条件的新型公共文化空间作为公共图书馆、文化馆分馆"。《意见》特别强调以县级图书馆、文化馆为抓手……将工作基础好的乡镇文化站建设为覆盖周边的区域分中心。

针对功能融合,各机构未来可以考虑从服务、活动和数字文化等方面入手。如,整合机构的培训讲座服务;在博物馆日、世界读书日等节庆,联动开展融合活动;开发各类专题数字资源库,实现数字资源整合,使用户可以访问到与主题相关的各类信息资源;等等。

针对跨界融合,采取政府搭台支持、吸引企业参与的方式能使文旅和文创在更广阔的领域实现融合。

3. 深化创新融合机制

公共文化机构融合发展需要以系统、共享、改革、创新、效能等为原则,加强顶层设计,建立指挥有力、统一协调、快速高效的联动机制,通过建立推进工作领导小组、联席会议制度、三馆理事会的管理机制,馆舍空间、服务活动的合理运行机制,以标准为基础的财政保障机制,融合工作的考核激励机制,多馆人员定期培训交流轮岗机制等,统筹资源配置、功能合理融合、活动特色联动、加强人才共育。

参考文献

［1］文化和旅游部国家发展改革委财政部《关于推动公共文化服务高质量发展的意见(文旅公共发〔2021〕21 号)》[EB/OL].(2021-03-08).http://www.gov.cn/zhengce/zhengceku/2021-03/23/content_5595153.htm.

［2］王世伟.论图书馆旅游功能的发挥[J].图书馆杂志,1995(06)：33—34＋32.

［3］郭鹏.国际图博档三馆融合研究的可视化分析[J].山西档案,2017(05)：24—29.

［4］Manzuch Z, Huvila I, Aparac-Jelusic T. Digitization of cultural heritage[J]. European curriculum reflections on library and information science education, 2005（03）：35—59.

［5］王晋月,李秋月,杨杰.图书馆、档案馆与博物馆融合背景下的专业课程体系改革研究[J].浙江档案, 2016, 000(006)：18—21.

［6］Alexandra Yarrow, Barbara Clubb and JenniferLynn Draper. Public Libraries, Archives and Museums：Trends in Collaboration and Cooperation［R］. The Hague：IFLA Headquarters，2008：50.

［7］徐士斌.科技馆等公共文化场馆多馆合一建设的利弊分析［C］//全国科普理论研讨会.2014.

［8］黄放.城市公共文化空间的融合发展路径［J］.图书馆研究与工作,2020,No.191(05)：7—11.

［9］街区文化丨世界10大艺术街区［EB/OL］.(2019-11-20).https：//www.sohu.com/a/355052484_772595.

［10］购物中心融入艺术文化元素的意义及面临的挑战［EB/OL］.(2013-11-04). http：//blog.sina.com.cn/s/blog_a30663ce0101a06c.html.

［11］袁烽：公共文化空间,彰显乡土人文之美［EB/OL］.(2020-11-15).https：//www.sohu.com/a/431971052_120868909.

［12］戴旭锋.图书馆,文化馆,博物馆三馆公共文化服务融合发展前瞻——以浙江省嘉善县为例［J］.图书馆研究与工作,2020(5)：10—13.

［13］"馆宫合作"开启公共文化机构融合联动新模式［EB/OL］.(2021-03-28). https：//kd.youth.cn/a/KX3z42pGYY5BwnO.

［14］中心简介［EB/OL］.(2021-05-12).http：//www.szpcc.com/about/center.jsp.

［15］沈丽红.基层图书馆服务空间功能融合的实践运用与探索［J］.河南图书馆学刊,2015,35(012)：93-94.

［16］王宁.博物馆与图书馆公共文化服务体系融合式发展探析——以河南博物院与河南省图书馆和少儿图书馆为例［J］.中国博物馆,2016(4)：34—38.

［17］花钱买自律的付费自习室火了,是图书馆自习不香了吗？［EB/OL］.(2021-05-07). https：//mp.weixin.qq.com/s/3ZI8NJ4Bl8LfmupRKOlplg.

［18］走进长三角"高颜值"公共文化空间［EB/OL］.(2019-10-18). http：//www.cgia.cn/news/wenyu/1499704.html.

［19］李国新：促进公共文化服务高质量发展［EB/OL］.(2020-12-16). http：//www.wlak.net/zxInformation/informationDetail. do? informationId ＝ 7a0242476b064ec1a28d39fa87e4981b.

［20］赵生辉,朱学芳.图书、档案、博物数字化服务融合策略探析［J］.情报资料工作,2014,000(004)：68—74.

面向特殊群体的文化志愿服务：
广东经验与实践

肖　鹏　毛凌文　方　晨①

摘　要　文化志愿服务在现代公共文化服务体系建设中具有重要地位，而面向特殊群体的文化志愿服务更是相关工作的核心内容，能够充分体现均等、共享等基本理念。但在当前的实践中，面向特殊群体的文化志愿服务普遍存在专业性不足、供给量稀缺、服务效能较低等问题。经过多年探索，广东的公共文化机构在相关领域初步摸索、总结出一系列重要的发展经验。本文基于 2020 年的系统调查，提炼出"提升专业化服务能力""建立精准化帮扶机制""构建多元化供给体系""坚持品牌化培育路径""探索数字化服务形态"等 5 种可供复制和推广的服务经验，以期为面向特殊群体的文化志愿服务提供参考借鉴，促进其长效发展。

关键词　特殊群体　文化志愿服务　广东经验

引　言

在公共文化服务体系的建设过程中，文化志愿服务具有独特的价值：一方面，其有望缓解公共文化机构、尤其是基层公共设施的人力资源短缺问题；另一方面，它也是有效激发基层的内生活力、实现社会参与的重要方式。

---

① 肖鹏，中山大学信息管理学院副教授、硕士生导师。毛凌文，广东省文化馆馆长，研究馆员。方晨，中山大学信息管理学院硕士研究生。

2016年7月，原文化部印发《文化志愿服务管理办法》（下称《办法》）以来，中国的文化志愿服务事业进入高速发展期，有力地支持了公共文化服务体系建设，促进了社会文明进步。但与此同时，我们也要注意到，中国文化志愿事业仍有长足的发展空间，其短板之一便是"面向特殊群体的文化志愿服务"（以下简称"特殊群体文化志愿服务"）。

《办法》第十四条明确规定，文化志愿服务的范围涵盖"为老年人、未成年人、残疾人、农民工和生活困难群众等提供公益性文化服务"，并将特殊群体服务作为文化志愿服务的核心内容之一。但在实践过程中，相关工作普遍存在专业性不足、服务供不应求、社会认知度有待提升等问题。

广东是文化志愿服务的先行地区之一，在特殊群体文化志愿服务方面更是具有多年的积淀。2020年，广东省文化馆与中山大学合作，对这些经验进行了系统的梳理。研究过程中，课题组面向全省近300家文化馆（站）、图书馆、博物馆发放问卷，并针对20余个代表性机构负责人进行了深度访谈。本文主要基于这一调查修改完成。在下文中，我们将从专业化、精准化、融通化、品牌化、数字化等5个方面出发，结合具有代表性的案例，呈现特殊群体文化志愿服务的广东经验，以供业界和学界指正、参考。

一、提升专业化服务能力

"专业性不足"一直是阻碍志愿服务深入发展的关键问题，在面向特殊群体的服务过程中，专业性的诉求显得尤为重要。特殊群体文化志愿服务对专业性的要求主要体现在两个方面：一方面，特殊群体的身体和心理特点对服务过程提出了专业性要求。一般来讲，特殊人群的"特殊性"多数体现在身体和心理层面（尤其是老年人、未成年人、残疾人），在提供文化志愿服务的过程中，志愿者至少要掌握对应的医学基础知识、心理学知识、沟通技巧等，尤其在面对特殊情况时，要能够恪守专业化的行动原则。另一方面，特殊群体多样化的文化需求对服务内容提出了专业性要求。特殊群体事实上覆盖了多个社群，数量相当庞大、类型相当复杂，其对应的文化需求多种多样，因此，在文化志愿项目设计前就要对所服务群体的特征有一定的了解和研究。

基于广东的实践经验，提升志愿者的专业性主要包含"加强专业化培训""招募专业人才""加强专业岗位的设计、管理和评估"三种基本路径。

首先，加强专门培训是提高特殊群体文化志愿者专业性的基本举措。自2012年起，广东省立中山图书馆就联合广州青年志愿者协会助残服务总队，开始启动"心聆感影"无障碍电影现场讲解文化志愿服务活动。"心聆感影"的关键支撑机制之一是系统的志愿者培训。其培训工作分为三个部分：首先是岗前培训，主要是培训基础性知识，通过"讲解＋参观"的方式，由各部门志愿者负责人介绍图书馆概况、规章制度、志愿者权利和义务等相关内容，帮助志愿者了解基本业务知识；其次是岗位培训，主要提供通用的文化志愿者专业知识，例如在面向志愿者的骨干培训、专题培训中，教授志愿者精神、文明礼仪、公共场所突发事件处理及紧急救护等内容；最后是围绕服务群体特别设计的专业培训，包括国家通用手语基础培训班、口述电影志愿者培训班等小众化却具有高度针对性的内容。这种多层次、专业化的培训机制一般需要获得专业机构的支持，例如广东省立中山图书馆"心聆感影"项目相关培训体系的建立，就与广州青年志愿者协会助残服务总队的帮助密切相关。但即便如此，此类培训早期仍会遭遇诸多困难，如培训教材的缺失、培训机制需长期磨合与投入等。

其次，加强面向专业志愿者的宣传、招募与合作，是现阶段提升文化志愿服务专业性的主要手段之一。大部分公共文化机构并没有办法将普通的志愿者培训为专业型人才，因此，更简便的手段是招募具有职业化意识和水准的志愿者加入文化志愿团队。而要吸引这些人才，无疑需要公共文化机构主动出击，在特定的细分领域展开定向宣传和招募工作。以广东省美术馆为例，该馆的文化志愿服务管理者受访时指出，"在专业化上，美术馆的工作确实需要更高的专业素养。除了要有基本服务礼仪外，志愿者还需要有较长的学习和实践阶段，才能够胜任美术馆志愿者的工作。我们现在主要是根据实际工作需求，定向招募、培育不同的专业人才"。广东省美术馆特别注重在艺术教育、外语翻译、医护保障等方面积极寻求与专业机构的合作，例如在面向基层社区的艺术教育中，就特别重视吸纳艺术教师加入服务项目之中，逐步建立起"公共教育专员＋教师"的美术馆课堂模式。

最后,在"招募专业人才""加强专业化培训"的基础上,加强文化志愿者专业岗位的设计、管理和评估同样具有重要意义。以罗湖区文化馆为例,该馆在内部的规范性文本中,就对志愿者岗位的具体职责和技能进行了设计和细分,明确了不同岗位志愿者的职责和要求。广东省立中山图书馆还建立了志愿者岗位的动态调整机制,将参与特殊群体服务的志愿者分为"普惠级"和"专业级"两类:前者主要负责维持秩序与其他日常性工作;后者拥有一定的专业基础,具备与特殊群体(如特殊儿童、视障人士等)沟通交流的知识、技巧,会更深入地参与对应的服务项目之中。图书馆会持续对志愿者进行登记和评估,普惠级的志愿者在参与多次活动和培训后可能晋升为专业志愿者,进一步发挥其主动性。

二、建立精准化帮扶机制

当我们在使用"特殊群体"这个术语的时候,有时候会将其误认为一个整体,但事实上,各类型特殊群体之间具有很大的差异。如具有身心特殊性的群体(如残疾人)在文化服务的获取和利用方面可能存在天然的障碍,如自身感官障碍、物理环境障碍、信息环境障碍等。这些特性在具有年龄特殊性的特殊群体(如老年人)身上体现得比较明显,但并不适用于具有环境特殊性(如流动人口)、经济特殊性(如低收入人群)的群体。因此,公共文化机构有必要依据不同特征对用户群体进行分类,针对他们的需求提供精准化服务。

值得注意的是,由于特殊群体规模大、种类多,很少有公共文化机构能对于区域内所有类型的特殊群体都提供全面覆盖式的服务。在"保基础"的前提下,公共文化机构更应当有效利用手头的资源,针对区域内有代表性的特殊群体实施精准化突破,建立一系列纵深的服务线条。

近年来,"文化点单"和类似的做法已经成为公共文化领域实现供需对接、提高服务效能的基本举措,而这种"菜单式"的服务思路在特殊群体文化志愿服务中也有着广泛的应用前景。如云浮市文化馆的"文化暖流进万家"百千万文化志愿活动,针对基层城乡的未成年人、老年人、残障人士、农民工等特殊群体,开展贫困地区"结对子、送文化"活动,将各级文化馆可提供的文化服务以文化菜单的形式发布,建立"基层点单,对口服务"的服务供给机制,在服务能力范围内为特殊人群提供有针对性的服务内容。

有些区域更将"点对点精确服务"与"一对一结对帮扶"结合起来,长期聚焦、服务于特定区域的特殊群体。如中山市文化馆的文化和旅游志愿者分队与云南昭通市结对,开展"乌蒙山下的文化慕课"活动,在文化、教育、旅游、人才交流等多领域开展紧密合作,"以知识改变乌蒙山下人民的命运,以文化丰盈昭通人的精神文化生活"。广东在省一级层面也开展了类似活动,自2019年5月以来,省文化和旅游志愿者总队牵头启动新时代文明实践广东"七个一百"精品项目,由省文化和旅游厅直属图书馆、博物馆、文化馆、美术馆、歌舞团等单位参与,多次选派文化志愿者到基层开展"种文化"服务。

三、构建融通型协调模式

公共文化服务的供给不足已是老生常谈,文化志愿服务本就是解决供给不足的一种方式。但要让文化志愿服务成为一种补充公共文化服务不足的有效手段,关键在于建立相应的管理机制。在许多地区、尤其是基层的公共文化机构中,文化志愿者的管理团队往往只有1到2人,他们一般并非专职、也缺乏充分的培训,要带动几十人甚至上百人开展文化志愿服务颇具挑战,更难以把服务触手延伸到特殊群体之中。

在这样的背景下,推动公共文化机构与新时代文明实践中心、农家书屋、党群服务中心等同样具有文化志愿服务功能的相关机构融合发展,整合不同线条的服务资源和志愿服务项目,建立融通型协调机制,具有重要的意义。在实现区域协调和联动的背景下,可以结合不同机构的定位和职能,有效组织相关资源,实现面向特殊群体的多样化、纵深式文化服务供给。

佛山市顺德区的文化服务实践具有一定的代表性。顺德区文化艺术发展中心是该区文化志愿者的主要协调机构,早年就与顺德区图书馆、顺德区博物馆、清晖园博物馆等当地文化机构建立起深厚的合作关系。当地代表性的特殊群体文化志愿项目之一,就是推动文化惠民志愿服务进企业,让异地务工人员享有平等公共文化权利。自 2012 年起,相关部门和顺德区文化艺术发展中心及其合作伙伴联合当地企业,将广东万家乐燃气具有限公司等 22 家企业拓展为首批"政企共建文艺培训基地",作为面向异地务工人员服务的"南雁艺术团"文艺培训活动的基础阵地。2013 年,顺德区文化艺术发展中心立足南雁政企共建文艺培训基地,打造"文化艺术惠民生·百场培训进企业"——百场培训进企业活动,通过整合音乐、舞蹈、摄影、美术、书法、文学等各种文艺样式的师资资源,在全区 10 个镇街开展多场专题摄影、美术、书法、灯谜、声乐、舞蹈、文学、小品等艺术辅导和培训活动,力求艺术样式众多、服务覆盖广泛、惠及广大异地务工人员。通过构建融通型协调机制,顺德区文化志愿服务实现了质的飞跃,其公共文化供给能力大大提升,甚至远超其管理者一开始的期待。在受访过程中,相关工作人员提到,"(最开始)面向异地务工群众的文化艺术进基层培训,每年的规划是 100 场培训,但在实际操作中,每一年都做 100 多场,有时候做到差不多 200(场)的规模"。

四、坚持品牌化培育路径

建设品牌项目是公共文化机构的重点工作之一。一方面,品牌化可以提高项目和服务在人民群众中的知晓度和可见度;另一方面,建立相应的品牌之后,有望帮助公共文化机构获得更多的资源,为项目的长效发展提供保障。值得注意的是,特殊群体文化志愿服务不仅具有较高的现实意义,往往也容易出品牌、立口碑,有助于各个公共文化机构讲好服务故事、凸显其创新意识。

项目的品牌化之路,最基本的要求是长期开展——先有常态化,后有品牌化。在此次调查中,我们就发现,许多有知名度、有代表性的特殊群体文化志愿项目往往开展了数年乃至十余年时间,如广东省立中山图书馆的"听·爱"系列视障文化志愿服务项目,从 2012 年至今一直坚持每周到广州市盲校服务店讲故事、每两个月举办无障碍电影现场讲解、每年举办一次广东省盲人诗歌散文朗诵大赛,以固定频率开展多样化、多层次的活动,使得"听·爱"的品牌知名度不断提高。

实现品牌化培育的另一个要点,是寻找独特性。培育品牌,需要基于自身特点和服务对象的特征发掘项目的亮眼之处，而不能是对已有经验的机械模仿。广东的乳源"金鸪鸪"瑶乡文艺兵是本地极具特色的特殊群体文化志愿服务项目之一。乳源是瑶族自治县，这一服务项目一开始就以当地两类具有代表性的特殊群体——留守儿童和贫困家庭为主要的服务对象。迄今为止，"金鸪鸪"瑶乡文艺帮扶志愿服务队已深入乳源县 9 个乡镇，在留守儿童服务、贫困地区帮扶等多个方面做出一系列亮眼成就：在留守儿童服务方面，结合高校资源进村下乡，教授当地儿童瑶族山歌、瑶族舞蹈等；在文艺创作方面，创作推出《粤北故事》《第一书记》等文艺作品，提升快板表演唱《文明实践新乳源》、舞蹈《瑶山红》、小品《护林防火我先行》等一批本土文艺作品，举办了一系列帮扶共建成果展演；在"绣美瑶乡"等与非物质文化遗产相关的非遗传承项目中，同样有"金鸪鸪"志愿者参与的身影。

五、探索数字化服务形态

数字化是公共文化服务的重要方向之一，严格来讲，文化志愿服务涉及的数字化转型问题包括三个方面：一是服务内容和服务模式的数字化；二是志愿者招募、登记、管理等业务工作的数字化；三是宣传手段的数字化。在这三个问题中，服务内容和服务模式的数字化又是重中之重。

传统文化志愿服务普遍以线下服务为中心，除了直播、慕课等手段之外，如何在数字化时代提供创新而有效的志愿服务，是一个值得思考的重要问题。2018 年 7 月以来，广东省文化馆发起的"'美好生活'广东公共数字文化进万家服务推广活动"（以下简称"美好生活"）对这一问题展开了深入的探索。"美好生活"以周末及节假日为传承弘扬中华优秀传统文化的重要节点，以"互联网＋公共文化服务"为主要手段，为广大群众提供"活动配送数字影院""艺术公社""周末学堂"等综合性公共数字文化服务，迄今线上服务超过202 万人次。这一活动主要包括三大举措：①"活动配送，公共数字文化服务进万家"。联合全省 21 个地级市文化馆，在官微平台共同推出多项公共数字文化特色栏目。②数字影院，打造"你点单·我送戏"新平台。积极与社会力量合作，组建公共数字文化志愿服务队，通过 H5 页面、志愿者进社区等方式，定制"文化数字影院"放映活动。③艺术公社,满足社区群众文化新需求。与社会艺术团体合作打造了多主题体验活动,在疫情期间依托国家公共文化云和广东省数字文化馆系列平台将活动搬到线上,开展慕课教学和直播,并建立"每周一学,随时在线辅导"的常态化互动服务模式,丰富了群众的文化生活。"美好生活"项目灵活运用数字技术,积极联合社会力量,开展点单式服务,紧扣重要节日和优秀传统文化,以"线上线下相结合"的模式,为数字文化志愿服务提供了新的思路。尽管这一项目并没有专门指向特殊群体,但作为一种数字化、主动化、远程化的服务模式,本就有利于众多行动不便利的特殊群体参与其中,而"数字影院"等环节也主要配合志愿者进社区展开,为基层民众提供了文化资源和人文关怀。

结　语

上文从专业化、精准化、融通化、品牌化、数字化等五个方面,初步总结了广东省公共文化机构面向特殊群体开展文化志愿服务的若干经验,对于国内相关地区或机构开展同类型服务,或具有一定的参考和借鉴作用。但值得一提的是,在这些经验的背后,我们还要注意到相关部门和机构所提供的政策支持。

早在 2016 年,广东省精神文明建设委员会办公室和广东省文化厅就联合印发了《广东省文化志愿服务规范指引》,该指引由广东省文化志愿者总队牵头制定,详细规定了文化志愿服务组织、文化志愿者的运行机制、文化志愿服务规范等,为特殊群体文化志愿服务的有序发展提供了重要的制度支持。而广东各地、尤其是珠三角地区也相应推出了一系列与文化志愿服务相关的办法、规章或制度文本,其中有许多明确对特殊群体文化志愿服务做出了要求。例如,《中山市文化和旅游志愿者管理制度》就在第二十五条提出,"文化和旅游志愿者组织可以关爱空巢老人、农民工、残疾人、青少年等特殊群体为重点,开展艺术辅导、帮扶、培训、演出、联欢、旅游导赏等文化和旅游志愿服务活动,突出文化和旅游志愿服务活动的人文关怀";而 2020 年最新版第二十一条还将"文化精准扶贫、乡村文化振兴、'结对子、种文化'、社会应急等相关志愿服务"加入文化和旅游志愿者的服务范围之内。可以说,只有通过将经验制度化、机制化,才能保障特殊群体文化志愿服务的可持续发展,真正为特殊群体提供多元、丰富的公共文化服务。

参考文献

[1] 中华人民共和国中央人民政府.文化部关于印发《文化志愿服务管理办法》的通知[EB/OL].（2016 - 07 - 14）[2021 - 09 - 18].http://www.gov.cn/gongbao/content/2017/content_5189209.htm.

[2] 星星之火可以燎原."中图之友"队伍日渐壮大[EB/OL].[2020 - 08 - 07].https://zyz.zslib.com.cn/ywpx/StudyWord201412191113345114.html.

[3] 广东省国家通用手语基础培训班（第三期）圆满结束[EB/OL].[2020 - 08 - 07].https://zyz.zslib.com.cn/ywpx/StudyWord202003201445581826.html.

[4] 感受光影的温度,凝聚爱心的力量——我馆"心聆感影"项目组赴佛山培训授课[EB/OL].[2020 - 08 - 07]. https://zyz.zslib.com.cn/ywpx/StudyWord202003201018061363.html.

[5] 袁嘉芮,邓小昭.视障用户信息查寻行为研究进展述评[J].图书情报工作,2017,61（10）：141—148.

"一人一艺"乡村艺术普及的宁海实践研究

冯颖丹①

摘　要　推进"一人一艺"全民艺术普及工程,乡村艺术普及是关键。在浙江宁海县63万的总人口中,乡村人口占了40万,而且乡村普遍文化基础薄弱,艺术氛围缺乏。从2016年开始,宁海县创新推出"一人一艺"乡村艺术普及建设,以"百姓大舞台""百姓大展台""百姓云平台""艺术家驻村行动"四大工作为推手,打通"一人一艺"最后一公里,为乡村的全民艺术普及做出了有益的实践。

关键词　乡村　艺术普及　宁海实践

一、宁海县"一人一艺"乡村艺术普及的具体做法

(一)"百姓大舞台"打造全民参与的艺术平台

在宁海县"一人一艺"乡村艺术普及工作中,"百姓大舞台""百姓大展台"是全民艺术普及活动的重要载体和平台,也是全民艺术活动普及的重要形式。

1. 县、乡镇两级党委政府制定政策措施、量化指标、考核方法,将乡村艺术普及列入职能工作常抓不懈

县、乡镇两级党委与政府将全民文化艺术普及定位于自身的职责与使命,通过出台一系列有益于推进全面艺术普及活动的政策、方针,并建立有关

---

① 冯颖丹,宁海县文化馆副研究馆员,副馆长。舞蹈作品《王者之风》《狮·动》《树魂》《根之魂》《月影前童》,歌词《谁说经典不流传》,新故事《擦鞋匠》等多次获得省市一级金奖;论文《以人为本　德馨与共——浅析社区文化建设的路径与方法》《浅析文化礼堂建设的路径与方法》《浅谈儿童音乐创作的特征》《精心打造区域性文化礼堂》等获得省市一级二等奖。

文化艺术普及的准入标准、量化指标、考核方法,推动全民文化艺术普及活动开展。文化服务职能是政府职能的重要组成部分,只有以政府为主导积极推进艺术文化活动发展,区域的文化艺术普及活动才能取得实效。在文化服务理念上充分体现人文关怀,在文化民生层面有效发力,让人民群众享受到文化艺术发展成果,使人民群众的文化需求得到极大满足。"百姓大舞台""百姓大展台"的打造充分体现出政府对人民群众的文化关怀,在全民艺术普及过程中以人民群众为中心,加强各项文化艺术设施建设,通过全民艺术文化普及关注人民群众的核心文化需求,依靠全民艺术活动普及倒逼全民艺术技能与全民艺术知识普及,着力带动全民艺术文化素养提升。2017年县宣传文化部门制定下发"百姓大舞台"考核办法,规定每场"百姓大舞台"中,镇村群众自编自导自演节目需达60%以上,并且对每场"百姓大舞台"演出的节目定位、内容、形式进行全程把控。往年的"天天演"惠民工程全年只要求举办100场,自"百姓大舞台"启动以来,要求实现363个行政村全覆盖,一年365天,真正实现"天天演"。每年年终都举办"百姓大舞台"优秀原创节目汇演,打造草根文化盛宴,受到群众热烈响应。通过几年的努力,18个乡镇(街道)基本形成了各具特色的文艺节目库,为了杜绝一台晚会演到底的现象,"百姓大舞台"以综艺晚会为主,各乡镇(街道)戏剧专场等常规活动全年最多计3场,避免出现形式同质化。明确小成本导向,每场"百姓大舞台"活动经费控制在1万元内,鼓励社会力量建设"百姓大舞台",如茶院乡实行村企合作模式,共同策划晚会内容、共同配比文艺节目,共同承担舞台费用,既丰富群众生活,又宣传企业文化,取得了良好社会效果。据统计,2019年全县共举办"百姓大舞台"368场,其中,村企合办77场,占到总数的21%。

2. 以"天天演""村村展"为形式的活动普及,极大增强了乡村的艺术知识普及和艺术技能普及的需求,把"要你要"变成了"我想要"

宁海县在"一人一艺"全民艺术普及活动过程中,以基层乡村、基层社区为单位,将乡村、社区基层艺术活动作为全民艺术文化活动普及的重要内容,逐步推进民俗活动机制建设,尤其是注重抓住百姓的核心文化需求,推进"民俗文化"与公共文化服务相互结合,将民俗文化节日与民俗艺术表演融入公共文化服务机制建设之中,逐步实现了以"天天演""村村展"的全民文化艺术普及活动形式,使群众喜闻乐见的文化活动在全县如火如荼的开展。根据统计资料显示,近三年中,宁海县全县举办各类文化活动6 000余场,群众参与人数突破了150余万人次。可以说,宁海县在"一人一艺"文化艺术实践过程中,基本做到了天天有活动、村村有演出、周周有晚会,并且使各类文化艺术活动融入乡村、融入社区,使每个村、每个社区都成为文化艺术展台,极大增强了艺术知识普及和艺术技能普及需求,把人民群众的文化艺术需求从"要你要"变成了"我想要"。

3. 以"精品节目点单"为模式的优质文化资源下沉,满足了乡村群众的艺术欣赏普及需求

在"一人一艺"文化艺术普及活动中,宁海县根据本地的特色文化资源与人民群众对艺术的具体需求,打造了"精品节目单"的全民艺术普及模式,逐步促进优质文化资源下沉,最大程度上满足乡村群众的艺术欣赏普及需求。如宁海县西店镇打造了方言小品《西店囡》,连续在各村演出10余场,吸引了各村的人民群众前去观看,该小品的演员均为群众演员,用生动活泼且广大人民群众喜闻乐见的方言俚语讲述了婆媳之间初次见面的情形,通过表演者声情并茂的演出,改变了人们对传统西店人红白喜事大操大办的看法,也彰显出了新的农村文化风尚。这种群众喜闻乐见且通俗易懂的节目表现形式,改变了传统的艺术活动普及方式,使优质文化资源下沉,融入乡村、融入基层,满足了乡村人民群众的艺术欣赏普及需求。

4. 文化志愿者通过"培训项目和师资点单"模式深入各村落,形成了"人人要培训、村村搞培训"的局面

宁海县"一人一艺"的全民艺术普及活动也通过加强艺术工作人员培训、吸引优质文化艺术专家、推动志愿者下乡等方式打造出了"人人要培训""村村搞培训"的艺术活动普及形式。人民群众是全民艺术普及活动的重要服务对象,乡村、社区、城镇是全民艺术普及活动开展的重要阵地,为了全面促进村民艺术素养提升,宁海县在实践中组织了大量培训工作,积极开展系统化文化艺术培训,以满足广大人民群众的文化需求。一是在基层建立文化艺术

辅导网点，面向广大人民群众积极开展文化艺术培训，并组建了一支有水平高素质的特色化艺术培训队伍，通过开设艺术课堂、推进下乡入村培训工作打造专业化的艺术培训板块，将各类优质的艺术文化培训资源送入乡村。例如桃源街道下桥村宁海阿明工作室便是其中之一。自阿明工作室扎根桃源街道下桥村，便积极创作与下桥村有关的方言小品，在重大节庆活动中为下桥村助演助兴。这个小品团队在乡村的土壤上汲取创作营养、选择题材、搜集信息、提取笑料，结合当地人的日常生活状况及风土人情，编演一批反映宁海朴实生活的小品。该团队还把宁海清口绝技进行一对一带徒传承，培养出葛姗妮、麻玲玲、田威威、孔伶俐、张三姣等在县内具有一定知名度的小品演员。诸如此类的工作室，还有力洋村雪野儿童诗工作室、深圳王琛温泉艺术村、桥头胡双林村钟绿叶剪纸工作室以及来自台湾的十名艺术家开设的工作室等等。二是为了满足不同群众的文化艺术需求，还通过下派志愿者到基层为全民文化艺术普及开展服务。如今，阿明已成了热线电话。一个电话打来，他就要抽时间跑一趟乡下，给村里的文艺团队编排、辅导小品节目，或是给对方言小品、宁海清口绝技感兴趣的村民进行培训面授。目前，像阿明这样土生土长的专家型文化志愿者在宁海有100多人。网红广场舞老师茉莉和葛爱琴、李爱茹等，成了近年来最受农村妇女喜爱的、点单最多的文化志愿者，她们带领的广场舞团队辅导的学员遍及宁海每一个乡村。这100多个文化志愿者深入各个村落，每年开展各类指导活动200余次，培训5 000余人。他们为我县全民文化艺术普及活动做出了积极的贡献，打造出了"人人要培训""村村搞培训"的良好文化艺术格局。

（二）"百姓云平台"构建起覆盖全县乡村艺术普及的艺术网络

1. 优质慕课和直播课堂把"一人一艺"资源覆盖到每一个村落，让乡村群众足不出户就能享受到艺术的熏陶

慕课和直播课堂是信息网络技术支持下，乡村艺术课堂开展的重要基础，2018年，我们依托市馆云平台和新闻中心"看宁海"App客户端，进行线上艺术欣赏和艺术培训，推出新编慕课教材和其他新教材50余期，各类艺术影

像资料 80 部(篇),线上受惠人数 20 万人次。让基层社区、乡村都能通过百姓云平台欣赏到百姓的才艺,把文化艺术活动近距离送到百姓的生活中,使百姓的文化生活更加丰富多彩。宁海县为了推进全民艺术普及工作持续有效深入,把"一人一艺"优质艺术文化资源覆盖到每个村落,通过建立"百姓云平台"借助优质慕课与直播课堂,让乡村群众足不出户就能享受到优质艺术资源的熏陶。同时借助慕课与网络直播课堂使优质的艺术资源得到分享,从中提升群众的艺术素养。

2. 百姓云平台成为乡村群众"有才艺起来"的展示平台

自 2017 年始,我县就重视百姓云平台的建设,专项资金中就有一部分用于云平台的硬件设施配置和直播、慕课课件的制作等,为全县人民群众提供文化活动的直播、各类艺术资源点播、文化志愿者下乡辅导的点单活动、在线课堂等线上服务的同时,也为公众提供了互动交流的平台,例如每年的草根才艺大赛"五王大赛"以及每场"百姓大舞台"的直播,评论区都是最热闹的。草根明星们都有自己的粉丝团,他们的鼓励和支持,极大地提高了参与者的积极性,也让百姓云平台更具生命力。一方面,众多的草根艺术者和有才艺的人民群众能借助"百姓云平台"将自身的艺术作品与艺术才能向广大人民群众展现出来;另一方面,百姓云平台覆盖了众多的网络用户,基层社区、乡村居民都能通过百姓云平台欣赏到自己的才艺,文化艺术活动进入百姓的生活中,使百姓的文化生活更加丰富多彩,乡村人民群众的精神文化需求也得到了极大的满足。

(三)"艺术家驻村行动"成为艺术振兴乡村的创新平台

"艺术家驻村行动"是宁海"一人一艺"全民艺术普及活动的重要组成部分,艺术家进入乡村,向乡村群众普及文化艺术知识,宣传艺术技能,更能点亮乡村魅力,使乡村的文化艺术创造力得到有效提升。

1. 高校艺术团队入村,艺术大咖下乡,激发村民内生动力

宁海县为推进"一人一艺"全民艺术普及活动取得良好成效,加强与高校开展深入合作,从高校引入优质的艺术教育资源,使高校艺术团队能进入乡

村,进入寻常百姓家。2019年暑期,30家高校艺术团队先后入驻我县30个村,在为期一个半月的时间内,30支艺术设计团队成员吃住在农家,他们和村民一起根据村庄实际进行局部或整体设计,重点改造和提升村容村貌、村庄公共活动场所以及道路、地标、文化礼堂、庭院、旅游景观等设施。其中中国美院结对力洋镇的力洋村、茶院乡的许家山、越溪乡的王干山、前童镇的上溪村等,结合当地文化礼堂改造提升工程,邀请摄影师开展创作指导、艺术交流、指导村民举办摄影展等活动,充分挖掘古村特色,留下宝贵的影像资料;中国人民大学艺术学院结对大佳何镇的葛家村、跃龙街道艺术街区,重点打造文化艺术特色街区,指导当地村民完成艺术产品创作、墙体设计、艺术家教授路、村民美术馆、艺术庭院设计等8个亮点的打造;浙江农林大学结对强蛟镇的上蒲村、长街镇的西岙村,帮扶他们完成美丽宜居示范村的建设,对当地的文化内涵发掘进行指导,尽可能就地取材打造有本村特色、有个性展示的庭院等等。通过以乡镇为单位与高校组建成"一对一"帮扶对子,或是与高校艺术院系建立全民艺术活动普及全天候战略合作伙伴关系等,引导高校艺术团队深入基层、走向乡村,协同开展全民艺术普及活动。同时,通过引导艺术大咖走下基层,走入乡村,向乡村群众普及文化艺术知识,引导乡村群众积极学习艺术技能,提高乡村人民群众的艺术素养。

2. 县内艺术家驻村结对,"艺术＋"撬动乡村文化振兴之路

乡村振兴是乡村文化振兴的重要组成部分,乡村文化振兴了,乡村经济才能振兴起来。宁海县作为艺术文化大县,县内具有众多资深的艺术名家,2019年宁海县评出了10位名家名匠和20位文化优才,这些人都在第一时间同县内30个村自由结对,实现一对一文化帮扶,为结对村落根据本村的文化资源制定培训计划和文化策略。在"一人一艺"全民艺术活动普及过程中,宁海县通过引导县内艺术名家与各行政村组建成帮扶对子,打造"艺术＋"的全民艺术活动普及模式,使得各类艺术载体、艺术技能、艺术形式能在乡村艺术文化活动中充分发挥作用,繁荣乡村艺术,振兴乡村文化,使乡村艺术的发展更有方向性,使乡村群众的精神文化需求得到充分满足。

二、"一人一艺"乡村艺术普及实践存在的问题

(一)经费支持不足

从宁海县开展"一人一艺"乡村艺术实践活动现状来看,有效的经费支持是乡村艺术活动开展的重要基础条件。但是经费投入不足,经费来源有限,这些都限制着宁海县"一人一艺"艺术实践活动的发展,使乡村艺术实践活动无法由点形成面,只能是在乡村的小范围内开展,无法实现大规模普及。同时经费投入的不足也使乡村艺术活动的内容单一,精品性的艺术活动无法有效开展,无法实现对艺术活动的升级,容易在后期乡村艺术实践活动中使群众产生审美疲劳。

(二)培训形式单一

有效的艺术培训是提高乡村民众文化艺术素养的重要举措,但目前宁海县在乡村"一人一艺"艺术实践活动中,仅有 60 个村是同县内 30 名名家大咖和 30 所高校结成帮扶对子,其他 300 多个行政村仍然以县内文化志愿者点单培训来满足,点单大多数以广场舞、书画、舞龙舞狮、戏曲表演为主,虽然能提高民众的文化艺术素养,但是艺术培训形式缺乏精准性,很难满足乡村民众艺术文化表现能力及艺术素养等全面提升的需求。同时,村民作为未接受过高等教育的群体,在艺术培训中需尽可能以通俗易懂的方式向其传授文化艺术知识,但在实践过程中,很难保障艺术课程培训项目具有良好的精准性和适应性,使村民文化艺术素养能得到全面提升,导致艺术培训存在一定的局限性。

(三)地区发展不平衡

由于县内各乡镇的经济基础不平衡,各地文化活动和艺术培训的开展也很不平衡。宁海县许多村镇在交通要道上,也有不少面临工业规划和土地征用,农民依靠土地流转和补偿、房屋出租或者自主经营积累了一定的财富。

也有的村发展农家旅游远近闻名，种植花卉、苗木、蔬菜等也保证了农民获得较高的经济收入。因此，这些经济条件较好的村镇农民衣食无忧，对文化的需求也相对较高，他们也有更高的热情组建各种文化队伍，如腰鼓队、狮灯队、龙灯队、高跷队、秧歌队、戏曲纳凉队等等，开展活动也非常踊跃，相对的需要点单培训的频率也高很多。而一些稍微偏远的村子，农民的经济收入主要依靠农业和外出务工，相对贫困。村民最关心的尚不是文化发展，而是如何增加收入，改善生活水平，对组建文化队伍和开展文化活动的积极性也不太高。

（四）适合于青少年和儿童的文化设施缺乏

目前我县大多数民间文化活动主要是中老年村民在组织、参与，而广大青少年和儿童一般只有"看热闹"的份，村级文化活动室也很少有适合青少年和儿童的文化设施，假期青少年和儿童也缺乏组织，其文化权益未得到充分保障。对于留守儿童缺乏组织和管理的情况尤为突出。

（五）人才队伍不稳定

一是基层文化站长队伍不稳定。乡镇文化站长是乡村文化活动和艺术培训最直接的引领者和组织者，在"一人一艺"全民艺术普及中起着至关重要的作用，而他们身兼多职，让他们难以抽出时间实现对各村落的文化活动和艺术培训给予指导，他们的不断流动，也让文化活动和艺术培训的延续性出现断层，无法达到培育优秀文艺团队和打造优秀文化品牌的重要目标。二是村落文化管理员普遍年纪偏大，文化层次不高，不具备专业技能、活动组织策划能力，指导作用不明显，导致活动类型的多样性、创新型不足，也不能有效挖掘本地区文化特色以及文化需求。

三、"一人一艺"乡村艺术普及建设的启示

（一）艺术家驻村点亮乡村振兴之梦

乡村艺术建设是推动乡村艺术文化发展的重要举措，宁海县一人一艺乡

村艺术建设对提高乡村艺术文化氛围,强化乡村民众文化素养有着重要的价值。同时艺术来源于生活,而艺术家是最具创造力的群体之一,各位艺术大咖走进农村,通过一年多的磨合熟悉,也为他们带来了更多创作的灵感,碰撞出艺术的火花。艺术大咖驻村行动活跃了乡村文化氛围,不仅使乡村艺术培训的档次得到了提升,而且也为乡村文化艺术精品的打造提供了有力的支持,尤其是在艺术产品开发方面,艺术大咖的驻村行动使宁海县"一人一艺"艺术实践活动实效得到提升。例如十位台湾艺术家的驻村聚焦优化乡村旅游、民宿、文创等产业,他们为宁海乡村振兴建言献策,除了为宁海乡村振兴注入更浓的艺术元素,而大陆乡村亦为台湾艺术家提供了一个实现艺术创造的机遇,推动两岸艺术交流。目前宁海已建成40个"艺术家驻村工作室",预计3年内建成150个以上。

(二)校地协同让艺术为乡村振兴赋能

高校结对活动的开展,给乡村艺术实践活动培训注入了新鲜血液,不仅使乡村艺术实践活动的价值得到有效提升,也活跃了乡村的艺术文化氛围,使乡村艺术实践活动的活力得到提升,更有效地带动了村民参与艺术实践活动的积极性。浙江农林大学园林学院乡村振兴研究与服务中心主任徐寒建说"我们将立足宁海本土文化,用艺术挖掘特色、放大优势,通过合理而富有创造性的艺术提升,努力创作一批乡村艺术成果",例如中国人民大学丛志强教授带领他的3名学生入驻宁海县大佳何镇葛家村带动村民进行设计,就地取材、创作,用12天的时间让葛家村面貌焕然一新。至今已有近万人参观旅游,经济效益、社会效应十分显著,这让我们深切感受到了艺术之于乡村振兴的独特魅力。

(三)一个舞台孕育文艺"全人才链"

2016年7月,宁海县创新推出"百姓大舞台"活动,发出"百姓大舞台、有才你就来"的征集令,极大地丰富了乡村群众文化生活、也壮大了城乡优秀群众文艺团队,培育了很多地域性优秀文艺人才,推动了"送文化"向"种文化"

175

的进一步转变。而为了让"百姓大舞台"真正成为百姓的舞台，关键就在于文艺人才的培育，为此县宣传文化部门统筹文艺人才资源，为全县十八个乡镇街道配备 2 名"百姓大舞台"工作指导员、2 名专家型文化志愿者、100 多名文艺类别专长志愿者，建立梯队化导师队伍，每月平均开展文化志愿服务 30 余次，全年为全县群众提供 500 余课时，受惠群众每年 2 500 余人次。"百姓大舞台"培育出人才，更给人才创造更大的舞台，例如梅林街道杨梅岭村村民的一支排舞在"百姓大舞台"上一跳成名，经过文艺导师的指点后，选送参加浙江省排舞大赛。一批草根文化人才团队从乡村大地上快速成长起来，到目前为止，已挖掘基层特色文化团队 637 支，培育文化带头人 400 余名。在艺术实践活动开展过程中，我们也应该看到，百姓文化艺术素养的提升离不开有效的艺术培训，而百姓大讲台、百姓大展台活动的有效开展使百姓成为人物故事主角，不仅可以进行自身的才艺展示，还能更积极地传播社会正能量，为精神文明建设做出贡献，而群众也有更多的才艺展示的平台。百姓大舞台和艺术培训机制相辅相成，在乡村艺术实践过程中形成了良性循环，培育了属于自己的全人才链，使乡村艺术实践活动处于良性发展状态，既为百姓的才艺展示提供有效的支持，也满足了乡村艺术文化发展的需求，真正使乡村文化艺术活动能够全面普及，全面展开，取得实效。

（四）着力打造新时代文明实践基地

农村文化礼堂建设是我省加强和改进基层工作的一大创举，成为乡村建设中的一张"金名片"，被写进 2019 年中央一号文件。我县自 2013 年开展农村文化礼堂建设以来，在县委、县政府的高度重视下，在县委宣传部、县文化和广电旅游体育局等部门全力指导和推动下，经过 7 年的扎实推进，共建成 268 家农村文化礼堂，这些阵地在农民群众的生产生活中影响越来越大，成为党和政府治理乡村的重要平台和抓手，我县"一人一艺"全民艺术普及活动依托农村文化礼堂这个平台广泛开展"送文化"和"种文化"的活动，使村民们自发挖掘本土文化，学唱村歌、举办"村晚"，参加各种积极向上的文化活动，离开"两堂"走进"一堂"，离开各种腐朽落后的思想浸染，接受乐观积极的主流价值观的熏陶,培育"红色细胞",打造"红色殿堂"。同时开展经常性的政策宣讲,开展爱国主义教育,挖掘地方文化、革命文化、优秀传统文化等,寓教于乐,极大地增强了广大农民群众的道路自信、理论自信、制度自信、文化自信。

(五)整合资源多方开拓资金投入渠道

1. 积极争取政府专项资金投入

"一人一艺"全民艺术普及要长期有效地坚持下去,离不开物质和经费的保障,我县自开展"一人一艺"全民艺术普及以来,每年投入的"一人一艺"全民艺术普及专项资金50余万,投入百姓大舞台的资金达到100余万,另各乡镇配套投入每场演出5 000—10 000元不等。除了文化部门积极开展"一人一艺"全民艺术普及活动以外,其他部门也相应地投入资金开展"一人一艺"全民艺术培训活动。如我县文联自2017年始响应县政府开展"一人一艺"的号召,积极组织文联各下属协会理事以上会员组建艺术家小分队定期下乡辅导,开展"大脚板下基层"活动。我们要把争取到的这些政府专项资金合理有效地利用起来,才能把有限的经费用在刀刃上,用于关键的节点上。

2. 鼓励社会力量参与"一人一艺"全民艺术普及

为了开拓资金投入渠道,节省财政支出,我县多方鼓励社会联盟培训机构积极投资兴办乡镇艺术培训学校,对开展公益性培训活动有影响力的机构进行物质奖励和精神鼓励。鼓励有条件的村企业积极参与地方文化活动。入驻村镇的企业大多是民营企业,由于发展的草根背景,其成长过程中可以说与当地乡镇有着方方面面的依存关联,因而其天然地对于本乡本土有着亲和性和报效情结,加强与当地群众的文化互动也能提升其知名度和美誉度,何乐而不为?加强与企业的文化互动和联系,有助于提升农村文化活动的档次,获得企业的物质资助和财力支持,让先进的企业文化辐射和影响农村文化。

宁海县在"一人一艺"全民艺术活动普及过程中积累了大量宝贵经验,并取得了良好的发展成效。通过搭建百姓艺术舞台使全民艺术活动、全民艺术知识、全民艺术技能得到有效普及,通过搭建"百姓云平台"构建覆盖整个乡村的文化艺术网络,使优质的文化艺术资源能直触乡村,通过"艺术家驻村行动"充分唤醒乡村魅力,打造"艺术＋"艺术发展模式,使乡村文化振兴起来,满足广大人民群众精神文化需求。

参考文献

［1］李丽.探索群众文艺创作与全民艺术普及的几点思考［J］.大众文艺,2019(23)：15—16.

［2］翟恬.高校优势资源下全民艺术教育普及工作的探索与实践［J］.智库时代,2019(28)：288,291.

［3］张舒展.浅谈全民艺术普及在文化馆日常工作中的实践方法［J］.大众文艺,2018(16)：15—16.

全球城市背景下上海文化软实力的形成及提升策略[①]

刘晓霞[②]

摘　要　在全球城市背景下,上海文化软实力有着不同于一般城市文化软实力的独特内涵,其形成过程也经历了各种文化资源的累积、开发、转化和创新,是一个较为复杂的过程。在新的历史条件下,上海在建设卓越的全球城市和具有世界影响力的社会主义现代化国际大都市的进程中,可以通过增强文化自信、深挖优秀文化资源,对标最高标准、补齐文化软实力短板和持续开拓创新、努力打造世界一流的文化软实力等策略,提升全球城市背景下的上海文化软实力。

关键词　上海　文化软实力　提升策略　全球城市

文化软实力是一个国家或地区文化所体现出来的总体影响力和竞争力,进入 21 世纪以来,随着经济全球化和国际市场竞争日益激烈,增强文化软实力已经成为摆在世界主要国家或地区面前的重大战略课题。[③] 对于中国而言,提高文化软实力既是经济社会发展的内在要求,又是在经济全球化背景下增强国家综合竞争实力的必然选择,也是建设文化强国的重要途径,是中国由大国走向强国的必经之路。这是因为,一方面,经济社会的发展并不仅

---

①　本文系上海市哲学社会科学规划"全面提升上海城市软实力研究"专项课题"以城市阅读空间建设提升上海城市软实力研究"(2021XSL010)阶段性成果。
②　刘晓霞,上海师范大学图书馆副研究馆员。
③　顾佳薇:《日本文化软实力的发展经验及其对中国的启示》,江西理工大学 2018 年硕士学位论文。

仅是物质财富的增长,同时也意味着社会发展方式人文化、人口素质的提高和人的文明化,这些都需要靠增强文化软实力加以实现;而另一方面,国与国之间除了在经济、政治、军事等有形意义上展开竞争以外,还会以价值观、思想观念等文化方式进行无形的软实力竞争,且文化软实力在综合国力竞争中的地位和作用日益突出,并已成为制约国家发展的重大战略问题。为此,党的十八大以来,习近平同志站在时代发展的高度,对提高国家文化软实力进行了多角度、全方位的理论思考,做出了一系列重要的论述。习近平同志指出:"提高国家文化软实力,关系到'两个一百年'奋斗目标和中华民族伟大复兴中国梦的实现",并明确提出了要努力提高国家文化软实力的任务和要求。文化软实力是城市整体软实力的重要组成部分,尤其是上海作为新时代改革开放的排头兵和创新发展的先行者,提升上海文化软实力,既是服从和服务于国家总体发展战略的需要,又是努力建设卓越的全球城市、进一步促进上海经济社会全面发展和全面提升上海城市软实力的客观要求。

根据《上海市城市总体规划(2017—2035年)》的部署,上海作为长江三角洲世界级城市群的核心城市,国际经济、金融、贸易、航运、科技创新中心和文化大都市,国家历史文化名城,正致力于建设卓越的全球城市和具有世界影响力的社会主义现代化国际大都市。全球城市是在社会、经济、文化或政治层面直接影响全球事务的城市。① 全球城市汇聚一国经济能量,集聚商业、经济、文化等方面的新理念和创新思想的发散,服务并驱动全球经济的发展。② 上海建设卓越的全球城市,就是以全球金融中心、全球信息中心为核心,以全球航运中心和全球贸易中心为先导支撑的全球流量枢纽和以创新汇聚、筛选、释放功能为核心的自主创新与开放创新兼备的全球创新策源地。③ 在建设卓越的全球城市进程中,上海不仅要面向全球,"海纳百川",配置世界资源,努力打造全球网络枢纽,而且要"追求卓越",不断提升作为全球城市的能级和核心竞争力,这些都给上海文化软实力建设提出了更高的要

---

① 王春燕:《上海建设全球城市的"短板"问题研究》,《科学发展》2017年第9期。
② 朱颖、张佳睿:《全球城市的经济地位研究》,《城市发展研究》2016年第1期。
③ 上海社会科学院课题组、屠启宇:《建设创新型全球城市》,《科学发展》2016年第2期。

求。因此,在全球城市背景下,只有准确界定上海文化软实力的内涵和形成路径,在此基础上提出提升上海文化软实力的具体对策,才能帮助上海在建设卓越的全球城市进程中不断提升文化软实力。

一、全球城市背景下上海文化软实力的内涵

1999 年,约瑟夫·奈(Joseph S. Nye)提出了软实力的概念,即软实力是一国文化与意识形态的吸引力,是一种通过吸引而不是强制的方式达到预期结果的能力。[①] 软实力是一个国家依靠政治制度的吸引力、文化价值的感召力和国民形象的亲和力等释放出来的无形影响力,其中文化是软实力的第一构成要素,是软实力内在的驱动力,因此文化软实力也是国家软实力的重要组成部分。为了便于研究文化软实力,学者们从不同角度对其理论内涵进行了探讨。例如:衣俊卿认为,文化软实力的内涵包括两个方面:一是内向的,即"以文化人""文化天下",使文化内化为个体素质与精神价值世界;二是外向的,即"文化传播""文化强国",提升国家在世界文化的吸引力和价值影响力。[②] 张国祚认为,文化软实力是综合国力的重要组成部分,其导向是全社会共同认可的核心价值观,根脉是中华民族优秀的传统文化,安全柱石则是思想理论大厦与意识形态防线。[③]

上海具有历史悠久的海派文化,在全球城市背景下,上海文化软实力不同于一般城市的文化软实力,有其独特的理论内涵。首先,上海文化软实力有着较为深厚的海派文化作为底蕴。海派文化是在中国江南传统吴越文化的基础上,融合开埠以后传入的、对上海影响深远且源于欧美的近现代工业文明而逐渐形成的上海所特有的文化现象,在海派文化基础上形成的上海文化软实力必然不同于其他城市的文化软实力。其次,与一般城市文化软实力

---

① [美]约瑟夫·奈:《软力量——世界政坛成功之道》,东方出版社,2005 年。
② 衣俊卿:《提升文化软实力必须把握的两个着力点》,《中国社会科学报》2011 年 3 月 8 日第 6 版。
③ 张国祚:《中国文化软实力建设必须回答的几个重要问题》,《科学社会主义》2015 年第 5 期。

相比,上海文化软实力有着更加丰富和多元的文化内涵。这是因为上海文化融合了红色文化、海派文化和江南文化等多种文化元素,并在多种文化交相辉映中不断激发出创造活力,从而使上海文化软实力的内涵变得更加丰富。最后,上海文化软实力有其不同于一般城市文化软实力的独特风格。在建设卓越的全球城市进程中,上海"海纳百川,兼容并蓄",不断与时俱进、开拓创新,使其自身既有江南吴越文化的古典与雅致,又有国际大都市的现代与时尚,从而区别于中国的其他城市,形成了具有开放特征而又自成一体的独特风格。综合以上分析可以看出,上海文化软实力是在全球城市背景下,以海派文化为基础,融合了经典的红色文化、海派文化和江南文化等多种文化元素所形成的,具有开放、创造、扬弃和多元特征的国际化的影响力和竞争力。

二、全球城市背景下上海文化软实力的形成

文化软实力固然重要,但其形成却不是一蹴而就的,而是一切与文化活动有关的各种文化资源经过累积、开发、转化和创造性发展以后建构而成的,因此是一个漫长的过程。

(一) 文化资源累积

在长期发展过程中,上海逐渐形成了特色鲜明而又博大精深的海派文化,这是植根于中华民族传统文化的基础上,融汇了江南吴越文化等中国其他地域文化的精华,吸纳和消化了一些外国的(主要是西方的)文化因素,创立而成的新的富有独特个性的区域文化,其内容涉及建筑、美术、小说、电影、社会生活等多个文化方面,是多种文化交流融合的必然产物。① 海派文化符合上海文化发展的历史规律,其特点是吸纳百川、善于扬弃、追求卓越、勇于创新。其中,"吸纳百川"就是强调上海在形成海派文化的过程中不闭关自守、不固步自封、不拒绝先进、不排斥时尚,而是海纳百川、熔铸中西、为我所

---

① 詹昊谕、陈驰忠、古亮锋:《上海海派文化的传承与发展研究》,《今古文创》2021 年第 30 期。

用、化腐朽为神奇、创风气之先。在新的时代背景下，上海在建设卓越的全球城市进程中，以开放的胸襟和博大的胸怀不断吸收世界优秀历史文化和先进文化，加以融会贯通，从而形成更加深厚的海派文化积淀，为全球城市背景下上海文化软实力的形成奠定了坚实的基础。

（二）文化资源开发

对文化资源的整合与开发，既是上海形成文化软实力的重要保障，又是上海经济社会实现可持续发展的强劲引擎。上海蕴藏着丰富的红色文化资源、海派文化资源和江南文化资源，具有巨大的开发潜力；只有努力挖掘并积极拓展上海的各种文化资源，才能够不断丰富和完善全球城市背景下上海文化软实力的理论内涵。在文化资源开发的过程中，上海应因地制宜，从实际情况出发进一步加大对各种资源的整合力度，加强文化资源开发过程中的科技创新技术的运用，不断提高上海文化资源的科技含量，努力实现对红色文化、海派文化和江南文化资源的整合、开发与上海经济社会的协调发展相一致。例如：上海的非物质文化遗产资源较为丰富，在我国非物质文化遗产体系中独树一帜，而创新性开发利用则是对上海非物质文化遗产资源最好的传承。为此，上海应面向未来，借鉴国内外成功的发展经验，并通过以当代语言诠释优秀的历史文化、依托国内外重大的文化交流平台、努力增加非遗产品的现代设计感、营造非物质文化遗产资源开发利用的良好生态等方式，更好地让上海非物质文化遗产资源在全球城市建设进程中绽放出耀眼的光彩。①

（三）文化资源转化

进入新时代，上海确立了打响"上海文化"品牌、加快建成国际文化大都市这一宏伟战略目标，积极推动和促进各种海派文化资源向全球城市背景下的上海文化软实力方向转化，努力提高全球城市背景下上海文化软实力的国际影响力和竞争力。根据《全力打响"上海文化"品牌三年行动计划》的要求，

---

① 沈杰、周继洋、王雯莹：《上海非遗文化资源创新开发研究》，《中国国情国力》2021年第1期。

上海要对标伦敦、巴黎、纽约、东京等国际文化大都市的最高标准,虚心学习北京、杭州等兄弟省市的好做法、好经验,加快打造一批海派特色突出、城市特质彰显、内涵价值丰富、感知识别度较高的国内国际知名文化品牌,着力构筑上海文化发展的新优势,不断提升城市文化软实力。[①] 其中,上海文化品牌主要包括"红色文化品牌""海派文化品牌"和"江南文化品牌"。打响红色文化品牌,就是要着力建设和守护好共产党员的精神家园,努力使上海关于习近平新时代中国特色社会主义思想的研究和传播走在全国前列;打响海派文化品牌,就是要大力弘扬上海的城市精神,并结合"上海文创 50 条",打造一批全国乃至于全球知名的海派文化品牌;打响江南文化品牌,就是以保护江南文化遗产为重点,赋予中华民族优秀的传统文化和江南文化崭新的时代内涵与现代表现形式。

(四)文化资源创新

社会的转型发展离不开对历史文化的传承与创新,扬弃和创造本身就是海派文化所具有的两个基本特征。其中,扬弃是对上海在百川归海的文化资源累积过程中鱼龙混杂的文化元素进行清醒地辨别,并且要有选择地加以区别对待,避免盲目与盲从;而创造则意味着在上海文化软实力的形成过程中,海纳百川地吸收各种文化资源并不等于照搬照抄,也不是简单地重复和模仿,而是要富有创新精神,积极地对各种文化资源进行整合与创新,洋溢出创造的热情与活力。尤其是当前上海正在努力建设卓越的全球城市和具有世界影响力的社会主义现代化国际大都市,在此过程中对各种文化资源开展积极的创新与创造活动,是进一步巩固和加强全球城市背景下上海文化软实力的必然要求。正如习近平同志所指出的:"我们要善于把弘扬优秀传统文化和发展现实文化有机统一起来,紧密结合起来,在继承中发展,在发展中继承。"继承是在尊重历史文化的基础上进行合理的扬弃,在肯定的基础上延续传统文化的精华和深意,发展则是在坚持海派文化特色的基础上增强对其内

---

① 陆乙尔:《上海加快建设国际文化大都市》,《宁波经济》2018 年第 6 期。

核意义的挖掘,积极从传统中深挖出有利于全球城市建设的积极因素,并进行创造性的深化、活化和转化,在熟稔的基础上创新传统文化的时代要义,以满足上海建设卓越的全球城市和具有世界影响力的社会主义现代化国际大都市的要求。①

三、全球城市背景下上海文化软实力的提升策略

从根本上看,国际文化大都市是全球城市的特殊形态,其不仅具有全球城市的普遍性特征,而且具有一般性全球城市所不具有的文化软实力。在建设卓越的全球城市进程中,上海要建成具有世界影响力的社会主义现代化国际大都市,需要不断提升其文化软实力,为此可以从深挖文化资源、补齐文化软实力短板等方面着手加以改善。

(一)增强文化自信,深挖优秀文化资源

文化自信是一个民族、一个国家以及一个政党对自身文化价值的充分肯定和积极践行,并对其文化的生命力所持有的坚定信心。习近平同志在《坚定文化自信,建设社会主义文化强国》中指出:"中华优秀传统文化是中华民族的精神命脉,是涵养社会主义核心价值观的重要源泉,也是我们在世界文化激荡中站稳脚跟的坚实根基。"社会文化发展是全球城市软实力的重要支撑。② 上海的海派文化是经过几千年的社会发展和社会实践逐渐积淀下来的,具有悠久的历史,经受住了时间的考验。在全球城市背景下,海派文化在上海建设具有世界影响力的社会主义现代化国际大都市的历史进程中依然显示出强大的生命力,并在与世界优秀的历史文化进行交汇、融合的过程中焕发出勃勃的生机。在全球城市背景下,提升上海文化软实力需要立足于社

---

① 张勇、徐学绥:《守正创新:地方历史文化时代价值的提升——以广东肇庆市为例》,《边疆经济与文化》2021年第1期。
② 肖林:《未来30年上海迈向全球城市的社会文化软实力及其发展战略》,《科学发展》2015年第6期。

会主义新时代,按照上海建设卓越的全球城市和具有世界影响力的社会主义现代化国际大都市的要求,加强对海派文化的研究和阐释,深入挖掘上海所具有的优秀文化资源,尤其是对海派文化的历史渊源、发展脉络、文化价值、艺术特色、基本走向以及社会作用等加以深刻阐明,在此基础上实现在新的历史条件下进一步传承与发展海派文化,努力将其推向全世界,使其成为世界优秀历史文化的标杆。

（二）对标最高标准,补齐文化软实力短板

就伦敦、巴黎、纽约等世界一流全球城市的建设实践来看,建设全球城市除了要拥有与全球城市功能和地位相匹配的、达到国际一流水准的公共服务和社会事业外,还要拥有高效、有序、符合国际惯例的社会治理体制,以及充满活力且特色鲜明的能够引领全球的文化生态。上海在建设卓越的全球城市和具有世界影响力的社会主义现代化国际大都市的进程中提升文化软实力,可以对照伦敦、巴黎、纽约、东京等国际文化大都市在文化软实力建设方面的最高标准,结合自身和兄弟城市以往在文化软实力建设过程中积累起来的成功经验,逐一查找在文化软实力建设方面所存在着的不足之处,揭示其形成原因,并认真总结、反思,在此基础上充分调动一切可以利用的社会资源,补齐文化软实力短板。例如：尽管上海以往拥有一大批知名品牌,但在国际市场上能够叫得响的国际品牌却寥寥无几,这不但与上海建设卓越的全球城市和具有世界影响力的社会主义现代化国际大都市不相符合,也在某种程度上极大地制约了上海国际影响力的进一步提升。因此,为了进一步提升全球城市背景下的上海文化软实力,必须下大气力着手打造一批在全球范围内都能够叫得响的世界著名品牌,以此增强上海在全球市场上的国际化的影响力和竞争力。

（三）持续开拓创新,打造世界一流的文化软实力

从世界各国建设全球城市的成功经验来看,伦敦、纽约、巴黎等主要全球城市在建设文化软实力的过程中,往往都会抓住文化软实力建设的关键点,进行持续不断地深入开发和利用,以此带动整体文化软实力的提升。例如:伦敦从莎士比亚时代开始,就堪称是世界上最为重要的戏剧高地,如今更是全世界音乐、舞蹈、文学和美术等艺术形式的主要中心,伦敦通过完整且丰富的文化生态打造,使城市魅力享誉全球;而法国巴黎也在全球城市建设过程中,依托时装产业,着力打造一大批服装、香水等行业领域内的世界著名品牌,从而在全球范围内树立起巴黎浪漫之都和时尚之都的良好形象。就上海而言,在全球城市背景下提升文化软实力,需要结合上海所具有的海派文化资源优势,充分利用现代科学技术和发达的社会信息网络,因地制宜地开展持续不断地创新和创造活动,不断丰富与完善全球城市背景下上海文化软实力的理论内涵,拓宽上海文化软实力在建设具有世界影响力的社会主义现代化国际大都市进程中的实际应用边界,并在全球城市竞争中推动和促进海派文化的吸引力、创造力和竞争力,融合形成世界一流的文化软实力,从而不断增强上海在全世界范围内的影响力和竞争力,提升全球城市背景下的上海文化软实力。

增强文化软实力关系到上海建设卓越的全球城市和具有世界影响力的社会主义现代化国际大都市的总体方略,在新的历史条件下,在深刻理解全球城市背景下上海文化软实力的内涵及其形成过程的基础上,通过采取增强文化自信、深挖优秀文化资源,对标最高标准、补齐文化软实力短板和持续开拓创新、打造世界一流的文化软实力等策略,上海一定能够提升其在全球城市背景下的文化软实力,以此助力具有世界影响力的社会主义现代化国际大都市建设。

新冠疫情背景下全球城市公共文化服务的基本经验、功能转型及相关启示

——以东京、纽约、伦敦和新加坡为例

吴 晗①

摘 要 新冠疫情给全球带来重大挑战,本文以东京、纽约、伦敦、新加坡这四大全球城市为例,讨论面对疫情带来的市民心理健康问题,各大城市如何运用诸如社区治理、民众自治、高科技手段、文化艺术活动组织等措施,有效提振民众被新冠改变生活后的失落和焦虑心理,并总结城市治理的基本经验。同时,与上述四大城市公共文化服务政策相比较,归纳总结上海的公共文化政策,特别是在城市软实力培植意见指导基础上,上海对疫情以来市民精神面貌振奋所做出的贡献。

关键词 新冠疫情 全球公共文化服务 四大城市 上海

一、新冠疫情对于城市公共文化服务的挑战

席卷全球的"新冠肺炎"疫情带来诸多社会问题,对城市社会经济建设与发展带来巨大的挑战。特别是疫情常态化之下,如何加强公共文化服务体系建设,维护与发展人民群众的基本文化权益,是城市治理面临的重要挑战。具体而言,疫情后,民众生活发生剧烈变化,更加关注个人卫生,重视健康生活,线上生活更为深入,也面临很多现实问题,包括人与人保持一定的社交距

---

① 吴晗,上海社会科学院文学研究所助理研究员。

离,非集聚状态下,很多活动无法现场参加。在这一复杂的社会情况下,如何提供有效的公共文化设施、文化产品、文化活动以及其他相关服务,保障民众正常生活;同时,在巨大灾难之下,世界各大城市为了防疫、抗疫纷纷展开一系列举措,在这之中,隔离环境导致的民众情绪低落和精神不振,也引起了城市管理者和城市研究者的广泛关注。如何应对新冠疫情带来的城市精神低迷问题,如何有效改善城市精神面貌,从内在重振城市活力,成为世界各大城市尝试去着力改善的问题。在这个背景下,以文化的方式"软性"干预市民精神健康,有效提振疫情期间的整体城市精神面貌,成为了世界各大城市不约而同的选择。

二、四大城市公共文化服务主要做法与基本经验

面对重大疫情带来的危机,包括东京、纽约、伦敦、新加坡在内的诸多全球特大城市,均通过发布引导性政策、推出有针对性的项目去抚慰民众的精神状况,面对疫情中常见的心理关怀的缺失,借助文化手段振奋人心、缓解压力,用文化治愈新冠疫情带来的群体"创伤"的同时,充分展现了城市管理层面在危机情境中的人性关怀。

(一)东京:疫情新常态下的社区复兴

东京市政府在新冠疫情下为打造"3个城市",即安全之城(Safe City)、包容之城(Diverse City)、智慧之城(Smart City)的目标加大了投入。为应对民众心理健康及城市精神面貌问题,市政府同样加大了财政投入,东京采取的策略是强化街道社区的自治系统,注重社区内的多文化共生,并以重塑社区内部的社群联结,为广大市民提供强有力的心理支撑。

面对疫情下的诸多问题,东京市政府拨出大量财政预算与财政资助,以确保社区保健系统和医疗服务系统的安全,其中重点覆盖社区内特殊人群的精神需求,例如儿童和外来居民。政府还成立了地区自治会以协助地区发展,通过开展专家讲座、派遣联络人员,有效地协助青少年精神健康教育,以

促进青少年健全成长。为推进多文化共生,东京都生活文化局主导设计了国外居住者阅读页面,为社区中的困难群体提供小额资助和工作协助,同时提供心理咨询电话,以缓解国外居民心理焦虑的问题。

东京市政府最值得关注的举措是推出了"在新常态下恢复社区活动(「新しい日常」をふまえた地域活動の再開に向けて)"的新政策①。各项工作都在为构建疫情"新常态"下的社会而努力,目标是在"防止新的冠状病毒感染传播"和维持"经济社会活动"之间取得平衡,其中尤为关注社区内的困难人群和弱势群体。面向儿童有一系列措施,不仅在家庭和学校中为他们提供价值观念的输入,帮助他们获得社会技能,同时鼓励他们与地区不同的文化群体进行接触并体验生活。作为"不同年龄段的交流"和"多元文化交流"的社区活动逐渐恢复,在与传染病防治措施相配合情况下,帮助青少年不受新冠疫情的干预而健康成长,从而有效地扶助到了社区内的弱势群体,更全面地促进了社群内部的凝聚和关怀。

(二)纽约:智能技术推动下的文化疏导

与日本东京市政府关注社区治理,增强线下的扶持不同,纽约市政府注重线上 App 的开发,通过线上资源提供来缓解疫情期间城市居民常见的心理问题。市政府发起了"纽约健康之家(NYC Well)"②的活动,其中明确提出以文化措施关怀市民精神状况,应有效提振城市整体精神面貌,提供正确的文化引导,为广大市民提供强有力的心理情感支持。

为了准确把握疫情对市民精神面貌的影响,纽约市政府就城市整体精神状况做了调研,在此基础上撰写了《COVID-19 对纽约市精神健康的影响》(*Impact of COVID-19 on Mental Health in New York City*)③研究报告。同

---

① https://www.seikatubunka.metro.tokyo.lg.jp/chiiki_tabunka/seishounen/ikusei/0000001486.html.

② https://www1.nyc.gov/site/doh/covid/covid-19-mental-health. page;https://nycwell.cityofnewyork. us/en/app-library/.

③ https://www1.nyc.gov/assets/doh/downloads/pdf/covid/covid -19-mental-health -impacts -hop.pdf.

时设计心理健康调查问卷,开发应对疫情期间精神不振问题的应用程序,在线上推出富有针对性的文化服务内容,以数字化的手段免费为纽约市民提供精神支持。

纽约市广泛使用智能技术手段,在疫情期间推出了多项服务,比如通过引导性质的活动、视频、音频、文章等,促进缓解市民的压力、焦虑和沮丧情绪,充分体现对于市民的心理关怀。在政府官网上,公布的针对疫情防控的"每日应对技巧(Daily Coping Tips)"中就包含了如何改善心理压力的相关内容。而在移动客户端,比较有特色的活动 App 有"Headspace""Woebot",在 App 中提供引导冥想的动画视频;同时为市民建构起网络社区,有效地在"无接触"前提下进行文化导引,并积极地拓宽了市民在隔离期间的文化交流,从而缓解压力,提升市民幸福感。更值得一提的是,纽约市的举措中顾及了不同人群的特性,妥善调整文化资源传输种类与形式,尽可能做到资源的平衡利用,以覆盖到更多的市民。

纽约市政府通过智能科技推广文化途径改善市民精神面貌,无疑是疫情期间值得关注的文化举措。通过一系列线上活动有效振奋人心,借助线上平台鼓励民众互动。这一系列举措颇有成效,据统计,在"NYC Well"服务平台回答各类健康问题的热心市民在 2020 年 3 月以后不断增加。纽约人在疫情期间频频在官网"NYC Well"服务界面向城市有待帮助的市民伸出援手,为处于疫情期间的城市带去了浓浓的暖意。

(三)伦敦:发动民间力量振兴城市精神面貌[①]

鉴于新冠疫情扰乱社会日常秩序,对城市产生了巨大的经济、健康和社会影响,伦敦政府很早就判定,因为疫情,伦敦市正面临着近代史上最具挑战性的时刻。伦敦市政府同样注意到,病毒传播伴随着焦虑和不确定感的蔓延,疫情不断在加剧着民众的消极情绪,封锁、出行限制和社会隔离也已经影响到民众的通常应对机制。为此,政府以"为伦敦人的心理健康和福祉

---

① https://www.london.gov.uk/what-we-do/health/investing-mental-health.

提供更多支持,并确保更好地获得服务（ensure that all Londoners have an equal opportunity to good mental health and wellbeing）"为目标,提供全面医疗护理的 24 小时在线服务,全方位地保证市民健康。同时,政府采纳 PHE（英国公共卫生署）"超越数据"报告的建议,以解决因"新冠肺炎"疫情造成的伦敦 BAME 社区的社会不公问题。并制定计划方案,预设到 2025 年,伦敦将拥有 25 万名健康大使,为伦敦人的生活、工作和娱乐提供支持。

比较值得强调的是,伦敦市将城市精神面貌作为一项衡量伦敦复苏至关重要的标准。政府官网中还设置了名为"伦敦谈话（Talk London）"的网络社区,通过这一栏目促进伦敦市民之间的积极互动。与此同时,市政厅发动地方议会、NHS、企业、大学、慈善机构、工会、社区和信仰团体为城市规划与振兴献计献策。这些团体参与制定了伦敦从疫情中恢复的计划,共同提出了九项城市振兴任务,以恢复人们对城市的信心,其中就包含了有效恢复市民精神健康、提振城市精神面貌的内容。针对不同人群,市政府提供了具有针对性的方案,通过鼓励民间机构的设立,帮助市民提振精神、恢复昂扬乐观的情绪,从而推动城市层面整体精神面貌的有效复苏。

值得关注的是,针对特殊情况和特殊人群,市政府为各类组织提供经费,支持他们进行各类精神健康服务。在政府资助下,如"夜不入睡特别工作组（No Nights Sleeping Rough）""共同精神健康基金会（Together for Mental Wellbeing）"和"美好悲伤基金会（The Good Grief Trust）"等基金会,加强应对不同情况下的民众精神低落问题。以"美好悲伤基金会"为例,这是一个应对丧亲人群情绪不振而进行活动的组织,该组织用每周一次的虚拟咖啡馆活动为失去亲人的人们提供了一个相互倾诉的聚会场所,通过分享丧亲经历,参与者得以在互相鼓励的氛围中缓解疫情带来的悲伤情绪。此外,该基金会精选各类视频和文章,选取疫情期间鼓舞人心的故事,帮助有需要的民众度过最艰难的时刻,鼓励他们以更加积极健康的面貌面对未来的生活。

政府不仅设立基金会、发动民间组织的力量改善社会环境,还针对包括儿童和青少年、少数族裔在内的社会弱势群体,提供缓解精神压力的各类措施,助力市民度过精神低落的时期。包括鼓励市民加强沟通,通过写作、绘画、短信交流等方式来表达情感需求；鼓励民众通过图片和视频等材料，怀念往昔美好生活，使内心处于舒适状态；或是通过蜡烛香薰和音乐等道具缓解失去亲人的痛苦和焦虑；鼓励市民在保证安全的情况下，增加户外活动、加强运动、调整心态；通过与有经验的人交谈和阅读他们的话语，从中寻找安慰；鼓励市民互助与自助，与朋友多加交流，有意识处理低落情绪；在"Thrive LDN"网站上推出了一个空间，发布各项文化措施，鼓励市民相互支持，以促进个人心理健康。

在考虑伦敦恢复发展之后的城市规划时，市政府将在已有的精神健康支持活动基础上进一步努力，因地制宜，提出向社区、街区、工作场所和学校等机构学习，推动市民、社区和组织之间的合作，构想和发展城市复苏计划。伦敦市设想在各项公共文化政策影响下，到 2025 年，市民将有更多机会获得文化资源与支持，伦敦将寻找到最适合伦敦城市文化特性的方式持续支持城市和社区范围内的精神提振。

（四）新加坡：以文化艺术活动提振市民精神①

新加坡政府鼓励市民参加文化艺术活动以实现城市精神的有效提振，同样采取搭建线上文化艺术学习交流平台的方法，缓解市民中广泛存在的精神不振问题。

新加坡政府主动发起一系列文化艺术活动应对新冠疫情带来的精神低落的情况。政府向市民推荐五项在疫情期间比较适合的项目（*5 easy-to-do activities this holiday season*），鼓励群众节假日期间在保护状态下有选择性地参与文娱活动。如"在滨海湾花园赶上圣诞灯"（*Catch the Christmas lights at Gardens by the Bay*）活动，为了兼顾疫情防控的需要，政府推出了线上游览服务，市民可以参加虚拟旅游以数字方式查看迷人的仙境，其中还囊括了各个年龄段的互动、节日表演和游戏活动，确保民众在参观时可以虚拟参观云雾森林和花卉圆顶，在增进植物知识的同时有效缓解了心灵的焦虑感。

---

① https://www.gov.sg/arts-and-culture.

在所有城市中,新加坡开创性地注重"新冠肺炎"疫情防控的文件编制工作。图书管理局(National Library Board)发起"在新加坡记录新冠肺炎疫情:今天为明天收集(*Documenting COVID-19 in Singapore: Collecting today for tomorrow*)"这一活动,尝试以编辑档案的方式捕捉疫情下日常生活的全貌。提出"你的故事很珍贵"的理念,鼓励市民讲述身边的故事,记录新冠疫情所带来的日常生活变化,为疫情防控工作赋予人文关怀。这些素材展现了新加坡市民在疫情期间的方方面面。除此之外,国家还由新加坡国家博物馆以及新加坡国家档案馆进行收集口罩和个人防护设备等实物,收集政府记录、口述历史访谈、广播等活动,推动与疫情相关视听收录工作的开展。这一系列措施旨在记录疫情下城市文化的变化情态,为今后城市文化的发展和规划提供参照。

政府大力推动文娱活动由从线下转为线上。政府支持民众在网上进行学习和娱乐,鼓励市民通过直播学习、传播健身知识,引导市民在家观看新加坡华乐团的"数字音乐会"和滨海艺术中心的视觉艺术、戏剧、舞蹈等。在隔离状态下使用网络平台实现文化艺术活动内容的有效输出和推广,丰富市民的精神文化需求。

针对老年群体,新加坡政府还尝试通过线上音乐交流活动协助老年人度过疫情期间的孤独时刻。政府宣传72岁的叶迪克(Dick Yip)的事迹,推广其组织的"以数字方式与其他 *kakis* 连接并学习新乐器"(Connect with other *kakis* digitally and learn a new instrument)活动。在新冠疫情下,原有的面对面沟通学习交流方式转为线上交流,72岁的夏威夷四弦琴老师叶振华(Dick Yip)每周三在 Facebook 上开展直播,为老年尤克里里爱好者提供交流平台,他的演奏曲目成为新加坡疫情期间时常播放的音乐。该活动使新加坡成功借助线上技术应对新冠疫情时期社交活动匮乏的境况,用音乐缓解了新冠疫情所带来的孤独与伤痛。

疫情引发城市内部精神低落的问题是2020年"新冠肺炎"疫情之后出现的新状况,而当世界各个城市不约而同地选择用"软性"文化手段实现城市精神提振的目标时,这些政策引导的公共文化实践便体现出鲜明的时代前沿性。考虑到学术研究总是落后于城市的公共文化实践,本段综述选取的材料直接摘取自世界各地政府的文化政策,这样既能反映出文化在疫情防控时期的特有功能,也能及时捕捉全球范围内城市公共文化建设的新趋势。

三、新冠疫情下公共文化服务的功能发挥

综合世界各大城市在疫情期间为提振城市精神所实施的公共文化政策,可以看到,文化在多个方面为疫情期间的城市提供了精神支撑:一是文化关怀和市民间的互动有效地加强了疫情期间的情感支持。许多政府选择建立线上社交平台,通过聊天、互动等环节加强了市民交流,消解因疫情带来的孤独感、焦虑感和情绪上的不适。二是在疫情隔离状态下,城市政府均推出了一系列线上文化活动,用文化的方式缓解市民焦虑情绪,在新冠疫情的背景下维持并延续着城市文化生活,为城市已有的文化资源建立线上衍生的可能性。此外,政府发动市民记录疫情之下的城市百态,挖掘疫情期间城市文化的演变轨迹,在资料搜集基础之上,为今后城市文化规划提供依据。

总体看来,各大城市采取的方法主要有建立线上平台、建立基金会、招募志愿者、壮大民间力量等形式,拓宽了文化扶助城市精神提振的管道,加强了市民之间互助、互动的途经,并且有意识地将资源倾斜向弱势群体,从而在整体范围内实现城市精神面貌的提升。在其中,有两点尤为值得注意。一是疫情隔离期间,当人与人之间因交流减少而普遍处于孤独状态时,城市政府通过设置线上社区平台加强了社群间的相互支持,使市民在交流中获得温暖与关怀。二是广泛发动民间力量参与,鼓励社会组织活动、调动民众积极性,这样有利于调动各界的积极性,加强区域合作共生意识,为后疫情时期刺激城市复兴做好准备。最终,在政府、市民和民间组织的共同努力下,疫情不再成为裂解城市社群的负面因素,转而成为凝聚地方和社区的机遇。

四、与上海的横向比较及相关启示

在我国,为应对新型冠状病毒肺炎疫情联防联控机制,国务院印发《关于

印发新型冠状病毒感染的肺炎疫情紧急心理危机干预指导原则的通知》，针对六类不同人群的心理危机，提出有效手段加以干预。该通知提出，将心理危机干预纳入疫情防控整体部署，以减轻疫情所致的心理伤害、促进社会稳定为前提，根据疫情防控工作的推进情况，及时调整心理危机干预工作重点。针对不同人群实施分类干预，严格保护受助者的个人隐私。针对疫情所带来的精神问题，传统方法是借助医疗手段加以干预与治疗，而上述全球城市案例给我们带来的启迪在于，在疫情的大背景下，应充分调动文化温润人心、凝聚人心的力量，文化政策层面或许也是缓解市民精神压力、提振城市精神面貌的利器。

在这一全球背景下，上海市政府突出强化培养城市文化软实力的重要意义，以促进疫情常态化下的居民心理健康。2021 年，上海市颁布了《中共上海市委关于厚植城市精神彰显城市品格全面提升上海市软实力的意见》，其中做出了有关城市文化全面建设与发展的规划，这为疫情常态化下的上海城市全面建设与发展，提供了理论支撑。其中重要内容是强调通过对城市软实力的培植，促进文化发展，"焕发昂扬奋进的精神面貌"，"把城市精神品格化为每个市民精神成长的丰厚滋养"，全面提升市民生活面貌，并成为适应新时代要求的思想观念、精神面貌、人文精神，使其能够在"海纳百川、追求卓越、开明睿智、大气谦和"的上海城市精神和"开放、创新、包容"的上海城市品格的影响下，在和谐的氛围中，让文化魅力竞相绽放，各美其美，美美与共，与城市相互成就。城市软实力的提升、文化的发展，对市民生活的保障特别是精神的提振有重要作用。在提升文化品质的同时，能够促进市民的幸福生活。

上述城市文化建设以改善民众心理健康的措施中，包括以重视社区发展、关注不同人群需求、运用高科技手段和进行丰富面向的文化活动这四方面的启示。而这些内容，也与上海城市文化软实力培植及提升的相关举措有契合之处，并对上海如何建构城市文化软实力以振奋人心，激发活力，制定文化政策与有效实施提供了重要启示。

（一）重视社区文化发展，将政策下沉到城市社区

与日本关注社区建设的政策相似，上海的公共文化政策中，不断开展城市微更新活动，响应"人民城市人民建，人民城市为人民"重要理念，从小处入手，以城市建设最小单位——社区为切入点，重视城市文化的微小调试，通过改造老旧小区的方式"有机更新"，让城市文化焕发新活力。在改造中，不但关注生态建设，同时也考虑到文化普及带来的人文关怀，以此促进民众对生活的美好向往，加强心理健康的维护。比如通过对具有生活气息和文化艺术内涵老镇场景的重新设计与改造①，奉贤金汇镇的社区公共空间以微更新的方式，突出"小而美""小而精"，不但解决了居民的实际生活需求，进一步提升了生活品质，并从文化建设方面，为城市发展提供新活力。这对市民在疫情中低落的心理情绪有较好的提振作用，促进他们在更为健康和美好的氛围中生活。

上海已经将目光投向极小的城市单位，比如老城厢等细微个体，在此基础上，有必要进一步细化文化治理规划，下沉到街道以及更小的城市组成部分。

（二）关注特殊人群，如青少年和外来人口，强化多元文化交流

东西方文化在上海融合，这是上海"开放、包容"城市文化品格的体现。疫情期间，上海利用多元文化交融，展现城市文化的神韵魅力，有效提升文化影响力，努力构筑具有国际影响力的文化高地。

作为世界城市，在疫情期间，上海市政府关注到国外人群生活的困难，组织市民为其排忧解难。比如通过组建微信群，以线上交流的方式，保证外国友人在疫情期间的心理健康。② 最值得关注的是，通过线上线下的互动交流，比如进博会等活动的推广，在构筑对外交流平台的同时，讲好中国故事，展现

---

① 《城市微更新：让幸福和美好看得见、摸得着》。https://sghexport.shobserver.com/html/baijiahao/2021/08/24/520229.html.

② https://baijiahao.baidu.com/s?id=16602326012883180083&wfr=spider&for=pc.

"魅力上海"，并对其他国家的民众有所影响。上海在求新求变的过程中，以文化的创新和突破，吸引中外移民聚居。海纳百川，追求卓越，通过搭建有效平台，通过文旅融合的方式，以上海故事和上海精彩，为中外移民提供更为宜居的城市生活环境，温润人心。①

同时，"引导和促进青年文化艺术人才、网络原创作者、街头艺人等健康发展"，为他们提供基础保障设施和文化发展支持，"为探索未来、成就梦想提供更大舞台"。在获得文娱新体验的基础之上，使得青年人才的精神世界得以丰富发展。同时，包容多元创新互动，进行文化的交融合作，从而促成文化新思想以及源源不断的"精品、优品、新品"的生成。

（三）以网络和高科技手段，将公共文化政策精细化并深入推进

与伦敦政府策略相近，上海市政府运用网络，提供文化交流场所，鼓励民众互助，完成心理健康建设。同时，运用大数据手段，以智慧治理的方式，"及时发现病灶、找出病因、对症施策"，运用文化手段，进行精细化治理，指导民众反思，理性考虑过度悲伤带来的城市精神低落及其相关损失。在此基础上，激发城市文化活力，振奋市民精神。

同时，类似纽约市政府所采取的措施，上海利用高科技手段，提高文化政策影响的深度和广度。在城市文化规划中，举办线上＋线下的"建筑可阅读"系列活动，通过科技手段，全面普及城市遗迹的文化内涵，通过"活化"城市建筑，将历史文化和现代生活有机融合，以涵养各类人群。在城市建筑的脉脉温情中，了解城市历史，摸索文化发展脉搏，丰富市民精神文化生活，并以此深刻认识上海的城市精神品格，增强文化自信，形成健康而积极向上的文化观念。

（四）鼓励和组织官方和民间的多层次系列文化艺术活动，吸引各方人群参与，提高文化政策影响面

自上而下地组织与自下而上地响应并行。政府制定一系列公共文化措

---

① https://baijiahao.baidu.com/s?id=1717443790789335822&wfr=spider&for=pc.

施,强化全社会的广泛参与,"营造人人参与软实力的氛围"。而在这一过程中,民众的广泛参与,激发各方面参与的积极性,强化社会凝聚力,最大限度聚合全社会的共识和力量,有利于缓解在疫情影响下出现的恐惧、紧张和焦虑的情绪,并形成"人人都是软实力"的生动局面。

在新冠疫情之下,通过多种公共文化措施的实施,让城市更有温度与人情味,东京、伦敦、纽约和新加坡这四大全球城市提供了有效的治理经验。通过对社区的治理,对民众自治的鼓励,对高科技手段的运用,以及多元文化艺术活动的举办,城市公共文化政策有效改善疫情带来的心理健康问题。面对这一问题,上海同样交出了令人满意的答卷,特别是在《中共上海市委关于厚植城市精神彰显城市品格全面提升上海市软实力的意见》的指引之下,通过系列文化政策的实施,使得城市"充满亲近感与洋溢人情味",从而守护民众心理健康,温润人民情绪,提振市民精神,最终实现城市善治并使城市更具韵味。

特 别 策 划

编者按： 十年前，上海市民文化节从创办之日起，就定位为人民的节日。今
天，市民文化节早已融入百姓的日常生活场景，并将不断以文化艺术
滋养市民的精神世界，成为上海这座有温度的城市中的一团火。本
篇系统梳理、多维呈现上海市民文化节的前世今生，以期推动未来的
市民文化节成为引领上海人民追求更美好生活的一束光。

人人出彩的人民节日

——上海市民文化节十周年回顾与展望

上海市民文化节指导委员会秘书处

上海作为正在崛起的国际文化大都市，坚定不移地贯彻落实中央部署，把文化发展提升到"立市之本、兴市之基、强市之源"的战略高度。为民办节，让市民共享文化发展成果，成为扩大公共文化服务供给，提升公共文化服务水平，实现文化惠民的重要举措，亦是提升上海文化软实力的重要举措。以此为契机，创办于2013年的上海市民文化节，贯穿全年、覆盖全市，分春、夏、秋、冬四个阶段推进，是全面展示上海群众文化建设丰硕成果和市民文化风采的平台，营造出了文化无处不在、无时不在的浓郁城市文化氛围，助推了"美丽上海"建设，助力上海市民实现"美好生活"的愿望。十年来，市民文化节依托各大赛事，以覆盖全市各街镇的社区文化活动中心为主要活动场地，推出丰富的文化服务；同时，在上海重点文化广场、公共绿地和部分商业中心设立室外场地，在节假日形成规模效应。与传统的文化活动相比，上海市民文化节以全新的办节思路、多元的办节主体、高效的运作模式，实现了"百个社区大展示、万支队伍大竞技、社会各界齐参与、千万市民共享受"的目标，为广大市民提供了人生出彩的机会，为城市文化氛围的营造提供了有力的支撑，已经成为这座城市365天不落幕的文化盛宴。

一、上海市民文化节创立的背景

21世纪以来，上海公共文化建设已经取得令人瞩目的成就，但仍然存在亟待解决的问题：一是"十一五"期间，上海投资逾50亿元修建了200余个设施一流的社区文化活动中心，基层公共文化服务设施网络已经形成，但由于机制不全、内容不足，大部分社区文化活动中心都存在"硬件过硬、软件不足"

的尴尬，设施的利用率不高，造成文化资源的浪费；二是全市各区县、行业、企事业单位、民间组织都在开展群众文化活动，但活动资源分散、运作方式各自为营，缺乏有效整合，体制外社会组织和非文化领域社会主体的力量尚未得到激发；三是上海市民的文化艺术素养已经达到一定水准，求知、求乐、求美的愿望日趋强烈，群众热切期盼更加优质、更能够满足个性化需求的文化服务，渴望从台下走到台上，变被动参与为主动展示，但是，上海仍然缺少让群众"出彩"的机会。

另一方面，文化活动要服务于民，文化成果要由人民共享，作为党的宗旨在文化工作中的具体体现，上海市秉承这一理念，市民文化节从开始酝酿到方案确定，经历了将近一年的时间，其间开展了多次调研走访，汇集了大量一手资料和数据，邀请了多位专家论证，听取了各方意见，虽然方案几易其稿，但是活动宗旨始终没变，即市民文化节要立足市民需求，凸显广大市民在公共文化活动中的主角地位。

在这样的背景下，上海借鉴举办世博会的成功经验，策划推出首届市民文化节，希望政府主管部门借助市民文化节能够搭建平台，最大程度地集聚文化资源、社会力量共同参与公共文化建设；带动基层公共文化服务设施软件升级；为百姓提供开放舞台，充分激发基层的文化自觉和文化自信，让老百姓实实在在地共享文化发展成果。

二、上海市民文化节的发展历程

上海市民文化节作为市民群众参与文化活动的大舞台，近十年来，在市民文化节指导委员会的指导下，经历了从无到有，从艰难探索到遍地开花的发展过程。

（一）政府搭台，成立市民文化节指导委员会

2013年，首届市民文化节指导委员会成立，委员会下设秘书处，成员单位包括上海市相关委办局、工青妇等人民团体、各区县人民政府、宣传文化系统

相关单位等 45 家成员单位。指导委员会的成立,改变了以往文化资源条块分割,文化活动各自为战的状况,把全市各类分散的群文活动统一纳入市民文化节进行优化整合。

(二)广发"英雄帖",鼓励社会力量参与

2013 年春节,市民文化节指导委员会在《新民晚报》头版头条发布消息,强调"政府主办大众文化活动的格局,将由首届市民文化节重构,力邀社会各界成为举办主体自主操办"。文化节指导委员会认定"自行申请举办的主体"包括企事业单位、学校、部队、人民团体、社会组织等,甚至外资企业也在此范围之内。组织方还对申办单位的资质、资源、工作经验、活动方案、服务保障、社会影响等进行综合评估,最终确定其资格。"英雄帖"发布后仅两个月,就有 70 余家社会力量申请成为市民文化节的首批办节主体。2013 年首届上海市民文化节期间,共有 300 多家社会主体参与,文化节指导委员会积极为这些社会主体提供对接资源、活动指导、统一宣传等服务,并择优给予奖励,提升多元主体投身公共文化的积极性和水平。

(三)立足社区,提倡"我的节日我做主"

市民文化节提倡"好戏大家一起唱""我的节日我做主",在市、区和社区三个层面展开。在市级层面,组织上海市民合唱大赛、市民舞蹈大赛、市民美术大赛、市民摄影大赛、市民创意大赛、市民书法大赛、市民戏剧大赛、市民原创大赛、市民收藏大展等十项赛事;在区级层面,主要落实十项赛事在本区县的复赛,集中展示各区县富有特色、丰富多彩的群文活动;在社区层面,市民文化节 80% 的活动以社区文化活动中心为主阵地开展。以往社区文化中心安排的娱乐文化活动,一部分来自政府配送的资源,还有一部分是逢年过节应景式的演出。市民文化节诞生以后,由于许多活动是根据社区居民的兴趣,深入挖掘、精心策划,因而深受社区居民的欢迎,延长服务、满载运行的社区文化活动中心数量大幅增长,市民满意度有较大提升,几乎每个社区都能策划开展契合社区自身气质的活动,也涌现了许多人气爆棚的基层公共文化

设施。社区文化中心从以往单纯为市民文化提供"活动场地"变成了群众文化生活的"灵魂"，工作人员也纷纷转型成为"策展人"和"创意总监"，努力为群众提供更高水准的文化享受。

（四）成立市民文化协会，实现运作机制创新

2013 年，上海市群众艺术馆作为首届上海市民文化节的"指挥部"，承担了整个活动的策划、组织、实施和推进工作。在初创阶段，市民文化节已显现出整合资源、融合发展、拓展服务的平台效应，在发动和组织群众文化活动过程中体现了思想和理念上的创新。

2015 年，上海市群众艺术馆与中福会少年宫、上海市收藏协会、上海申通地铁集团有限公司、上海市青年文学艺术联合会、上海市老龄事业发展中心等11 家单位共同发起组建"上海市民文化协会"，并得到了全市百余家在上海公共文化建设中具有一定地位、发挥重要作用的企事业单位、社会组织的积极响应。9 月 29 日，上海市民文化协会成立，协会首批单位和个人会员共有 112 家（名），体制外单位会员占比超过 50%。大会听取了协会筹备工作报告，审议通过了《上海市民文化协会章程》，选举和产生了协会第一届理事会理事、副会长、秘书长。

协会成立后，秉持"扩大本市市民文化的影响力，推动上海市民文化的繁荣发展"的宗旨，以服务广大百姓的文化生活为第一要务，在政府主管部门同意和授权后，承担上海市民文化节的策划和运作，发挥其社会组织优势，凝聚会员，主动作为，各显其能，通过项目申报激励、资源对接指导等举措，鼓励优秀主体在市民文化节的活动中走向前台，以更多样化的手段和灵活的运行机制，有效、合理地集聚社会各界力量运作推进上海市民文化活动，积极发挥民间自主服务、自律监督的作用，让各类主体的项目、资源、人才在此平台上充分涌流、碰撞，引导各类主体跟随上海城市文化的发展节奏共同壮大，从而实现了市民文化节运作机制的创新。

（五）构建四级体系，探索公共文化跨界联动

2016 年，市民文化节以贯通全市的联动体系，进一步加强基层资源整合

与跨界协作能力。各区县参照市级层面的办节思路与机制,大量积聚社会主体、资源、团队与骨干,将文化服务延伸到区域内的各个社会群体,形成了"1+16+209"的三级体系,有效整合了区域文化资源,使原本零散的活动和项目,在更大范围内产生更好的社会效应。

2017年,各区在"1+16+209"的三级体系基础上,进一步向第四级延伸辐射,促进基层设施高效运营,形成了公共文化跨界联动、共建共享的新格局。

2018年市民文化节以更加开放的平台面向社会征集项目、活动和资源,首次面向社会征集包括场地伙伴、传播伙伴、智库伙伴、内容伙伴与志愿者在内的合作伙伴,以进一步打造融合、开放的市民文化节平台。

(六) 应对疫情挑战,推出"云上文化服务日"

2020年3月28日,上海市民文化节在新冠疫情防控的特殊阶段,以"云上文化服务日"的特殊方式启动,转变服务方式,积极推出线上服务,有针对性的、多样化的文化服务受到群众的广泛认可,真正做到了"闭馆不闭服务"。"云上文化服务日"以"文化上海云"为主平台,联动线上线下、打通各方资源,形成全市16个区、各级各类文化场馆、专业文艺院团、专业协会、各类主体等共同参与的12小时的优质线上文化服务活动,当日浏览量超过1 000万。

三、上海市民文化节的主要做法

创办上海市民文化节的目的,是在拥有旺盛文化需求的大都市搭建一个公共文化服务的大平台,它既是文化信息资源共享的网络,也是全民参与文化活动的品牌。市民文化节10年来不断探索和完善"政府主导、社会支持、各方参与、群众得益"的办节机制,主要内容包括:

(一) 转变政府职能,从"大包大揽"到"社会化、专业化"

市民文化节打破了以往政府"包办"文化活动的格局,探索群众文化繁荣的新模式。从首届市民文化节开始,政府部门不再"亲临一线"办文化,而是更多地进行"资源整合",发动社会力量,吸引多元主体,推动公共文化服务从"量变"到"质变"。

在办节理念方面,市民文化节虽然以"节"为名,却不是传统意义上的节庆,其实质是一个可以整合各方资源,联络各类文化主体与市民的开放平台。市民文化节借鉴世博会园区活动运营经验,尝试活动项目社会化、专业化运作,通过媒体发布"英雄帖",有效集聚多方力量,形成办节合力:一方面,鼓励区县、企业、社会机构、民间组织"举手"参与办节;另一方面,与上海的传统文化品牌项目积极"牵手"。在"举手"的社会主体中,既有上海音乐厅、文化广场、东方艺术中心这样的专业文化机构,也有经信委、司法局、妇联等非文化政府机构,更有上海青年文化联盟、元祖西饼等社会组织和企业;在"牵手"的主体中,既有"上海之春"国际音乐节、上海国际艺术节、上海电影电视节、中国国际动漫博览会、上海书展等文化艺术品牌,也有上海旅游节、上海购物节、上海乐器展等针对特定人群,或以商业、产业为目的的品牌,更有上海夏季音乐节、上海世界音乐季、上海辰山音乐节等一批新项目,通过"举手"和"牵手",使市民文化节推出的活动新颖出彩,突破了群众文化仅是"阿姨大妈、唱唱跳跳"的传统刻板印象。同时,市民文化节依托项目申办、活动赞助、社会招标、政府购买等多种形式,广泛吸纳区县、企业、社会机构、民间组织自发参与、自主操办,这在全国属于首创之举。

在文化内容方面,以往每年各区县都会自行策划组织各类赛事展事,存在门类撞车、发动乏力、覆盖面不广、难以形成规模效应等问题。市民文化节实现了在市级层面统一策划,集中宣传,全市发动。各项赛事、展事都经过精心推敲,吸引各界市民踊跃参与,在社区、校区、厂区、园区、营区和机关、楼宇与市民近距离接触,并在初赛、复赛的基础上,市区联手举办九场高水平决赛和展示活动,全面展现上海公共文化建设成果。

(二)激活基层文化设施,变"缺血"为"满载"

市民文化节汇聚全社会的文化资源,一大批来自文化系统、专业院团、专业机构的市级优质文化资源通过市民文化节集聚起来,向社区文化活动中心进行项目"输血",改变了社区文化活动中心设施优良,但服务内容不足的状况。首届市民文化节80%的活动立足于社区,以社区文化活动中心为主阵地开展,高质量的文化活动被直接输送到市民身边,如市文联邀请100名艺术家和学者为基层提供艺术讲座、艺术鉴赏、艺术指导、技艺传授等文化艺术指导;市文广局下属美术文博单位和行业组织深入社区举办普及讲座和展示展览;还有许多拥有文化资源的单位和组织也在市民文化节的牵线下,在社区文化活动中心找到了落脚点,有效填补了社区文化活动中心的文化服务空白,促进了基层设施的满载运行。

市民文化节指委会按春、夏、秋、冬四季编制《市民文化节活动全表》,向市民公布全市203家社区文化活动中心和各社会主体的数千项活动。活动按区县排列,按项目分类,同时注明参与方式或咨询电话,方便市民检索并按需参与各类活动。《全表》的推出,促进了基层文化设施提高服务意识:一是提前敲定的公告,形成文化单位对社会的一种承诺,市民不仅是参与者,也成为监督者;二是将全市所有社区活动汇总在一起,形成了竞争机制,无论是在活动数量还是活动质量上,各单位都必须下功夫钻研、创新;三是一季一出的《全表》迫使许多活动中心转变工作风格,提前数月有规划地策划活动。《全表》推出后,延长服务、满载运行的社区文化活动中心数量大幅增长,几乎每个社区都有了个性化的文化活动。

(三)尊重人民的艺术梦想,让"观众"成为"主角"

市民文化节面向的是社区,聚焦的是民生,服务的是市民,文化惠民是活动根本出发点和落脚点。在活动设计上块面多、场次足,能让市民就近参与。活动主题演绎重视文化内涵,为市民带来快乐的同时,实实在在地满足市民的文化需求。市民文化节通过搭建社区文化宣传联盟,建立了一套畅通便捷的公众信息发布系统,每季度举办上海市民文化节新闻发布会,不仅发布四季活动全表,还发布每月、每周活动公告,甚至每日活动预告,并与电视、广播、网络等各类媒体合作,及时传播信息,加强服务引导,服务广大市民。

以往的公共文化活动,市民仅仅是观众。市民文化节践行群众路线,让文化活动从群众中来,更为群众所享受喜爱。市民文化节策划音乐、舞蹈、戏剧、美术等十大赛事的初衷与目的,是创造机会,让有艺术追求的普通百姓走出自娱自乐的小圈子,登上市级的竞赛舞台,登上高规格的艺术殿堂,真正成为主角,展示艺术才华,成就人生梦想。市民文化节指导委员会对赛事方案精心设计:大赛的种类尽可能涵盖在上海最受群众受欢迎的项目;参赛对象要面向文艺团队、面向家庭、面向各年龄段人群;大赛的评选导向确定为不过分追求技艺的精湛与专业,更倾向于鼓励表达真挚的情感、真诚的梦想;同时将报名点和初赛设在全市各社区文化活动中心,方便市民就近参与。可以说,十大赛事的方案设计,从总体的原则到细节,无不以贴近群众为出发点,以市民百姓获得文化的欢乐和享受为目标。大赛选择的展示场馆,都是全市乃至全国最高规格的艺术殿堂:舞蹈团队的展演在国际体操中心,音乐家庭展示在东方艺术中心,美术作品在中华艺术宫陈列,合唱团队在梅赛德斯—奔驰文化中心放歌,亚洲最大商城月星环球港则为创意大赛的优秀作品辟出了3 000平方米的展示空间。市民文化节指委会为每项赛事的"百强"制作了精美的、包含照片和完备信息的名录册,旨在保存大赛足迹并为参赛者留下永久的纪念;在每项赛事的决赛当日,都要在《新民晚报》等媒体刊登获奖名单;对奖牌的设计虽不追求奢华,但力求使其成为让获奖者永久保存的艺术品,帮助普通市民实现"艺术之梦"。每项赛事还设计了针对获奖者的后续开发与提升计划,比如市民创意大赛就推出了"创意产品产业化""培养与签约市民设计师"等激活创意、产品与人才的机制,尝试推动优秀市民设计师向专业设计师转化,将市民创意大赛提升为塑造新产品、新品牌、新设计师的"孵化器"。市民文化节指委会还将赛事中脱颖而出的优秀市民文艺团队和个人纳入上海公共文化服务内容配送体系,为他们提供更多展示风采的机会。

通过市民文化节,来自人民群众的文化创造源源不绝,公共文化活动的形式和内容不断丰富创新,外延与品质得以扩展升级,活动的关注人群和参与群体已形成广覆盖态势,市民大众的自主参与积极性得到有效激发。

（四）建立联动机制,由"单兵作战"驶向"协同共进"

一是与重大文化活动联动。市民文化节积极与中国上海国际艺术节、

"上海之春"国际音乐节、上海国际电影节、中国国际动漫博览会、上海旅游节等重大文化节庆"牵手",推动这些专业节庆或为老百姓"量身定制"活动,或送活动进社区、进基层,产生更大的叠加效应。

二是与文化项目联动。市民文化节期间,市文联、市教委、市总工会、市动漫行业协会、上海广播等系统都推出了丰富多彩的项目;一批社会主体"新面孔"纷纷涌现,应运而生一批新项目,如淘宝文化节、青少年科技文化节、中华礼仪大赛、中信银行杯广场舞大赛、丹麦儿童戏剧上海行、世界国标舞巨星与市民互动活动等,内容更加丰富,整体策划水平大大提升。

三是与"长三角"地区联动。2019 年,市民文化节联手"美好生活"长三角公共文化空间创新大赛,发现和推出一批基层文化空间"美""好""新"的典范案例,征集到来自江、浙、沪、皖的 324 份参赛案例,涵盖基层文化空间、公共阅读空间、商圈文化空间、文博艺术空间、跨界文化空间和美丽乡村文化空间等,倡导用美的空间提升百姓的文化生活品质。2020 年,"美好生活"长三角公共文化空间创新大赛借助项目在"长三角"城市积累的关注度与影响力,获得了三省一市的 600 多个空间报名,其中上海以外案例占 190 个。本届大赛引发更多设计力量和社会广泛关注,形成了公共文化在"长三角"跨区域联动的局面。

(五)携手各类媒体,变"信息报道"为"价值挖掘"

市民文化节在策划之初,就特别注重让媒体参与进来。市民文化节指导委员会秘书处专门成立了"媒体工作部",为媒体建立了信息沟通渠道。市民文化节指导委员会积极联络上海文广集团、上海广播电视台,以及解放日报报业集团、文新报业集团等媒体,邀请他们以指导委员会成员的身份发挥力量。在主要媒体的带动下,各区县与市区联动,全力配合做好区域宣传。

在开展宣传报道时,市民文化节媒体工作部一方面拓展广度,集聚全媒体力量,吸引平面媒体、广播电视、网络媒体、移动新媒体等全面参与报道;另一方面牢牢抓住《解放日报》《文汇报》《新民晚报》《东方早报》《新闻晨报》、上海广播电视台各频道频率、东方网、新民网等主要媒体多角度宣传,开设"市民文化节"专刊或专栏,对市民文化节进行多侧面、持续深入的报道。媒体工作部还培育了一批"信息联络员",在文化节的各项活动开展进程中主动到各区县挖掘新闻线索、搜集报道素材,将各种鲜活的信息有针对性地推送到媒体,形成一条自下而上、由分散到集中的信息链,为全媒体的报道提供了强有力的支撑。

创新的市民文化节宣传工作,一改过去平面化的信息报道,让宣传随策划先行,让媒体宣传的告知、发布、导览等功能层次分明,全方位地为老百姓服务。每月一期的《媒体监测报告》都会汇集当月的数百篇、数万字的媒体剪报,这些报道围绕主题,从不同视角切入,深度采访挖掘,或展现市民文化节带来的"人人出彩,天天精彩"的美好情景,或关注探讨公共文化理念和机制的创新,或反映百姓梦想和圆梦故事,媒体的关注点日益聚焦市民文化节对于社会治理的积极意义、对提升市民精神素养发挥的独特作用、对社会主义核心价值观落细、落实的生动写照上。《东方早报》的《让文化成为生活的常态》、《人民日报》的《基层文化场馆怎样告别"空心"》、《新民晚报》的《点燃百姓中国梦——首届上海市民文化节上的草根明星》等优秀报道,在全社会产生了很大反响,将在市民文化节中涌现的正能量向更大的范围传递、传播,让每位市民都能沐浴在浓郁温馨的文化氛围之中。

四、上海市民文化节的建设成效

十年间,上海市民文化节提升了公共文化设施的效能,培育了新的社会主体,打通了优质资源的渠道,催生了新的社会主体积极参与,使市民成为主角,成为城市文化真正的参与者、展示者、欣赏者、分享者。

（一）传承优秀传统文化,实现核心价值引领

市民文化节通过持续举办中华古诗词大赛、中华优秀传统文化知识大赛、中华语言文字大赛、中华经典诵读大赛等市民大众喜闻乐见的活动、竞赛,让市民在阅读、理解、运用、演绎和创作中,重拾中华优秀传统经典的学习

兴趣,播撒中华优秀传统文化的种子,使其融入市民日常生活、工作、学习中,有效推进传统文化的普及、振兴。

市民文化节围绕重大历史性节点,先后在全市开展纪念"世界反法西斯战争胜利和抗日战争胜利 70 周年"群众文化系列活动(2015 年);"壮丽的丰碑"上海市纪念建党九十五周年群文系列活动(2016 年);庆祝改革开放 40 周年"我们这五年""回望四十年""潮涌上海滩"三大主题板块知识大赛(2018 年);"礼赞新中国,讴歌新时代——庆祝新中国 70 周年华诞"诗歌征集活动(2019 年);庆祝全面小康圆满收官"全面奔小康"知识大赛和"侬好! 小康"创意设计大赛(2020、2021 年)等众多项目,不仅形成了高潮迭起、大气磅礴的纪念、庆祝氛围,更让爱国情怀激荡人心,激发群众永记历史,开创未来的豪情。

市民文化节关注普通市民的生活和亲情,把家庭当作参与文化活动的重要单元,按照"注重家庭、注重家教、注重家风"建设工作的要求,开展"家文化"系列活动,通过举办写家史、续家谱、议家训、树家教、传家风、说家事、秀家宝、赛家宴等一系列活动,让好家风、好家训深入人心。

市民文化节联手电影、书展、艺术节三大节庆,弘扬"真善美",推出了"电影中的真善美""阅读中的真善美""艺术中的真善美"系列征文活动,邀请市民网友们用文字记录一部电影、一本好书、一场好戏中的真善美,让市民在高高兴兴参与活动之余,还能有所沉淀、有所回味。

(二)坚持以文化人,带动市民文化素养提升

市民文化节充分发挥文化的"文治教化"作用,以艺术的形式将文明的种子撒播到市民的心中,激起人们对崇高和美好事物的追求,将协作、礼让、诚信等文明观念深植市民心中,进而潜移默化地影响和改变人们的思想和行为方式。市民在参与活动的过程中,释放出对文化艺术的热爱、对生活的礼赞、对梦想的执着、对亲人的真情、对祖国与上海这座城市的眷恋,文化活动被赋予了精神和灵魂。

市民文化节在大型赛事、活动的过程中结合讲座、培训、导赏,始终将艺术普及、人文教育、市民素养提升作为开展活动的重要目的之一。如 2016 年

通过歌剧艺术普及计划在市民中培养了一批歌剧粉丝；2017年组建了由专家学者组成的"讲诗团"，深入市民中间推出系列讲座、线上诗词导赏等；艺术大课堂推出市民戏曲导赏，e课艺堂持续推出网络艺术教育。各区也纷纷推出围绕七大艺术门类的市民艺术修身导赏计划，为文化发展与传承打下坚实的群众基础，从各方面提升市民的艺术修养、人文涵养和文明素养。低门槛参与、开放式比赛、高水平展示以及后续长效的提升与打造计划，使普通市民"去功利化"地参与群众文化活动，同时催生出多个"市民百强"成果。市民文化节不仅为市民提供圆梦舞台，还为他们打开了通往更灿烂未来的大门，从这个平台走出来的百姓"民星"在许多重要场合展示风采，极大地激发了这些从群众中来的艺术达人自主参与的热情和创作的动力，最大程度地共享了公共文化的成果。

（三）鼓励百花齐放，营造浓郁城市文化氛围

经过不懈的努力，市民文化节与市、区、社区三级公共文化体系相叠加、互补，凝聚为无处不在、百花齐放的城市文化氛围，驱动各级各类文化实施部门、公共文化阵地置身于全城的公共文化网络中重塑定位、打造亮点、实现服务能效的升级。

市民文化节通过帮助区县承接市级重大活动，积极扶持、推广区级文化项目，有效培育了一批特色鲜明的文化品牌，驱动各区形成"一区一品"文化格局。如长宁区在"十二五"期间确立了以"舞蹈长宁"作为区域特色文化品牌的定位，市民文化节连续三次邀请长宁区承办上海市民舞蹈大赛，为"舞蹈长宁"品牌的树立奠定了扎实的基础。又如市民文化节将两年一届的上海市民合唱大赛落地闵行区，扶持"金秋闵行"上海合唱节，进一步强化了闵行区的合唱品牌。在社区层面，市民文化节集聚大批来自社会的优质文化资源，输送到市民身边的社区文化活动中心，特别保障优质资源向远郊倾斜，并依托五大类公共空间及网络、移动空间，拓展延伸公共文化服务。这些举措，在上海这座城市营造了浓郁的文化氛围，"人人关注文化，人人享受文化"，蔚然成风。

（四）关注"草根"与基层，成为社会治理的有效手段

市民文化节期间，好项目、好服务促使老百姓乐于走进社区文化活动中心，自觉获取文化艺术的熏陶；好扶持、好培育将市民团队凝聚在基层，实现了自我管理、自我展示、自我提升、自我教育。经过 10 年的培育，主动走进社区文化活动中心参与赛事、享受服务、接受熏陶，已成为越来越多市民的文化自觉，参与者的面貌也由老年人居多拓展到各年龄段、各行各业的人群。许多文艺爱好者因新的赛事而组建成团队，并从此紧密地凝聚在社区，形成相对固定的团队，逐步实现自治自理，成为维护社会和谐稳定的活力单元。市民文化节使基层阵地活力凸显，市民团队紧密凝聚，文化服务成社区常态。

（五）面向青年群体，推动公共文化数字化转型

市民文化节在 10 年中经历了从一个数字资源库蜕变为数字文化服务总平台的转型，并主要经历了三个阶段：

1. 1.0 版：2013—2015 年

市民文化节在初创阶段就开通了网上报名，参与人数不断递增。2014年，市民文化节首次举办了线上传统知识大赛，吸引了 11 余万人次参与，为市民文化节随后举办线上比赛提供了一个可供参考的范本。1.0 版的市民文化节已经初步利用了新媒体传播速度快、阅读便捷、对年轻人群渗透力强等特点，将其作为高效传播的强大推手，对相关活动进行信息预告、知识普及、高频推送。土豆网作为 2015 上海市民文化节战略合作伙伴，更是深入参与全年的各项活动，对"家文化"系列活动的开幕仪式和讲座活动进行了全程网络直播，极大程度地影响并塑造了公共舆论，激活公共文化活动新模式，助力城市文化声音更加响亮。

2. 2.0 版：2016—2019 年

从 2016 年开始，市民文化节进入发展阶段。2016 年 3 月，"文化上海云"平台正式上线，进一步推动上海市民文化节供给方式转型。2016 年以来，市

民文化节新增了线上课程。在课程设置方面,以人文艺术教育普及为立足点,聚焦诗词、书画、海派民俗等主题,创设了线上每日诗品、传嘉艺课堂、艺术视频课程等模块,为市民提供了高质量的在线学习资源。2017 年,市民文化节举办文化云应用设计大赛,推动打造真正意义上的数字公共文化空间;同时还通过网络及社会组织举办了艺术创客大赛,推动了上海地区的艺术创客发展。2018 年,市民文化节推出了"线下""线上"两种路径,启动全新的"云上市民文化节"。"云上市民文化节"设计了基于互联网技术和数字文化消费模式的文化活动,赋予了市民文化节沉浸式、全天候的新面貌。

3. 3.0 版:2020—2021 年

2020 年,受新冠疫情影响,市民文化节进入机遇与挑战并存的转型阶段。2020 年上海市民文化节首次以"云上文化服务日"这一特殊方式"云上"启动。此次文化节以线上活动为主,依托"文化上海云",汇聚全市 16 个区、各级各类文化场馆、专业文艺院团、专业协会、各类社会主体的优质资源,线上、线下联动协同,打造了一场 12 小时的线上文化盛宴。为丰富市民的文化服务体验,本次文化节共开设了"域精彩""云赛场""云剧场""云展厅""云讲堂""大美育""长三角""云集市"八大频道,分别从区域特色、市级赛事、文艺演出、云上观展、大咖讲堂、长三角特色文化、优质文创等维度,展现了上海城市文化的新风尚。6 月 13 日,"云上文化和自然遗产日"期间,沪上美术馆首次集中亮相市民文化节,依托"云上美术馆计划""3·28 美术馆服务日"等平台,为市民游客带来精彩纷呈的艺术大餐,展现了全市公共文化单位在数字文化服务建设上的厚积薄发,也为应对后疫情时代公共文化格局变化趟出了新路。除此之外,线上市民文化节吸引了喜马拉雅、阿基米德、抖音、B 站等互联网企业加入,进一步拓展了市民文化节的服务面和覆盖人群,平台效应、融合效应不断增强。2021 年升级的"文化上海云 5.0"更是开启了 5G 技术应用,全面支持 5G、4K 超高清视频直播,8K、VR 看展,同时还提升中老年用户体验,使操作更简单,让市民打破空间限制,享受身临其境的参与式文化节体验。

同时,线上文化节实现了跨区域联动。2020 年上海市民文化节特别设置

"长三角"频道,进一步深化联动机制,实现江苏、浙江、上海、安徽四地联办,打通参赛渠道、共享赛事成果、共同策划并持续打造"缤纷长三角"品牌系列活动,推动文旅资源互通融合,交出了耀眼的成绩单,"文化上海云"也成为全国第一个实现省级区域覆盖的文化数字化服务平台。

(六) 注重资源累积,建立覆盖全市的公共文化资源库

通过市民文化节,上海建立起了一整套公共文化资源库,具体包括:

1. 数字文化信息报送系统

通过一年四个季度《市民文化节活动全表》的编撰,全市上下建立了统一的数字化文化信息内容报送系统,做到了向全体市民提前预报全市公共文化的服务信息,便于群众就近就便地选择参与各项文化活动,同时文化服务阵地迎来了全社会的监督检验。

2. 优秀文艺团队和人才资源库

基于首届市民文化节开展的十大赛事,从中脱颖而出的舞蹈、合唱、美术、书法、创意、戏剧等十大门类共 1 000 名优秀团队和个人,并将其作为今后全市群众文化活动开展的重要力量,使其成为今后全市公共文化服务内容配送体系的重要内容。建立了跨部门、跨系统、跨领域的资源整合平台,通过"举手"制度和"牵手"机制,文化部门与各部门、各行业、各领域建立了广泛的联络机制,开拓了思路,增强了能力,为全市公共文化活动的开展储备了人才、资金、场地等各类资源。

3. 媒体信息发布系统

通过全年各项活动的开展,市民文化节已经成功吸引了各大媒体的关注,"小人物""草根明星"的感人故事一个个见诸报端和荧屏,不仅营造了浓厚的城市文化氛围,也极大地传播了社会正能量。在此基础上,通过上海图书馆每月的舆情报送,力争做到及时、准确、全面地掌握市民文化节开展情况,推动各项工作动态调整推进。

五、上海市民文化节的未来展望

(一) 突出"人民城市"建设,将市民文化节主题做强

习近平总书记曾指出,做好城市工作,要顺应城市工作新形势、改革发展新要求、人民群众新期待,坚持以人民为中心的发展思想,坚持人民城市为人民。在深刻把握"人民城市"建设的历史脉络与时代机遇基础上,把市民文化节作为弘扬中华优秀传统文化、培育社会主义核心价值观的重要载体,作为践行上海城市精神的重要载体,作为完善现代公共文化服务体系、提升市民大众文化素养的重要载体,围绕全面建成小康社会,实现中华民族统一和伟大复兴的历史任务,传播传统文化、革命文化、先进文化,进一步突出市民文化节的主题性、引领性。

(二) 聚焦高质量发展,将市民文化节的功能做优

推动公共文化服务高质量发展,是进一步深化文化体制改革,发展社会主义先进文化的重要任务,也是让人民享有更加充实、更为丰富、更高质量的精神文化生活,保障人民群众基本文化权益,满足对美好生活新期待的必然要求。上海市民文化节要将高质量发展作为内生驱动力,聚焦市民文化节在内容供给、质量效益、服务方式、机制保障等方面存在的发展不平衡不充分问题,着力充实市民文化节的内容形态,在线下广泛发动的基础上,依靠互联网和广播、电视等媒介,运用大数据和人工智能等手段,加强数据分析和需求分析,根据区域特点和不同人群的文化消费习惯,不断增强公共文化内容生产、输出和公共服务的精准性,着力提升各市民文化节的公共文化服务效能。未来还要加强对市民文化节办节规律的理论研究,总结经验,发现问题,对机制实施情况以及达到的效果进行分析、评估,从而进一步优化、丰富在实践中形成的各项办节机制,不断激发上海市民文化节的活力。

（三）对标国际标准,将市民文化节品牌做亮

上海市民文化节 10 年间累计开展的文化活动分布全市 16 个区、200 多个街镇,让广大市民群众就近、便捷地参与各项线上、线下文化活动,享受各类优质文化资源。

为更好推动市民文化节品牌建设,上海文化主管部门每年委托第三方机构对市民文化节进行绩效评估,按照专家组论证的评价指标体系及评分标准,通过数据采集、访谈,从项目投入、项目管理、项目绩效三个方面对市民文化节进行考核,该项目连年获得绩效等级"优",社会公众调查对项目实施效果满意度连年超过 80%,百姓知晓率、参与率、获得感逐年提高。十年来,上海市民文化节先后获得"2013 年上海十大新闻"、上海十大"社会治理创新项目"、"全国文化馆优秀品牌项目",成为上海群众文化与全国公共文化的"金名片"。

未来要将上海市民文化节置于"卓越的全球城市"标准下审视、提升,对标爱丁堡国际艺术节、维也纳艺术节、柏林戏剧节等,加强项目的品牌塑造与运作能力,梳理已形成品牌,挖掘潜在品牌,培育未来品牌,将市民文化节打造成集赛事、活动、项目、服务、区域特色为一体的城市公共文化品牌集合体,发挥这些成熟品牌对城市文化的带动作用。

（四）优化办节资源,将市民文化节品质做精

"十四五"时期,我国将进入新发展阶段,全国文旅行业发展呈现"文旅融合、高品质生活、高质量发展"的"一融两高"新态势。在此背景下,要不断放大市民文化节的平台效应、社会效应、融合效应,挖掘、培育、遴选、服务新的社会主体成为市民文化节的合作伙伴和办节力量,集聚更多优质文化资源服务于人民大众,推动市民文化节进一步向园区、学区、厂区、商圈、滨江及其他城市公共空间延伸,形成多元、多极、多层、多向的辐射新格局。

上海市民文化节品牌建设的实践与成效

张　昱①

2013 年，为全面贯彻落实党的十八大和十八届三中全会精神，探索上海主办大型文化活动机制，让文化活动由政府主办向政府主导转变，让市民成为文化活动的主角，上海创新推出了以"政府主导、社会支持、各方参与、群众受益"为理念的上海市民文化节。

十年深耕，上海市民文化节既形成了全社会参与公共文化建设的大平台，又成为了全面展示上海群文建设成果和市民风采的大舞台。在如此浩瀚庞大的市民文化活动群落中，上海市民文化节对标"卓越的全球城市"标准，以系统的品牌思维，在办节过程中强化品牌塑造与运作，梳理已形成品牌、挖掘潜在品牌、培育未来品牌，成为了集节庆品牌、服务品牌、赛事品牌、活动品牌为一体的城市公共文化品牌集合体，并积极发挥这些成熟品牌对城市文化的引领。

本文将全面总结上海市民文化节培育打造公共文化品牌的做法和经验，梳理十年来形成的重要文化品牌案例，展现优秀品牌"以文塑城"的赋能作用。

一、上海的公共文化品牌建设背景

从市场角度来说，"品牌"的核心内涵是要传递给消费者的核心利益，是企业针对消费者的市场承诺。文化品牌是品牌的一种，是一定的文化产品和服务通过长期积累所形成的价值的总和。文化项目的知名度、美誉度和普及度不断叠加直至形成深入人心的品牌，在持续服务社会公众的过程中将产生可观的经济效益和深远的社会效益。

2005 年底，上海全市初步形成了布局优化、设施先进、结构合理的社区公共文化设施网络。伴随着城市经济社会的持续发展，人民生活水平的不断提

---

①　张昱，上海市群众艺术馆副研究馆员、活动与品牌推广部副主任。

高,上海进入全面推进公共文化服务体系建设的新阶段。上海的公共文化活动以引领示范为目标,在内容方面以宣传党和政府的执政理念、方针政策和中心工作为主导;在形式上紧随时代步伐,运用各种现代手段呈现,满足不同人群的文化需求。此时,蓬勃发展的公共文化活动开始向规模化、品牌化发展,一批广受市民欢迎的活动项目已具备了"文化品牌"的特征与价值,如"上海之春"国际音乐节群文活动、中国上海国际艺术节"天天演""我们的家园"群文优秀成果展示活动、宝山国际民间艺术节、"长风杯"新上海人歌手大赛、"金秋闵行"上海合唱节、青浦淀山湖艺术节、上海虹桥文化艺术之秋、上海苏州河文化艺术节等。

诚然,这些文化品牌的树立为市民文化生活带来了多彩的体验,也丰富了城市文化的舞台,然而以今日的眼光,站在品牌建设的角度审视之,不免发现这些品牌的创设大多数是基于文化节庆开展需要和区域实际等单一因素考虑,在最初的运作阶段并未能从战略定位的角度考虑其全盘发展、有效提炼核心价值,加之其视觉识别与整合传播都处于起步阶段,使得品牌形象与影响力局限在一定范围内,品牌内涵与价值未能充分彰显。

从"十三五"到"十四五",上海的公共文化体系建设也从加快推进到全面建成,进入了高质量发展的新阶段。市、区、社区、村四级公共文化体系与上海市民文化节的开放平台相叠加、互补,交织出无处不在、百花齐放的城市文化氛围,驱动各级各类公共文化部门、机构、阵地将自身置于全城的公共文化网络中去重塑定位、打造亮点、实现服务能效的升级。上海市民文化节蓄势进击,期望循着现代品牌建设的规律,在有效推进各类文化品牌树立的同时,充分发挥政府主导、社会支持、各方参与的优势,协调各种可以利用的资源,与社会各界高效协作、良性互动;与城市发展规划及"上海文化"品牌建设密切呼应,推动公共文化品牌建设得到跨越性提升。

二、上海市民文化节的品牌建设实践经验

上海市民文化节自创立起,始终将打造提升文化品牌作为从供给侧重点

发力,满足人们美好生活需求,塑造城市文化品格的有效手段和路径;将系统的品牌战略理念渗透到市民文化节的整体布局规划中,将扎实的品牌建设植根于机制项目的实践探索中。一方面积极提炼"上海市民文化节"品牌的核心价值,整合传播策略,在不同的传播渠道进行统一的视觉输出和理念传播,使得"百个社区大展示、万支团队大竞技、社会各界齐参与、千万市民共享受"的目标与口号得到市民大众的高度认同。另一方面帮助分析、提炼、整合不同区域的独特的地域要素禀赋、历史文化沉淀、产业优势等差异化特质,孵化新品牌;扶植既有品牌影响扩大、品质升级;统筹全市文化品牌形成布局错落、特色鲜明的新格局。

（一）在节庆大 IP 下树立文化服务品牌,植入市民生活日常

上海市民文化节的实践证明,一个节庆的魅力,来自它对自身的期许,更来自它对自身的设计。根据上海市民文化节的定位,它并不是一般意义上的"实体节",而是要在拥有 2 000 多万市民旺盛文化需求的大都市搭建一个公共文化服务共建共享的网络体系,其本身就是一个全民参与的公共文化大IP、大品牌。这个以"市民"为名的 IP,面向的是城市,聚焦的是民生,服务的是普罗大众。从沿用十年的市民文化节主视觉形象上即可反映出,"全民、公益、普惠"是其活动的根本出发点和落脚点,也是它想要向社会传递的品牌形象。

"用文化滋润心灵,让草根更有光泽",这份初心落实到三千多个日夜的上海市民文化节运作历程中,即是一个又一个主打文化惠民的活动项目在提供支撑。每年3月市民文化节启动日的"文化服务日"、全市社区竞相开展家门口的文化服务的"社区日"、主打文化艺术普及的"讲师团""赏戏团"、送文化下基层暖人心的"红色文化轻骑兵下基层活动"等,这些以"文化服务"为核心理念的品牌项目通过固定化、产品化、品牌化运作,成为市民的期盼,融入生活的常态。

（二）在全市大平台下培育重大赛事品牌,形成城市文化亮点

在上海市民文化节的总体格局中,市级赛事是提供圆梦舞台,让市民成为主角的最重要的活动板块。市级赛事由各区举手申办,市民文化节指导委员会秘书处综合考虑申办区的文化特色、群文优势、举办力量等因素,将不同门类的市级赛事落地到区,并最大力度地给予组织发动、专业指导、宣传推广等方面的扶持,固化举办模式,帮助树立品牌,托举到市级层面,在大平台上绽放光彩。

在市民文化节的有力发起下,主办区搭台,以东道主的身份将全市参赛者、相关专业力量和媒体请到本区的舞台上,同时也是将全市乃至长三角的关注目光集中到本区,既有效地举全区之力办好项目,又在市民文化节的全市大平台上吸纳流量、扩大受众、提升影响,形成具有唯一性与高辨识度的赛事品牌。每年,上海市民文化节都会设 6~10 项市级赛事,其中部分赛事按届持续举办,绵延至今,品牌形象深扎人心,品牌效应不断叠加。如闵行区的上海合唱节暨市民合唱大赛,打响闵行"合唱"名片,并让合唱节真正走出了闵行,成为全市及长三角共同参与的合唱盛事;长宁区的市民舞蹈大赛擦亮了"舞蹈长宁"的精品化、国际化风范,不仅是上海市民舞蹈团队向往的舞台,更将上海群众舞蹈送上了全国广场舞展演的聚光灯下;浦东新区自 2018 年起以举办公共文化空间大赛为契机,不仅将赛事办成一场空间建设的盛会,更将经典的案例、优质的设计资源、领先的经验做法,有效复制和转化,推广至全国;嘉定区自 2014 年起双线推进以传统文化知识、诗词经典、语言文字为内容的文化类赛事与以戏曲、曲艺表演为内容的舞台类赛事,合并打造"传统文化系列活动"品牌,承续了"教化嘉定"的文脉。

(三)在"一区一品"格局下梳理存量特色品牌,盘活区域文化"家当"

漫步在上海 16 个区,通过城市街景、人文风貌、文化品牌等构筑的一张张各具特色的"名片",令人很容易辨识出各区乃至各街镇的文化性格。在上海的文化建设过程中,各区或社区、街镇的一些特色文化活动与项目也经历诞生—发展—延续的历程,经时光淘洗、凝练、累积,逐渐形成了识别度越来越清晰、内涵越来越丰富、市民黏连度越来越强的文化品牌。上海市民文化节看到这些存量的区域特色品牌的优势和生命力，同时也认识到它们在小空间内各自运作的局限性，在十年办节中通过价值提炼、主题演绎、平台搭建、资源对接、宣推呈现等手段，积极帮助它们提升规格品质，夯实底蕴特色，在不同的地域、领域、门类下发挥对城市文化的示范和引领作用，驱动各区盘活文化"家当"。

2018年，上海市民文化节指导委员会秘书处展开"上海市民文化节影响力品牌发布"评选发布活动，共评出聚焦"中华传统文化推广""市民文化风采展示""城市文化氛围营造""数字文化深度拓展""市民人文素养提升"的百个由各区推荐的品牌项目，这些项目内容各异、主体多元，但以其鲜明的特色和有力的辐射带动作用，助力形成"一区一品"的文化格局，在全市文化舞台上灿烂辉映。

（四）在新市域布局下扶植新创文旅品牌，赋能五个新城建设

站在"十四五"规划开启之年的新节点上，2021年上海市民文化节充分贯彻"人民城市人民建，人民城市为人民"的理念，在活动范围上积极呼应新市域布局，在场景上深度融合文旅体验，引领五个新城积极探索文化特质与城市空间意象之间的内在关系，深化既有品牌、树立新的品牌，将文化内涵深植于游览体验中，将城市探索镶嵌于文化活动情境中，全面赋能五个新城建设。

五个新城，一方面将通过新一轮的城市规划建设，成为长三角城市群中具有辐射带动作用的综合性节点城市，实现"未来理想之城"的目标。另一方面，它们本身拥有着深厚的文化底蕴和悠久的历史遗存。市区联手，在综合五个新城发展方向与文化积淀的基础上，依托上海市民文化节平台，对新城的公共文化活动品牌进行打造和升级，进一步扩大规模、加强宣传、提升品质。2021年的上海市民文化节开幕启动活动，就在南汇新城的滴水湖畔举行，主题为"五湖耀新城 文旅润民心"，联动嘉定、青浦、松江、奉贤四城四湖，通过连线方式共同启动了"市民文化服务日"。市区联动举办的活动除了嘉定新城的长三角地区青少年传统文化大赛（上海市青少年曲艺大赛）是已形成的市级赛事品牌外，其余四项均是融合新城的城市意象全新设立的，如

青浦新城的江南民歌大赛期望为依水塑城、构筑江南"人·水·城"空间关系的建设思路提供文化品牌支撑;松江新城依托大学城的高校资源举办的大学生街舞大赛呼应了"上海根、科创廊"的新城定位;南汇新城依托海昌海洋公园等丰富的旅游资源创办的青少年机器人及无人机邀请赛充分彰显"未来感、海湖韵",往后这些项目将继续深耕品牌,厚植内涵,成为五个新城的文化新名片,提升五个新城的文化影响力。

三、上海市民文化节品牌建设成果

九年来,上海市民文化节品牌建设成果丰硕。"上海市民文化节"曾在中共上海市委宣传部、上海市文广影视局、上海市新闻出版局指导下开展的第二届"上海文化十强十佳十人十大品牌活动"评选中获"上海文化十大品牌活动"奖项;以节为平台孕育、生发的各类品牌错落多元、优势凸显,共同丰富了城市文化的内涵,刻画了城市文化细节。现择其中有代表性的品牌加以例举。

(一)服务品牌

1. 文化服务日

每年3月下旬,市民文化节都会以在全市开展"文化服务日"的独特方式全面拉开当年的活动序幕。"文化服务日"的内容包含全市社区文化活动中心满载运营、延长开放;各级各类文化场馆免费开放并提供美育公教活动;大批专业资源输送到商圈、园区、社区;海量优质文化直录播资源集聚云端等等。市、区、街镇、村四级联动,形成了一张市民可听、可看、可品、可赏、可游、可沉浸、可互动的大菜单,成为春季城市文化"爆点",其丰富亲民形象逐渐深入人心。

2. 社区日

上海市民文化节80%活动立足社区开展,"社区日"即是为了将各社区的日常活动聚集引爆、集中宣传而设的服务品牌。每年每个社区在"社区日"这天重点发力,加之市级资源有力输送并重点倾斜远郊,使"社区日"成为日常基层活动的"升级版"。如2020年上海市民文化节"社区日"嘉年华以"我的小康我幸福"为主题,在全市200多个社区铺开,市民文化节指导委员会秘书处办公室前期设计了5款社区小康海报并建设网上系统,为各社区生成各自的小康海报,以统一的视觉形象在全市铺开宣传,在形成声势的同时又精细凸显各社区亮点。当天全市社区开展特色鲜明的社区文艺团队展示、社区文化服务、文旅结合体验、文化生活创意分享、地区文化交流等活动,打造了老百姓身边的文化小康嘉年华。

以上服务品牌既有助于在平缓的全年活动节奏中形成高潮、强化了市民的知晓度与参与度,又极大锻炼了公共文化基层队伍,促使服务意识与组织能力显著提升。

(二)市级赛事品牌

1. 市民舞蹈大赛

长宁区依托上海国际舞蹈中心、上海歌舞团、上海芭蕾舞团等多个专业场馆、学校和院团资源及深厚的群众基础,在"十二五"期间确立了以"舞蹈长宁"作为区域特色文化品牌的重要定位。上海市民文化节邀请长宁区主办首届上海市民舞蹈大赛,此后保持两年一届的举办节奏。大赛吸引全市优秀的群众舞蹈团队同台竞技,搭建优秀作品的展示平台,提供大师专家亲自指导表演和创作的提升机会,评选的"百支优秀市民舞蹈团"成为上海最具含金量的市民艺术团队奖项之一。同时在办赛过程中不断更新版块,推出舞蹈艺术进校园、"舞动两地情"交流活动、大师培训班等子项目,开启"上海市民广场舞三年培育计划",进一步夯实了长宁区舞蹈文化特色的市民性,为成功创建第四批全国公共文化服务示范体系添上了有力的一笔。

2. 上海合唱节/市民合唱大赛

上海合唱节由上海市闵行区人民政府与上海市文化和旅游局、上海广播电视台共同主办。自2007年创立,每两年举行一届。2013年起,市民文化节将上海市民合唱大赛落地给闵行区,在紧密整合上海合唱节重要资源和艺术元素的基础上,扩大赛事规模、创新活动模式,引导市民从幕后走向前台,让全市的合唱爱好者成为大赛的真正主角。2013年的首届大赛展演活动中，13 000多位演员和观众齐聚梅赛德斯—奔驰文化中心唱响《卡尔米拉·布拉纳》，开创上海合唱节展演观众席与舞台区域联动和鸣的先河，万众共同感受合唱艺术魅力场景成为历届合唱节展演活动的保留画面。上海合唱节与市民合唱大赛品牌共享，项目联动，为合唱团队提供常态化的专业支持，形成"训、赛、秀"的有效机制，合唱教唱、系列比赛、精品展演、艺术论坛等群众喜爱的活动贯穿全年，覆盖全市。经多年培育，上海目前已形成数千支合唱团队，每年参与活动人数呈几何级增长，每届达到20万左右，使这一品牌真正成为上海市民参与合唱活动的"大客厅"，也进一步确立了闵行区作为合唱强区的地位。

3. 最美公共文化空间大赛

2018年，上海浦东新区区委宣传部（文体旅游局）在上海市民文化节指导委员会指导下，首创了"美好生活"上海公共文化空间创新大赛，通过发现与推广公共文化空间设计与运营的优秀案例来推动公共文化服务升级。2019年起，为深入贯彻落实长三角一体化国家战略，大赛将评选范围扩大至长三角，2021年升级到全国，四届共积累了近2 000个"美""好""新"的公共文化空间案例典范，回应了人民对"美好生活"的新期待。大赛在向全市乃至全国输出经验与理念的同时，更致力于打造一个汇集公共文化空间、专家、设计师和运营主体等资源的共享平台，推动成果有力转化。浦东2021年依托通过大赛积累的设计师资源库，将好设计输送到基层，推出覆盖全区的"基层'美好生活'文化空间设计补助项目"，为36个街镇对接优质设计资源，一对一打造36处"公共文化空间样板房"。最美公共文化空间大赛这一贯彻呼应"人民城市"理念的创新品牌，使浦东再次成为立于潮头的"先行者"。

4. 传统文化系列赛事

2014年，上海市民文化节开始探索开辟传统文化板块活动，这受到了绵延800年文脉的"教化之城"嘉定区的热烈响应，积极举手，联合上海市语言文字工作委员共同主办中华传统经典诵读大赛。此后，嘉定区在传统文化系列活动的名义下，陆续主办中华语言文字大赛、中华古诗词大赛、中华传统知识大赛等赛事,形式也从最初以"知识竞赛"为主逐渐演变为"舞台演绎""知识竞答""经典诵读""新作征集"等,配合主题讲座、互动体验、阅读导赏等普及活动,带领市民重温经典,唤起集体文化记忆,掀起学习中华传统文化的热潮,涌现出了一大批具有深厚文化底蕴的"民星"选手。后又加入了与市教委共办的青少年中华戏曲/曲艺大赛（轮流举办）,一静一动,共同打响了"中华传统文化系列活动"品牌,激发了上海市民探索传统文化的热情。2021年,在树立五个新城文化品牌的探索中,中华传统文化系列活动在受众人群上加强对青少年的牵引,在内容形式上增加对当下与现实的关照,使这一已经在全市形成影响的老品牌与嘉定新城"亘古通今、照见未来"的城市意向充分融合,焕发出新的光彩。

（三）区域活动品牌

1. 上海城市草坪音乐会

上海城市草坪音乐会是黄浦区2014年起推出的高雅艺术惠民公益演出,与市民文化节平台效应叠加。它上演在城市中心的美丽户外公共空间,以"高雅、公益、大众"为演出理念,坚持专业化定位和国际化水准,以高品质的古典音乐现场表演为市民带来全新的音乐文化体验。作为市民文化节一个重要的线下活动窗口,它吸引聚集国内外优秀演出资源;与中国上海国际艺术节中心牵手打造"艺术天空——城市草坪天天演";今年又成为全市"永远跟党走"纪念建党百年系列活动的启动演出,在深入打造品牌的同时牢牢绑定黄浦区璀璨融合的文化品格。

2. 上海民俗文化节

浦东三林地区以赓续传统民风民俗为宗旨的"三月半"圣堂庙会创立于2005年,自2012年正式定名为上海民俗文化节,后成为上海市民文化节春季重点推荐项目,着力探索"社团联手、古镇联合、文化联动"的办节机制,在市民文化节的资源整合下,牵头多个江南古镇展开古镇文化建设研讨,举办圣堂庙会、非遗展示、民俗展演、艺术展览、行街表演、花船巡游等活动,成为上海市民春季感受文旅魅力的好去处。由街镇文化品牌升级为市级民俗文化盛会,上海民俗文化节也进一步浇筑了浦东都市文化另一面的传统文化底蕴。

3. 上海·宝山国际儿童文学阅读季

"上海·宝山国际儿童文学阅读季"作为每年宝山区的上海市民文化节重点活动,以"陈伯吹国际儿童文学奖"颁奖活动为核心,坚持国际化、多元化、品牌化、大众化的特色,通过开展各类主题活动,提升陈伯吹文化品牌影响力,共同关心和营造儿童美好的精神家园和成长乐园。"上海·宝山国际儿童阅读季"以儿童文学的互动、交流、提升为目的,通过举办精彩纷呈的阅读活动、高端大气的文学主题论坛,开设儿童文学创作人才培养的讲习堂,搭建多维展示陈伯吹先生生平纪事的纪念馆、3D虚拟馆和网络新平台等内容,注重公益性、广泛性、参与性、多样性,强调创新、彰显特色,全力打造独具宝山特色的文化品牌,营造高品位的文化亮点。

4. 上海市民阿卡贝拉系列活动

为推广阿卡贝拉音乐艺术,打造徐汇阿卡贝拉音乐品牌,自2015年起,徐汇区文化局、上海阿卡贝拉文化交流中心等联合主办上海市民阿卡贝拉音乐大赛,为阿卡贝拉团队搭建展示交流的优质平台,为上海的团队提供更多国际交流机会,配合阿卡贝拉普及讲座、展演活动,以及针对中老年、白领、儿童等不同年龄段的培训课程等,极大促进了各年龄层次阿卡贝拉团队的培育推广,引介全球菁英团队来沪共襄盛举,使上海阿卡贝拉团队的数量和质量不断提升。2017年徐汇区文化局与上海阿卡贝拉文化交流中心携手组建了中国大陆地区首个阿卡贝拉推广联盟——"上海阿卡贝拉联盟",广邀上海市与周边地区团队加入,深耕上海阿卡贝拉音乐文化土壤,品牌影响力、辐射力进一步扩大,让市民共享人声音乐之美。

5. 市民剧场

现代戏剧谷是上海市静安区于2009年创建的以戏剧为主题的特色文化平台,现已成为静安区打造"国际静安"的一张重要的文化名片。为推动公共文化服务建设,现代戏剧谷于2011年正式创建"市民剧场",将其定义为公共文化服务的民生项目,着力为广大有戏剧梦想的戏剧爱好者、普通市民、青年白领、在校学生、在职人士等不同群体提供均等、开放、公益的戏剧体验与服务，成功打造国内首个"市民戏剧节"概念，吸引了越来越多来自上海各区县的戏剧爱好者与广大市民来到静安，共享市民戏剧的文化盛宴。2020 年起，静安区依托"市民剧场"的品牌力量主办上海市民文化节中外家庭戏剧大赛，倡导"一家人演一台戏"，用戏剧展现真挚情感和美好生活，让市民家庭成为文化活动的主角。

社会主体参与上海市民文化节的
实践与思考

上海市群众艺术馆①

　　党的十八届三中全会提出了"构建现代公共文化服务体系"的宏伟目标，把"引入竞争机制，推动公共文化服务社会化发展，鼓励社会力量、社会资本参与公共文化服务体系建设，培育文化非营利组织"作为构建现代公共文化服务体系的重要内容。2013 年，为全面贯彻落实党的十八大和十八届三中全会精神，探索上海主办大型文化活动的新机制，创新"政府主导、社会支持、各方参与、群众受益"的办节模式，让文化活动由政府主办向政府主导转变，让办节主体由体制内单位向社会力量共同参与转变，让市民成为文化活动的主角，上海创新推出市民文化节，打造社会参与公共文化建设的平台，成为展示上海群文建设成果和市民风采的舞台。市民文化节以各级、各类公共文化设施作为线下主活动场地，同时搭建了互联网数字公共文化平台，每年举办 5～6 万项文化活动。这些文化活动覆盖全市 16 个区、200 多个街镇，让广大市民群众能就近、便捷地参与各项线上与线下的文化活动，享受到各类优质的文化资源，打造了一个"永不落幕"的市民文化节。近十年来，上海市民文化节承载了五大功能：传承中华优秀传统文化及社会主义核心价值观引领；广大市民自我教育、自我服务、自我展示；提升公共文化服务效能；市民艺术普及；区域特色文化培育与品牌打造，为城市的文化建设打下了坚实的基础。

　　上海市民文化节能成功举办并实现五大功能的关键在于创新了办节机制，吸纳社会主体共同参与。自 2013 年起广发"英雄帖"，征集社会主体参与

---

①　本文执笔：张昱，上海市群众艺术馆副研究馆员、活动与品牌推广部副主任。任菡瑾，上海市群众艺术馆副研究馆员，调研与评论部副主任。严莉燕，上海市群众艺术馆馆员、数字部宣传推广。

上海市民文化节，贯穿起一条探索公共文化服务社会化发展的主线。如今已经有越来越多的社会组织成为市民文化节的主体。举手主动参与上海市民文化节的社会主体的数量从最初的快速上升，到稳步增长，再到近年来的保持平稳，既反映了大浪淘沙的选择过程，也体现了社会主体壮大成长的历程。本文旨在全面总结社会主体参与上海市民文化节的实践经验，重点分析创新机制的运作情况及其成效，并对如何进一步完善社会主体的参与机制提出建议。

一、社会主体参与上海市民文化节已形成比较成熟的模式

上海市民文化节在"丰富城市文化建设主体、提升城市文化活力"的探索中，尽可能地把开展活动、提供服务、从事创作的空间和舞台开放给全社会，努力创造均等机会鼓励各类社会主体参与公共文化服务体系建设，逐步实现由政府、企事业单位、非营利组织和基层群众文体团队共同来为公共文化生活提供内容、资源与服务。经过近十年的实践，上海市民文化节已形成了社会主体参与的几种模式：

（一）承接项目模式

根据上海市民文化节实施总体方案，上海市民文化节每年推出若干项市级重大项目，通过主流媒体，以广发"英雄帖"的形式向全社会发布项目公告。此举得到了在相关领域具有引领地位的社会主体的积极响应。此类社会主体在承接重大市级项目过程中，发挥了其在专业领域的影响力、权威性、专业能力与优势资源，有效弥补了传统群文活动运作方在专业力量上的不足，有力提升了市级重大项目的质量与高度。比如，上海收藏协会作为一家拥有5 000多名会员、涵盖各收藏领域、统一引导上海民间收藏的市级社会团体，积极承办了首届上海市民文化节市民收藏大赛，吸引了全市共3 000多位收藏爱好者参赛，其中既有某一领域的专家、大家，也有普通的业余藏家；入选藏品既有价值连城的玉器、字画、瓷器；也有充满情趣，具有独特文化价值的

旅游门券、报纸创刊号、中医处方等,办出了上海历史上规模最大、参与人数最多、品种最齐全的一次公益性民间收藏展示活动。类似的情况还有上海戏剧谷承办的市民戏剧大赛,上海图书馆行业协会承办的市民文化节优秀阅读推广组织评选等。

(二)自带项目模式

根据上海市民文化节每年通过报纸等媒体发布的征集公告,社会各界对照当年活动主题、宗旨及对社会自主举办活动的具体要求,到设在上海市群众艺术馆的上海市民文化节指导委员会秘书处办公室自主申报活动项目。办公室对申办单位的资质、资源、工作经验、活动方案、服务保障、社会影响等进行综合评估后最终确定其项目是否纳入当年的上海市民文化节。对纳入上海市民文化节的项目,给予市民文化节冠名、审核报批、服务指导、帮助宣传、资源对接、评选奖励等支持。比如,上海阿卡贝拉文化交流中心举办的阿卡贝拉艺术节,该项目原已在亚洲地区拥有了一批固定受众,2014年申报上海市民文化节项目后,在市、区两级的帮扶下落地徐汇区,形成上海阿卡贝拉音乐节品牌。在其落地徐汇区的过程中,得到了上海市民文化节提供的场地、宣传、奖励等一系列支持,并在市民文化节指导下新设了许多面向市民的互动活动,从而让"阿卡贝拉"这一新兴的艺术样式在国内迅速普及开来,并吸引了大量年轻群体成为爱好者。

近年来,在上海市民文化节中涌现了大量社会主体自办的项目,覆盖各行各业,较为突出的还有:上海市收藏协会举办的淘宝(收藏)文化节,上海东方数字社区发展有限公司举办的上海社区广场舞大赛、"快乐天空"青少年数字文化系列活动,上海稻橙文化传播有限公司举办的人与环境摄影大赛,上海东方青少年国际文化交流中心举办的"啡"比寻"尝"咖啡文化系列活动,上海序曲展览有限公司举办的上海青年艺术博览会,上海国际展览中心有限公司举办的中国(上海)国际乐器展览会市民文化节系列活动,尊木汇·上海木文化博览园举办的上海木文化节等。

（三）合作共办模式

社会主体以资金、场地、专业力量等各类资源支持上海市民文化节,通过合作形式共办项目,实现共赢,服务大众。如上海万科两度以冠名的形式向市民合唱大赛展演赞助百万元活动资金;上海东方艺术中心为"家庭音乐会"项目提供专业场地。此外中国上海国际艺术节、"上海之春"国际音乐节、上海国际电影节电视节、中国国际动漫博览会、上海书展等或偏向专业艺术,或针对特定人群,或以商业、产业为目的传统品牌文化活动,也被视为一类特殊的"主体"。上海市民文化节主动与其对接、"牵手"联动,与这些品牌文化活动共同策划"零门槛"的市民板块活动,促使专业资源从原有的活动范围溢出,与市民文化节实现平台共享、优势互补,产生更大的叠加效应。

（四）政府购买模式

根据国务院办公厅转发的文化部等部门《关于做好政府向社会力量购买公共文化服务工作意见的通知》及有关财政规定,在政府总体把控的前提下,市、区、社区三级制定了相应的政府购买服务机制,在上海市民文化节的重大文化活动、特色文化项目、文化资源配送、基层设施内容运营等一些领域进行购买社会服务的探索与尝试。具体做法是:根据工作计划及预算要求,确立政府购买服务目录并明确、细化服务内容与要求,经公开招标、竞争性谈判、定向委托等方式择定社会主体。以闵行区为例,闵行区每年进入政府购买服务目录的常规项目有"金秋闵行"市民文化节、市民合唱大赛等,这些项目通过政府购买的方式委托了闵行区市民文化广场管理协会、上海星炼科技有限公司、上海合唱艺术中心、SMG 等一批社会主体来提供专业化服务。通过这种合作方式,政府投入部分资金,有效吸引和撬动了社会主体和市场力量投入更多的资源来参与公共文化服务。

（五）群文团队参与模式

上海市民文化节通过"低门槛参与,开放式比赛,高水平展示"的活动模式,充分调动了众多群众性市民文化团队的参与积极性与"主体意识",将他们凝聚在社区阵地,并逐步实现了自治自理,反哺社会。在上海市民文化节中,几乎每一项活动都有大量群众文体团队参与其中。比如,自 2013 年起两年一次的市民合唱大赛在全市都会吸引 20 万左右的市民参赛,参赛团队覆盖了社区居民、企业白领、部队官兵、大中学生,年龄段也实现了全覆盖。仅以大赛的决赛承办区闵行为例,在闵行区较为活跃的群众性合唱团队达到 200 余支,活跃在社区、校区、厂区、园区、营区等地,通过上海市民文化节与金秋闵行上海合唱节共同搭建的培育交流平台,这些群众性文体团队的艺术水平得以快速提升,成为全市群文活动主力,并经常在全国舞台上展示风采。又如 2016 年全市阅读推广组织评选活动,从活跃在上海的 3 万余支阅读组织中挖掘出了最具代表性与影响力的"百强",凸显了阅读组织在上海营造城市书香氛围中的作用。通过市民文化节搭建的展示交流平台与提供的各类扶持,群众文体团队获得了更多走上全市公共文化建设前台的机会。

二、社会主体参与上海市民文化节带来的主要成效

社会主体通过上述模式参与上海市民文化节,为助推城市公共文化建设发展带来了以下成效:

(一)有利于上海市民文化节丰富内容、拓展范围、扩大辐射面、提升专业化程度

社会主体在智力、人力与内容上为市民文化节提供了强大支持,为群众性文化活动的空间、样式和规模的不断拓展,以及活动质量与活动专业化程度的极大提升创造了无限可能,公共文化活动的样式因此而不断丰富创新,其外延与品质得以迅速扩展升级,活动的关注人群和参与群体形成了广覆盖。

一是专家智力支持。各专业协会积极为上海市民文化节相关活动贡献

了智力资源。比如，上海市文联的各专业委员会、上海语言工作委员会、上海工艺美术行业协会、上海市饮食行业协会、上海市收藏协会等专业力量都参与到了语言文字大赛、市民戏曲大赛、手工艺大赛等具有一定专业性的重大项目中，在活动策划、规则制定、赛事命题、评审专家库的建立、对选手的培育提升等方面给予极大的支持。如上海语言工作委员会联系、委派了江更生、徐默凡、姜玉峰等名家、名师参与中华语言文字大赛的策划、论证、出题、评审和点评，广受市民关注与好评，充分显示了专业力量的参与给群文活动的知识性、权威性与影响力等方面带来显著提升。又如，中华优秀传统知识大赛充分发挥了图书馆系统与上海社科院历史研究所、复旦大学、华东师范大学、上海师范大学、上海博物馆、上海非物质文化遗产保护中心、上海民俗文化学会等高校与专业机构的专家力量，让大赛更具权威性、知识性与专业性。

二是工作团队支持。由专业机构组建团队来整体或部分运作上海市民文化节项目，以其新鲜多元的理念、创意及在某一领域的资源优势与活动经验，为活动项目的成功举办提供了有力保障。如四届公共文化空间大赛的主办方浦东新区选择了上海美术设计有限公司和东方财经·浦东频道两家具有各自资源优势的社会主体作为运作主体。发挥上海美术设计有限公司在规划、建筑等领域的影响力与专业性，承担大赛的策划、发动、评选、展示等职责；发挥东方财经·浦东频道的传播力量和渠道优势，承担大赛的专题片拍摄、线下活动举办、线上直播等职责。两家主体迅速搭建了专业化程度高、执行力强且拥有丰富跨界人脉与资源的执行团队，在全市的文化空间业主方、运营方、设计师/机构中广泛发动；持续通过陆家嘴读书会、望江驿等平台扩大影响，保证大赛高质量举办，并逐届扩大范围至长三角和全国部分省市。四届大赛共积累了近2 000个"美""好""新"的公共文化空间案例典范，打造一个汇集公共文化空间、专家、设计师和运营主体等资源的共享平台。

又如，2020年上海市民文化节"全面奔小康"知识大赛由解放日报·上观新闻、"学习强国"上海学习平台参与主办，他们组建资深、专业的新闻媒体人工作团队,承担了题库出题、平台宣传、下社区巡讲等工作,保证了大赛的权威性与广泛性,最终吸引近 60 万人次参与,成功地推动了活动的开展。

三是活动内容支持。社会主体的参与使得上海市民文化节打破了行业的限制和内容的条块分割,让全社会的文化资源在开放平台上产生集聚效应,极大地丰富了群众文化活动的内容,并形成了鲜明的特点与侧重,为群文活动提供了新的活力。比如,自媒体"魔法童书会"举办的亲子阅读推广计划大师班,将主题聚焦新兴的"绘本亲子阅读";法国领事馆牵头举办的"夏至音乐日"于每年夏至的周末在全市数十个场所举办开放演出,让深受中外年轻人喜爱的摇滚、民谣、爵士等音乐点亮初夏的休闲时光;"文化进大居工地"、文化进地铁、上海城市草坪音乐会等项目,拓展了群文活动的地理空间;上海少儿图书馆举办的上海童话节、上海序曲展览有限公司举办的上海青年艺术博览会等,强化了面向少儿、青年艺术家等特定人群的精准服务;"淘宝文化节"、博物馆之夜等项目发挥了上海市收藏协会、博物馆联盟的力量,将单体活动扩展为成系列的整体项目。社会主体带来的内容支持使得上海市民文化节的活动突破了传统群文活动"唱唱跳跳""写写画画"的固有样式,呈现出项目完整、体量规模大、专业力量强、资源调动能力强、具有延续性等鲜明特点,许多项目一经推出即形成了相当的品牌效应,继而成为此后每届市民文化节的固定项目。

(二) 有利于社会主体自身的发育和成长

上海市民文化节的社会参与机制为各类社会主体提供了在城市文化建设的大格局中发育、成长的大平台,有力地推动了社会主体从无到有、从小到大、从弱到强、从独立到联合,真正走上公共文化建设的前台。

一是催生了一批新主体。市民爱好者个人或小团体起始以玩票性质参与上海市民文化节的活动,其后在此过程中接触到了公共文化的崭新领域,又获得了市民文化节的各类支持,从而正式注册成立机构,登上了上海市民文化节的平台。这样的主体不在少数。比如,"青果巷子"是一群热爱中国传统文化、志同道合的公益伙伴组建而成的一支文化公益团体,自 2014 年初自发形成组织以来,活跃在上海多个公共文化场馆,开展了古琴、茶道、花道、中式礼仪等一系列活动,在上海市民文化节的传统文化板块中连年举办线下市集活动,受到媒体关注并得到场地、落地服务等多种支持后,注册成立了上海青果巷子文化促进发展中心,正式以一个长期稳定发展的民非组织的面貌专注于传统文化普及的公益活动,目前发展势头良好,在全市已有了一定影响力。类似的缘起于市民文化节平台,之后大力投身于城市公共文化建设的社会主体还有上海市朗诵协会、上海润荷文化传播公司等。

二是促进社会主体业务水平提升。一些文化领域外的社会主体通过参与上海市民文化节,将触角延伸到了公共文化服务领域,获得了人气、口碑、社会影响力与美誉度的极大提升,从而获得了更大的发展舞台。一些原本在小圈子内部自娱自乐的主体得以将专业资源向普罗大众输出,社会责任意识和社会服务功能得到有效激发。比如,上海电影评论学会原是一个专业从事电影评论的学术团体,自 2015 年起参与上海市民文化节,举办了多项观影活动及面向残障人士的无障碍电影活动,以其优势的专业力量与活动组织能力受到了市民文化节指导委员会赞赏,成为了市级专项活动"电影中的真善美"征文评选的承办方之一。许多社会主体连年参与市民文化节,在资源整合、整体策划运作方面的能力得到显著提升,形成了文化进地铁、淘宝文化节、上海民俗文化节、上海国际乐器展览会市民活动等一大批具有广泛影响与良好口碑的品牌项目。

三是推动社会主体优势整合,形成联合体。在上海市民文化节的集聚与引领下,上海市收藏协会、上海申通地铁集团有限公司、上海市青年文学艺术联合会、上海市老龄事业发展中心等 11 家单位于 2014 年年底共同发起组建协会,并得到了全市百余家在上海的公共文化建设和市民文化活动中承担相关职责、具有一定地位、发挥重要作用的企事业单位、社会组织的积极响应,"上海市民文化协会"应运而生。协会将散落的单个主体整合为资源共享、优势互补的联合体,以更加多样化的手段和灵活的运行机制,有效、合理地集聚、利用社会各界力量运作推进上海市民文化活动,发挥了民间自主服务、自律监督的作用。如申通地铁的"地铁音乐角"项目已完全实现了协会会员间的自主运作整合。

（三）有利于基层公共文化设施服务效能的提升

"十一五"期间,上海投资逾50亿修建完善的200余个设施一流的社区文化活动中心,此前绝大部分都存在"硬件过硬、软件不足"的尴尬,利用率不高,许多社区文化活动中心都不同程度地存在资源浪费的现象。上海市民文化节让来自各类社会主体的专业化、社会化的项目资源充实了社区文化中心的活动内容,并由上至下逐步提升服务能级,激发了基层服务设施的活力,促进了社区文化活动中心软件升级、逐步实现满载运营。

一是使基层文化活动中心获得更多优质内容支撑。上海市民文化节80%的活动立足社区,以社区文化活动中心为主阵地开展,这得益于市民文化节打通了市、区、社区三级公共文化网络间的桥梁,通过有效的统筹、协调、对接机制,将一大批通过平台聚集起来的优质的社会项目和资源,输送到市民身边的基层文化活动中心。在此过程中,特别注重保障优质资源多向远郊倾斜,进一步提升了公共文化服务的普惠性、均衡性与便捷性。如长宁天山文化活动中心,在2013年以前,活动来源主要是自办阵地活动,自举办市民文化节以来,获得了大量市级、区级下沉的专业化、社会化的内容支撑,目前此类内容占到整个活动中心活动总量的将近50%,且质量较高。上海歌剧院、上海滑稽剧团等专业院团、非遗盘扣展、诸子百家国风画展等优质主体和资源落地巡演、巡展;茅善玉、潘前卫等名家或知名演员来到社区百姓中间,深受欢迎。

二是基层文化活动中心调动社会资源的意识和能力得到有效提升。一些基层文化活动中心积极探索社会化专业化运作,将原本独家做活动的方式改变为敞开大门,拿出空间与项目,吸引辖区内的社会主体共同参与、共办活动。此举有效填补了文化活动中心人力物力与内容资源的不足,极大提升社区文化活动中心满载运行的能力。如嘉定区安亭镇社区文化活动中心将全年的文化服务项目化,并向社会公开招募承办主体,从2015年开始,每年举办"文化一家门"公共文化项目发布认领行动,现场发布30—40项约500场惠及百姓的公共文化项目,包括:演出、讲座、培训、阅读分享、亲子活动、健身、场馆运营、创意集会、交友等。上海市曲艺家协会、上海市打击乐协会、动动健身俱乐部、安亭热线、安亭青年中心、上海大众汽车公司众阅书友会、上海汽车博物馆等30余家主体参与认领,且数量逐年增长。社区文化活动中心安排一定的资金补贴社会主体,从而撬动更多的社会资源。此举不仅解放了文化部门自身的思路和手脚,也激发出了更多的社会能量,形成了公共文化"共育共建共享"的积极氛围。

三是社区群文骨干得以有效凝聚。依托上海市民文化节,社区有效凝聚了文艺骨干、团队、志愿者与社区文化名人。上海市民文化节中涌现出的优秀市民团队与个人骨干,获得了更多的场地、师资、经费的扶持,也得到更多展示、交流的机会,艺术水准不断提升。历届上海市民文化节"百强"团队被纳入公共文化资源库,经上海东方公共文化资源配送服务平台的配送推介,在全市进行巡演,获得了更广阔的展示舞台。许多新的文艺爱好者又因新的赛事而组建成团队,并从此紧密地凝聚在社区基层,形成相对固定的团队构成,自发举办活动,并积极反哺社区群众,逐步实现自治自理,有效提升人气,激发了基层文化阵地活力。同时也吸引了活跃在社区的专业文化艺术人士,逐步形成了文化志愿者队伍。

（四）有利于市民获得更好的自我展示、自我管理、自我教育的平台与体验

因社会主体参与形成的资源、人才、创意的充分涌现,使得群众获得了梦想得以实现的舞台,极大地激发了他们自主参与的热情和创作的动力,最大程度地共享了公共文化成果,得到了个人文化艺术素养的极大提升。

一是让市民百姓就近、就便享受到了更加丰富的文化服务。上海市民文化节的社会参与机制极大地带动了社会各界以其优质资源服务市民大众的意识。如代表世界水平的文化娱乐项目"WWE"世界摔跤娱乐秀、"黑池"世界国标舞大赛等主动申请"社区行";艺术家、学者在上海市文联等机构的牵头下为基层提供艺术讲座、艺术鉴赏、艺术指导、技艺传授等文化艺术指导,

其中不乏广受市民喜爱的大家;更多品牌项目和专业节庆活动在全市众多社区、商圈、企业铺开散点式的互动活动。如汇集传统文化名家和戏曲名家的"讲诗团""赏戏团"深入学校与社区,市民艺术大课堂走进机关大楼、企业园区、商圈楼宇,活动更丰富了,离市民更近了。特别是互联网、新媒体行业社会主体的加入,更好地解决线下公共文化服务时间、空间限制的问题。上海创图网络科技有限公司的"文化上海云"建设项目深度对接上海市民文化节,将市、区(县)、社区三个层级的公共文化服务纳入一个总的门户平台,并与国家数字支撑平台对接,老百姓通过电脑、手机、移动终端和电视接入,只需在门户上点击相应服务模块,就能快捷享受文化服务内容。

二是让百姓获得实现梦想的舞台。市民文化节因其活动项目社会化、专业化运作的模式,为市民的艺术交流与展示搭建了更大的平台。专业机构参与赛事运作,如中华传统经典诵读大赛邀请上海秋霞圃传统文化研究院协助举办,贯穿赛程策划、试题编写、担任评委等环节,不仅为大赛带来了更多的创意元素,也为热爱传统经典的有识之士搭建了拓展团体影响力的舞台。上海城市动漫有限公司参与运作两届市民手工艺大赛和"侬好小康"创意设计大赛,将其在文创、设计领域的资源与影响力运用到了赛事的社会发动、评委组织、专家指导等各个环节,邀请到创意设计领域的领军企业、知名设计大咖、高校专家等提供支持,为大众提供了更优质的体验感和获得感。

此外,高规格的艺术殿堂与炙手可热的商业场所纷纷为市民的艺术展示提供舞台,如群众舞蹈团队展示进入国际体操中心展演,少儿的美术作品进入中华艺术宫展览,群众合唱团队在梅赛德斯—奔驰文化中心、旗忠网球中心的大舞台上高歌,音乐家庭展示进了上海东方艺术中心,市民海报、插画设计作品在上海中心地下公共空间展览……这些均超出了以往群文活动调动资源的范畴,如果没有众多社会力量的广泛加盟,这样的规模和影响是难以想象的。

三是使市民的艺术水平与文化素养得到全面提升。市民文化节在与社会专业机构合作、引进社会主体项目时,将目标与功能落脚于对市民心灵的化育与文化素养的提升。立足建设上海国际文化大都市的定位,2016 年上海市民文化节与上海歌剧院及上海国际艺术节、上海音乐学院等专业机构、艺术院校合作,推出了"歌剧粉丝培养"专项活动,通过专业力量开展歌剧导赏观摩、线上线下互动课程、经典唱段巡讲巡演、声乐文艺辅导员歌剧知识普及等,帮助更多市民学会欣赏歌剧艺术,提升了上海市民的文化气质和文化底蕴。在中华语言文字大赛赛程中,主办方联动全市各级图书馆开设了诸如《谜语趣谈》《流行语与当代中国》等一系列相关讲座,并邀请各方专家以常用、实用为原则,编写了《中华语言文字大赛读本》,为市民学习、了解语言文字背后的故事和文化提供了化繁为简的途径。

(五)有利于政府职能转变

积极探索和催生群文活动由社会承办、政府提供公共服务的办节思路,改变了政府部门以往"大包大揽"举办城市节庆活动的传统做法,使政府部门从繁重而杂乱的具体事务中解脱出来,实现了"抓大放小",提升了管理能力。

一是促进管、办分离,节约政府成本。原先市级重大群文项目均由政府全程主办,而在新机制下引入了社会力量和社会资源,不仅能有效缓解公共财政的不足,更能够通过政府采购等形式引入竞争机制,实现用最低成本获得最佳效益,有效节约公共文化的财政性资金。另一方面,社会力量和市场力量参与公共文化建设能够改变政府包揽一切的做法,有利于实现公共文化服务项目社会化、专业化运作,政府能够把更多的精力花在顶层设计和制度引导上,既提升了政府服务效能,又调动了社会各方力量的积极性。

二是转变管理方式,提高管理水平,激活发展动力。政府将管理重心从行政审批转向监管服务,一方面不断完善社会主体参与公共文化服务的各项机制,引入专家评审、市民巡查、第三方评估等方式,逐步完善公共文化服务的评估机制;一方面在管理过程中重培育、重服务,通过开展公共文化建设创新项目推荐,宣传、扶植具有创新性、公益性、示范性的项目,聚焦、激励更多社会主体,并通过开展专题培训、增强社会组织参与公共文化建设人员队伍能力水平等举措,加强了文化类社会组织自身建设。在政府部门的主导下,各类社会主体参与公共文化服务的积极性得到有效激发,并且形成体制内机构与体制外社会力量的竞争与合作关系,通过体制外的经验示范激发了体制内文化资源存量的活力,增强了公共文化的发展动力。

实践证明,上海市民文化节已经成为各类社会力量参与公共文化服务的大平台,放大了社会力量参与公共文化服务的社会效应,社会力量也因此而成为上海市民文化节的源头活水,有效提升了市民文化节的活动质量和影响力,大大增强了上海公共文化服务体系建设的发展活力。

图书在版编目(CIP)数据

上海公共文化服务发展报告. 2022 / 徐锦江主编
. —上海：上海远东出版社,2022
(上海文化发展系列蓝皮书)
ISBN 978 - 7 - 5476 - 1793 - 9

Ⅰ. ①上… Ⅱ. ①徐… Ⅲ. ①公共管理—文化工作—
研究报告—上海—2022 Ⅳ. ①G127.51

中国版本图书馆 CIP 数据核字(2022)第 038481 号

责任编辑 李 敏
封面设计 徐羽情

上海公共文化服务发展报告(2022)
建设公共文化服务高质量发展先行区

主 编 徐锦江
执行主编 冯 佳

出 版 上海遠東出版社
 (201101 上海市闵行区号景路 159 弄 C 座)
发 行 上海人民出版社发行中心
印 刷 上海中华印刷有限公司
开 本 710×1000 1/16
印 张 16
插 页 3
字 数 237,000
版 次 2022 年 6 月第 1 版
印 次 2022 年 6 月第 1 次印刷
ISBN 978 - 7 - 5476 - 1793 - 9 / G · 1134
定 价 98.00 元